Allegria

Der Autor

James Redfield studierte Soziologie und arbeitete 15 Jahre lang als Therapeut in der Jugendarbeit. Seit über 10 Jahren leitet er Arbeitsgruppen, die sich mit der Veränderung des menschlichen Bewußtseins zu Beginn des nächsten Jahrtausends befassen. Aus dieser Arbeit entstand sein internationaler Bestseller *»Die Prophezeiungen von Celestine«*, der weltweit in über acht Millionen Exemplaren verkauft wurde. James Redfield lebt und arbeitet in Florida. Als Autor und Herausgeber der Monatszeitschrift *Celestine Journal* ist er weiter an der Formung der neuen spirituellen Kultur beteiligt.

Von James Redfield sind in unserem Hause erschienen:

Die Prophezeiungen von Celestine
Das Geheimnis von Shambhala
Die Vision von Celestine
Die Erkenntnisse von Celestine
Das Handbuch der zehnten Prophezeiung
Die zehnte Prophezeiung von Celestine
Gott und die Evolution des Universums
Rückkehr nach Celestine (Allegria)

James Redfield/Carol Adrienne

Die Erkenntnisse von Celestine

Das Handbuch zur Arbeit mit den ›Neun Erkenntnissen‹ aus den *Prophezeiungen von Celestine*

Aus dem Amerikanischen von
Olaf Krämer

Ullstein

Besuchen Sie uns im Internet:
www.ullstein-taschenbuch.de

Ullstein Esoterik
Herausgegeben von Michael Görden

Aus dem Amerikanischen von Olaf Krämer

Titel der Originalausgabe
THE CELESTINE PROPHECY – AN EXPERIMENTAL GUIDE
Erschienen bei Warner Books, Inc., New York, NY

Umwelthinweis:
Dieses Buch wurde auf chlor- und säurefreiem Papier gedruckt.

Neuausgabe im Ullstein Taschenbuch
1. Auflage August 2004
4. Auflage 2007

Umschlaggestaltung: FranklDesign, München
Titelabbildung: Shivananda Ackermann
Gesetzt aus der Goudy
Druck und Bindearbeiten: GGP Media GmbH, Pößneck
Printed in Germany
ISBN 978-3-548-74116-1

Wir möchten dieses Buch unseren Kindern widmen:
Kelly und Megan Redfield
Sigrid Emerson und Gunther Rohrer

und all den Leuten,
die sich von *Den Prophezeiungen von Celestine*
angesprochen fühlen.

Inhalt

Danksagung

Zunächst möchten wir all jenen danken, die *Die Prophezeiungen von Celestine* gelesen und an ihre Freunde weitergegeben haben. Ohne Ihren Enthusiasmus und Ihre Bereitschaft, mehr zu erfahren, wäre das vorliegende Buch niemals zustande gekommen.

Besonderer Dank gebührt Candice Fuhrman dafür, daß sie die Autoren zusammengebrachte und das gemeinsame Projekt initiierte. Ebenfalls möchten wir Joann Davis für ihre Unterstützung, ihren Rat und ihre Arbeit als Lektorin an diesem Buch danken.

Weiterer Dank geht an Penney Peirce und Ellen Looyen, die beide zur gleichen Zeit darauf bestanden haben, daß Carol Adrienne die *Prophezeiungen von Celestine* lesen solle. Wir möchten bei dieser Gelegenheit noch einmal allen danken, die Zeit, Energie und Ideen in unsere Workshops in Sausalito und Mt. Shasta, Kalifornien, investierten: Im besonderen gilt dies für Donna Hale, Larry Leigon, Donna Stoneham, Paula Pagano, Annie Rohrbach, Bob Harlow und all die anderen, deren Geschichten zu diesem Buch beigetragen haben.

Dank gebührt außerdem allen Autoren und Denkern, die unsere Arbeit beeinflußt und zur Entwicklung des menschlichen Bewußtseins beigetragen haben.

Vorwort

Kurze Zeit nach der Veröffentlichung der *Prophezeiungen von Celestine,* begannen viele der Leser sich nach einem begleitenden Handbuch für meinen Roman zu erkundigen. Ich stand dieser Idee anfangs mit sehr gemischten Gefühlen gegenüber – schließlich handelte es sich bei den *Prophezeiungen von Celestine* ja eher um ein abenteuergleich erzähltes Gleichnis, einen Versuch, erzählerisch zu umreißen, was unser Planet in jüngster Zeit und unter den Augen vieler an spirituellem Bewußtsein hervorgebracht hat. Ich wählte für mein Buch die Romanform, weil sich unsere neue Weltsicht eben nicht nur aus einer Ansammlung intellektuell debattierbarer Fakten zusammensetzt, sondern tiefer greift und vor allem auf individueller Erfahrung beruht.

Möglicherweise läßt sich das Bewußtsein unserer Tage als eine neue Form gesunden Menschenverstandes beschreiben oder mit dem, was Joseph Campbell als »Neue Mythologie« bezeichnete. Mag unser Bewußtsein auch das Resultat jahrzehntelanger intellektueller Betrachtungen sein, so basiert es letztendlich doch auf der Erfahrung des einzelnen und nicht auf bloßer Theorie – solange wir danach leben jedenfalls. Dieses neue und erhöhte Bewußtsein manifestiert sich unter anderem auch in einer neuen Lebensweise und muß von jedem Menschen selbst erlebt werden. Meiner Ansicht nach ließ sich dieser Sachverhalt in Romanform am besten verdeutlichen: Durch die Schaffung biographischer Begebenheiten, mit denen andere Menschen sich identifizieren konnten und durch die sie vielleicht sogar selbst in der Lage sein würden, eine höhere Wahrheit zu erfahren.

Vielleicht werden Sie jetzt verstehen, weshalb ich der Veröffentlichung eines Handbuchs zu meinem Roman so unschlüssig gegenüberstand. Ich war der Ansicht, daß ein derartiges Buch mit mehr oder weniger strikten Definitionen für die darin vorgestellten Ideen und Vorstellungen aufzuwarten hat, Dinge, die ich lieber der Interpretation des jeweiligen Lesers überlassen hätte. Dank der Mitarbeit von Carol Adrienne und anderen Freunden wurde mir jedoch allmählich klar, daß ein Handbuch auch anders aussehen kann, wenn man die Ideen aus dem Roman im Sinne der *Prophezeiungen von Celestine* konsequent weiterentwickelt: Indem wir ausführlichere Informationen liefern, als in der Romanform möglich war, und den Leser dazu anhalten, diese Informationen anhand seiner persönlichen Erfahrungen zu untersuchen und zu erforschen. Genau das haben wir mit dem vorliegenden Selbsthilfe-Buch versucht. Der Leser wird hier auf eine Menge zusätzlicher Informationen stoßen und gleichzeitig mehrere Möglichkeiten finden, mit diesen Informationen zu arbeiten sowie die in dem Roman geschilderten Erfahrungen selbst zu wiederholen und zu vertiefen.

Dieses Handbuch ist sowohl für Einzelpersonen als auch für die Diskussion in Gruppen geeignet. Ein Gruppenleiter ist für die in diesem Buch vorgestellten Übungen nicht erforderlich. Entsprechend der Achten Erkenntnis können sich die Gruppenmitglieder je nach Intuition und nach allgemeiner Abstimmung bei der Leitung des Kreises abwechseln. Sollten Sie auf jemanden stoßen, der für die Vermittlung dieser Ideen und Konzepte Geld verlangt, empfehle ich Ihnen, daß Sie sich ihm gegenüber genauso kritisch verhalten, als würden Sie irgendeine andere Ware von einem Fremden angeboten bekommen. Es gibt keine Celestine-Schule, die akkreditierte Trainer ausbildet, und es wird sie auch niemals geben. Wir haben niemanden dazu autorisiert, *Workshops* zu diesem Thema abzuhalten. Aber es gibt sicher viele ausgezeichnete Leute, die dazu bestens in der Lage wären.

Ein Großteil der Energie, die in das vorliegende Buch floß, der Schreibstil und vieles an den Techniken für die Gruppenarbeit, stammen von Carol Adrienne, die über ein besonderes Talent verfügt, die Erkenntnisse von Celestine an andere Menschen weiterzugeben. Ohne ihre Visionskraft und Entschlossenheit bei der Planung und Ausführung dieses Handbuches wäre der vorliegende Text niemals zustande gekommen. Wir wünschen uns, daß dieses Arbeitsbuch zu der bereits angelaufenen Diskussion über die tägliche Erfahrbarkeit von Spiritualität beiträgt.

Vergessen Sie nicht, daß die Erkenntnisse uns allen zur gleichen Zeit vor Augen geführt werden, jeder jedoch für sich an ihrer Integration in sein eigenes Leben arbeiten muß. Ein umfassenderes spirituelles Bewußtsein stellt sich auf diesem Planeten nur dann ein, wenn jeder von uns für sich selbst erst einmal entdeckt, daß der Ablauf seines Lebens ein bei weitem mysteriöserer Vorgang ist, als er bisher angenommen hat. Einzelpersonen – wie Sie – sind es letztendlich, die durch die Überwindung ihres Skeptizismus und ihrer Selbstverleugung irgendwann ihren eigenen Weg finden und ihre Mission entdecken, um so diese Welt zu einem besseren Ort zu machen.

James Redfield
10. August 1994

Die Neun Erkenntnisse

1

Eine kritische Masse

Durch das Überschreiten der kritischen Anzahl von Individuen, die ihren Lebensweg als Entfaltung eines spirituellen Prozesses begreifen, wird das Erwachen eines neuen spirituellen Bewußtseins herbeigeführt – wir brechen auf zu einer Reise, auf der wir von mysteriösen Fügungen gelenkt werden.

2

Das verlängerte Jetzt

Dieser Aufbruch repräsentiert die Schöpfung eines neuen, vollständigeren Weltbildes, als es uns die fünfhundert Jahre alte Schule der Präokkupation mit irdischem Überlebenskampf und materieller Bequemlichkeit zu liefern imstande war. Obwohl es sich bei der Beschäftigung mit den technologischen Aspekten unseres Menschseins um einen wichtigen Schritt in unserer Entwicklung handelte, wird das Erkennen der bedeutsamen Fügungen in unserem Leben unsere Wahrnehmung für den wirklichen Grund unserer Anwesenheit auf diesem Planeten öffnen und uns die wahre Natur des Universums enthüllen.

3
Eine Frage der Energie

Zur Zeit erkennen wir, daß wir kein materiell stabiles Universum bewohnen, sondern in einem großen Feld sich permanent verändernder, dynamischer Energien leben. Alles um uns besteht aus Energiefeldern, die der Mensch intuitiv zu erfahren imstande ist. Wir verfügen darüber hinaus über die Eigenschaft, unsere Energie durch Konzentration in jede gewünschte Richtung zu projizieren (»Wohin die Aufmerksamkeit geht, fließt auch die Energie«), um auf diese Weise unsere Energiesysteme gegenseitig zu beeinflussen sowie die Anzahl von positiven »Zufällen« in unserem Leben zu erhöhen.

4
Der Kampf um Macht

Allzuoft schneiden Menschen sich von der großen Quelle dieser Energie ab und fühlen sich deshalb schwach und unsicher. Um Energie zu gewinnen, zwingen wir andere dazu, uns Aufmerksamkeit und somit Energie zukommen zu lassen. Gelingt es uns, andere auf diese Weise erfolgreich zu dominieren, fühlen wir uns stärker, während die anderen sich schwächer fühlen und sich als Folge davon oftmals gegen uns zur Wehr setzen. Der Wettstreit um menschliche Energie ist die Ursache für alle zwischenmenschlichen Konflikte.

5
Die Botschaft der Mystiker

Unsicherheit und Gewalt enden, sobald wir eine innere Verbindung mit der göttlichen Energie verspüren, eine Verbindung, die von den Mystikern aller Schulen geschildert wurde. Einer der Maßstäbe für die Existenz dieser Verbindung ist ein Gefühl der Unbeschwertheit und der

Tatenfreude sowie ein konstantes Gefühl der Liebe. Sind diese Zeichen gegeben, so ist die Verbindung mit der göttlichen Energie echt, sind sie es nicht, handelt es sich dabei lediglich um eine angenommene Verbindung.

6
Die Klärung der Vergangenheit

Je länger es uns gelingt, diese Verbindung aufrechtzuerhalten, desto deutlicher wird uns bewußt, wenn sie wieder unterbrochen wird, was gewöhnlich der Fall ist, wenn Stress in unser Leben tritt. Bei dieser Gelegenheit läßt sich deutlich erkennen, auf welche Weise wir Energie bei anderen stehlen. Haben wir einmal ein Bewußtsein über unser manipulatives Verhalten gewonnen, so festigt sich auch unsere Verbindung mit der göttlichen Energie, und wir sind in der Lage, unseren Pfad des inneren Wachstums und die uns auferlegte spirituelle Aufgabe zu erkennen, durch deren Annehmen wir zum Wohlergehen dieser Welt beitragen.

7
Der Energiefluß tritt ein

Das Wissen um unsere persönliche Aufgabenstellung verstärkt den Strom der scheinbar merkwürdigen Fügungen. Zunächst haben wir eine Frage, dann Träume, bald darauf Tagträume und schließlich Eingebungen, die uns zu den Antworten leiten, Antworten, die typischerweise zur selben Zeit durch die Weisheit eines anderen Menschen an uns herangetragen und verstärkt werden.

8

Die interpersonelle Ethik

Wir sind in der Lage, die Häufigkeit der Fügungen zu vermehren, indem wir jedem Menschen, der uns begegnet, freundlich entgegentreten. Es gilt darauf zu achten, daß die oben erwähnte innere Verbindung innerhalb von romantischen Beziehungen nicht verloren geht. Anderen Menschen freundlich zu begegnen, ist besonders in größeren Gruppen wirksam, da dort jedes Mitglied die Energie der anderen spüren kann. Bei Kindern ist eine freundliche Kontaktaufnahme besonders wichtig für ihr Sicherheitsgefühl. Indem wir uns bemühen, in jedem Gesicht das Schöne zu sehen, erheben wir uns selbst in die weiseste Form unseres Gegenübers und erhöhen so die Chance, eine für uns bestimmte Botschaft auch wahrzunehmen.

9

Das Auftauchen einer Kultur

Während jeder von uns der Vollendung seiner spirituellen Aufgabe zustrebt, werden die technologischen Aspekte unseres Überlebens vollends automatisiert werden, damit wir uns gänzlich auf unser synchrones Wachstum konzentrieren können. Dieses Wachstum wird die Menschheit in immer höhere energetische Stadien befördern, bis unsere Körper schließlich eine reine Energieform annehmen und wir die jetzige Dimension unserer Existenz mit jener nach dem Leben verbinden und dadurch den Kreislauf von Tod und Geburt beenden.

Kapitel 1

Eine kritische Masse: Zufälle, die unser Leben bestimmen

Das Geheimnis entfaltet sich

Der Held der Prophezeiungen von Celestine *hat eine unerwartete Begegnung mit einer alten Freundin, gerade als er mit seiner Existenz unzufrieden ist und sich mit dem Gedanken an einen Richtungswechsel in seinem Leben trägt. Charlene, die mit einem soeben entdeckten antiken Manuskript aus Peru zurückkehrt, ist in der Lage, ein wenig Licht auf den Grund der inneren Unruhe unseres Helden zu werfen.*

Auf diese Weise stößt der im weiteren Verlauf des Buches namenlos bleibende Held auf die Erste Erkenntnis, die ihm die wahre Natur einer Reihe scheinbar zufälliger Fügungen in seinem Leben bewußt werden läßt. Obwohl er der Aussage des Manuskriptes – das die Geheimnisse der menschlichen Existenz zum Inhalt hat – skeptisch gegenübersteht, läßt er sich vom Geheimnis der alten Schrift in den Bann schlagen.

In der darauffolgenden Nacht hat er einen Traum, der ihm die wahre Natur der ihm widerfahrenden Zufälle ebenso enthüllt, wie die Tatsache, daß die Fügungen immer in Begleitung einer mit bestimmten Informationen ausgestatteten Person auftauchen. Unser Held entschließt sich daraufhin, einen Flug nach Peru zu buchen.

Die Erste Erkenntnis

Allmählich und ohne großes Brimborium vollzieht sich auf der Erde eine Transformation globalen Ausmaßes. Nach den Beschreibungen des Manuskriptes aus den Celestine-Ruinen besteht das erste Zeichen für dieses Erwachen in einer tiefempfundenen inneren Unruhe. Diese

Unruhe wird auch als Unzufriedenheit (selbst nach dem Erreichen gesteckter Ziele), schwer bestimmbares Unbehagen oder das unbestimmte Gefühl, irgend etwas fehle im Leben, beschrieben. Gelegentlich wird unser alltäglicher Lebenslauf durch merkwürdige und überraschende Fügungen unterbrochen. In diesen Momenten scheint es, als würde uns eine höhere Bestimmung enthüllt, und für die Dauer eines Augenblickes fühlen wir uns mit einem Mysterium verbunden, dessen wahre Natur uns jedoch weiterhin verborgen bleibt.

Bei dieser Verbindung von innerer Suche (»Das kann doch nicht alles gewesen sein«) und gelegentlichen kosmischen Schaudern (»Was für ein merkwürdiger Zufall. Ich frage mich, was das zu bedeuten haben mag?«) handelt es sich in Wirklichkeit um einen kraftvollen und überaus wirksamen inneren Prozeß. Die scheinbar geheimnisvollen Fügungen beschleunigen unsere Entwicklung und verleihen unserem Leben gleichzeitig größere Intensität. Wir meinen, Teil eines größeren Ganzen, eines funktionierenden Planes zu sein.

Während mehr und mehr Menschen (die kritische Masse) sich dieser mysteriösen Veränderung im Universum ausgesetzt sehen, entdecken sie gleichzeitig die wahre Natur der menschlichen Existenz. Sollte es uns gelingen, Verstand und Herz zu öffnen, so werden wir Teil einer neuen evolvierenden Spiritualität werden.

Was ist eine Fügung?

Die Erste Erkenntnis der *Prophezeiungen von Celestine* appelliert an unsere Vorstellungskraft und an eine mythische Realitätsebene, auf der wir schon seit Urzeiten von der Existenz eines goldenen Schlüssels, eines mit magischen Kräften ausgestatteten Unbekannten, eines bedeutsamen Traumes oder eines unerwarteten Hinweises wissen, die imstande sind, uns mühelos zur Schatzkiste unserer Träume oder einer von uns herbeigesehnten, besonderen Gelegenheit in unserer Biographie zu führen. Der Schweizer Psychologe Carl G. Jung nannte dieses Wissen den Archetyp des »magischen Effektes« und erkannte, daß es sich dabei um einen allen Menschen gemeinsamen Wesenszug handelt.

Zu erkennen, welch wichtige Rolle Fügungen in der Lebensgeschichte eines Menschen spielen, bedeutet Kontakt aufzunehmen mit den Instinkten des wachsamen, gelassenen Jägers, der gerade für das Auftauchen seiner Beute betet, sowie mit dem aufnahmebereiten, sich in Harmonie mit seiner Umwelt befindenden mächtigen Schamanen oder dem Wissen einer Medizinfrau. Diese Fügungen bilden den Stoff, aus dem Lagerfeuergeschichten ebenso gefertigt wurden, wie die schönen Erinnerungen auf Hochzeitsbanketts – Geschichten von außergewöhnlichen Erfolgen und sublimer Ironie. Die meisten unserer Lebenswege sind übersät mit mysteriösen Nebenprodukten von Zufallsbekanntschaften, verpaßten Zügen, Büchern, die auf einer bestimmten bedeutungsvollen Seite aufgeschlagen wurden, Türen, die zufällig einen Spalt offenstanden, zufällig belauschten Gesprächen und Augenpaaren, die durch einen überfüllten Raum hindurch zueinander fanden. Ohne die Prämisse der Zufallsbekanntschaft zweier Menschen – in einem Hausflur oder auf einer Fähre nach Hongkong – würde der Großteil unserer Belletristik und unserer Theaterliteratur schlichtweg nicht existieren. Und vieles, was bei der Bewerbung für eine Arbeitsstelle auf dem Lebenslauf scheinbar wie Kraut und Rüben aussieht, kann leicht damit erklärt werden, daß bei weitem nicht jede Arbeitsstelle Teil eines Karriereplanes war, sondern oftmals das Resultat einer sich unvermittelt bietenden Gelegenheit.

Die berühmte Expertin für Tod und Sterben, Elizabeth Kübler-Ross, beschreibt in *Women of Power* (von Laurel King) einen solchen Wendepunkt, der während ihrer Beschäftigung im Haus von Dr. Sidney Margolin auftrat: »Eines Tages, ich war gerade mit der Erstellung eines Polygraphen befaßt, betrat er den Raum und erklärte, daß ich seine Vorlesungen übernehmen müsse, da er anderweitigen Verpflichtungen nachzukommen habe. Mir war, als habe man mich aufgefordert, Gott zu ersetzen, und ich meinte, tausend Tode zu sterben ... er erklärte, daß meine Vorlesung einen von mir noch zu bestimmenden Themenbereich aus der Psychiatrie behandeln solle. Daraufhin begab ich mich in die Bücherei und forschte nach, ob es dort etwas über Tod und Sterben gab, da ich der Ansicht war, seine Studenten müßten dringend etwas darüber erfahren.«

Möglicherweise wurde ihre Themenwahl unterbewußt durch ihre

Anwesenheit in den Nachkriegsjahren Europas mitbestimmt, eine Zeit, aus der sie immer noch die Bilder der in den Todeslagern Umgekommenen mit sich trug. Vielleicht handelte es sich auch um einen Punkt göttlicher Intervention. Was immer ihre Wahl an jenem Tag beeinflußt haben mochte, Kübler-Ross' erste Vorlesung zum Thema Tod und Sterben setzte jedenfalls eine Reihe von Ereignissen in Gang, die ihrem Leben eine andere Richtung gaben und sich schließlich als ihre Lebensaufgabe herausstellten.

> »... ich reise nur auf jenen Pfaden, auf denen ich einem Herz begegne, und auf jedem Pfad, der ein Herz hat, und die einzige Herausforderung, die es mir wert scheint, angenommen zu werden, besteht darin, diesen Pfad in seiner ganzen Länge zu beschreiten ... atemlos und immerzu schauend.«
>
> Carlos Castaneda,
> *Die Lehren des Don Juan*

Die Erste Erkenntnis führt uns an den Anfang, an einen Ort, an dem uns, weit jenseits logisch begründbarer Erwartungen und Erfahrungen, das Mysterium des Lebens direkt ins Antlitz starrt. Sich der Realität der Fügungen und ihrer Bedeutung bewußt zu werden, ist der erste Schritt zu einer bewußteren und schnelleren Evolution.

Wann haben Sie das letzte Mal etwas Außergewöhnliches erlebt? Heute morgen vielleicht, als sie an jemanden dachten und kurz darauf einen Anruf von der betreffenden Person erhielten? Wie oft haben sie gesagt: »Ich habe gerade an dich gedacht?« Haben Sie von der betreffenden Person kurz darauf eine wichtige Nachricht erhalten? Haben Sie sich jemals gefragt, *weshalb diese vermeintlichen Zufälle eigentlich stattfinden? Was darauf folgte?* Wir neigen dazu, die meisten dieser oft sehr sublimen und unscheinbaren Fügungen als unwichtige Begebenheiten abzutun, und orientieren uns oft nur an jenen wahrhaft seltsamen Ereignissen, die uns vor Erstaunen mit dem Kopf schütteln lassen.

Wie im Manuskript bereits vorhergesagt, setzte die Fähigkeit, Fügungen als bedeutungsvolle Ereignisse zu begreifen, etwa zum selben Zeitpunkt ein, an dem die psychologische Wissenschaft damit begann, uns die Existenz des Unterbewußten zu enthüllen. Ungefähr zur gleichen Zeit entdeckte Einstein, daß Zeit und Raum keine absoluten Werte darstellten und sich in relativem Verhältnis zu einem angenommenen Punkt befinden. Ein weiterer bedeutender Pionier auf diesem Gebiet, der Schweizer Psychologe Carl G. Jung, widmete »den bedeutungsvollen Zufällen« einigen Raum, und in den letzten drei Jahrzehnten stieß sein Werk auf großes Interesse. Jung gab dem Phänomen den Namen Synchronizität und war der Ansicht, daß es sich dabei um ein ebenso natürliches Prinzip handele wie das von Ursache und Wirkung – allerdings ist es bei der Synchronizität nicht sogleich möglich, die ihr zugrunde liegenden kausalen Zusammenhänge zu erkennen. Trotzdem scheinen Fügungen die maßgebliche Kraft hinter der Entwicklung des Universums zu sein, und viele von uns haben ihren Effekt bereits am eigenen Leib zu spüren bekommen. Die Wichtigkeit scheinbar zufälliger Begebenheiten zu erkennen und richtig einzuschätzen, legt den Grundstein für die verbleibenden Erkenntnisse unseres Romans, die uns darüber informieren, daß das Universum auf unser Bewußtsein und unsere Erwartungen reagiert sowie die für unser Fortkommen notwendigen Voraussetzungen bereitstellt. Sind wir uns dessen einmal bewußt, beginnen wir automatisch damit, uns mit dem Geheimnis des ordnenden Prinzips hinter dem Universum zu verbinden. Oder, wie Jung es ausdrückte: »Synchronizität deutet auf eine Verbindung oder Einheit scheinbar unzusammenhängender Ereignisse hin und postuliert damit den einheitlichen Aspekt unseres Seins.«[1]

Manchmal fragen Menschen sich, ob es sich bei Fügungen um willkürliche Ereignisse handelt, die dazu dienen, uns aus unserem Schlummer zu reißen, oder ob sie Antworten auf unterbewußt gestellte Fragen darstellen. Bis zum Verständnis der Ersten Erkenntnis scheint eine Fügung oder ein Zufall nichts weiter zu sein als ein amüsanter Zwischenfall oder eine interessante Ablenkung vom »wirklichen Leben«. Haben wir jedoch einmal verstanden, daß die Evolution oft durch Sprünge transkausaler Ereignisse vorangetrieben wird, erlaubt die Erste Erkenntnis uns etwas ernsthafter, nach der in diesen Ereignissen verborgenen Antwort oder ihren Bedeutungen zu suchen. Haben wir einmal gelernt, unsere im Augenblick auftauchenden Fragen im Vordergrund unseres Bewußtseins zu bewegen und die richtigen Fragen zu stellen, so stellen wir auch fest, daß eine Fügung nichts weiter ist als eine Antwort auf eine archetypische Wachstumsbewegung tief im Inneren unserer Psyche.

Jung, der von diesem Phänomen fasziniert war, beobachtete es wiederholt bei seinen Patienten. Nach Ira Progoff, die viele von Jungs Gedanken zu diesem Thema interpretierte und veröffentlichte, kann diese Synchronizität sich folgendermaßen ausdrücken:

Zwei Frauen, nennen wir sie Claire und Danielle, haben beschlossen, sich zur Gründung eines *workshops* zum Thema Intuition zu treffen. Claire lädt Danielle morgens um zehn zu sich nach Hause ein. Claire – auf ihrem eigenen Pfad von Ursache und Wirkung, steht auf, duscht, kocht Kaffee, legt Bleistift und Papier bereit und wartet darauf, daß Danielle an ihre Tür klopft.

Danielle, ebenfalls auf ihrem Pfad von Ursache und Wirkung, steht auf, zieht sich an, steigt in ihr Auto, folgt der Straßenbeschreibung und klopft schließlich an Claires Haustür. Bis hierhin befinden sich beide auf parallel laufenden Wegen, auf denen für beide eine Vergangenheit, eine Gegenwart und eine Zukunft existiert.

Im Verlauf ihres Planungsgespräches klingelt das Telefon. Bill ist am Apparat und erklärt, daß er soeben ein ausgezeichnetes Buch über paranormale Heilkräfte gelesen habe und Claire davon berichten möchte. »Komisch, daß du gerade jetzt anrufst. Danielle ist hier, und wir haben eben damit begonnen, unseren *workshop* über Intuition vorzubereiten«, ruft Claire, angetan von dem mysteriösen Zwischenspiel. Bill ist ebenfalls ein Bekannter von Danielle und bittet Claire, sie von ihm zu grüßen, dann legt er auf. Mit weit geöffneten Augen bemerkt Danielle: »Wie seltsam. Gerade als du den Hörer aufnahmst, ist mir Bills Gesicht erschienen.« Beide Frauen fühlen sich durch den scheinbaren Zufall energetisiert.

Folgen wir den Theorien von Carl G. Jung, handelte es sich bei den beiden Pfaden von Danielle und Claire um zwei vertikal verlaufende Ereignisbahnen, die durch Bills Anruf entweder zeitlich oder horizontal gekreuzt wurden. Sein Anruf erhielt seine Bedeutung dadurch, daß die beiden Frauen durch einen gemeinsamen inneren Archetypus aktiviert wurden – in diesem Fall vielleicht der des Lehrers, der Informationen sammelt –, da sie ja mit der Planung eines *workshops* befaßt waren.

Folgt man Jungs Denkweise weiter, so macht sich im Augenblick des Eintritts der scheinbar zufälligen Begebenheit eine Veränderung der psychischen Energieverhältnisse im Unbewußten wie auch im Bewußten bemerkbar. Wie auf einer Wippe senkt das Unbewußte für die Dauer eines Augenblickes die Aufmerksamkeit der bewußten psychischen Energie und stößt das unbewußte Material aus den Tiefen seiner Ursprünglichkeit an die Oberfläche. Diese Bewegung der Psyche ist am ehesten vergleichbar mit einem galvanischen Schock, der Claire und Danielle einen Energiestoß zukommen ließ, gerade so als habe sich etwas Aufregendes ereignet. Mit einem Mal fühlten sie sich lebendiger.

Das Wunderbare dieser Synchronizität besteht selbstverständlich darin, daß es sich bei ihr um ein Geschenk des universellen Energiestroms, des Flows, handelt. Um sich innerlich bewegen zu lassen, bedarf es keiner rationalen Erklärung. Sind wir jedoch erst einmal am eigenen Leib Zeuge dieser Verbindung geworden, kann es durchaus vorkommen, daß wir ein wenig weiterexperimentieren wollen, um zu sehen, wohin diese Initialenergie uns führt. Danielle, Claire und Bill könnten sich zum Beispiel treffen, um herauszufinden, weshalb die Energie plötzlich in ihrem Dreieck auftrat. Haben sie eine gemeinsame Aufgabe zu verrichten? Besteht zwischen ihnen eine bisher unentdeckt gebliebene Verbindung?

Alan Vaughan, der Autor von *Incredible Coincidence*, einer amüsanten Sammlung von tatsächlichen Zufällen, sagt dazu: »Alltägliche und vermeintliche Zufälle beweisen die Kunstfertigkeit unseres Unterbewußtseins bei der Kreation unser Lebensbedingungen. Das mindeste, was wir tun können, ist, unser Unterbewußtsein dafür zu bewundern. Am besten ist es jedoch, diese Form kreativen Ausdrucks mit all unserer Kraft zu unterstützen.«[2]

Das Auftauchen von Fügungen als Antwort auf Gebete

Synchronizitäten scheinen immer dann aufzutauchen, wenn wir ihrer am meisten bedürfen. Es ist gut möglich, daß eine ungehindert fließende Lebensenergie, Unsicherheit, Konfusion, Frustration und Chaos gleichermaßen die Möglichkeit zur Manifestation einer Fügung erhöhen. Wie in der Ersten Erkenntnis bereits gesagt wird, fungiert unsere innere Unruhe dabei als Vorankündigung, und wenn es uns möglich wäre, einen Blick hinter die Kulissen zu werfen, wären wir vermutlich erstaunt, in welchem Maße dort die Möbel gerückt werden. Wie oft traf die alte Binsenweisheit »Wenn die Nacht am tiefsten, ist der Tag am nächsten« auf unser Leben zu? Vielleicht wurde uns zum Beispiel im letzten Moment eine vergessene Schuld beglichen, damit wir einer ausstehenden Mietzahlung gerade noch rechtzeitig nachzukommen imstande waren?

Mit hoher Wahrscheinlichkeit treten Fügungen dann auf, wenn wir ihrer am dringendsten bedürfen und wenn wir eine hohe Erwartungshaltung haben. Ein großer Teil der esoterischen Literatur weist darauf hin, daß eine Mischung aus emotionaler Aufladung und lebhafter Imagination die Fähigkeit zur Anziehung gewünschter Lebensumstände stimuliert – jedenfalls in der einen oder anderen Form. Selbst in den fünfziger Jahren an der Duke-Universität durchgeführte parapsychologische Experimente beließen nicht den geringsten Zweifel daran, daß die wichtigsten Faktoren beim erfolgreichen Bestehen des ESP-Testes (Extra Sensory Perception, außersinnliche Wahrnehmung) aus »Enthusiasmus«, »hoffnungsfroher Erwartungshaltung« und »dem Wunsch, ein besonders akkurates Ergebnis, besonders zu Beginn des Versuchtstages, zu produzieren« beim jeweiligen Kandidaten bestanden.

Donna Hale, eine Psychotherapeutin aus Sausalito in Kalifornien, berichtete folgende Geschichte: Vor einigen Jahren hatte sie beschlossen, sich auf Corinthian Island, einem exklusiven Küstenstreifen in Marine County niederzulassen. Eine ihrer Freundinnen lachte über die Idee, weil es sich dabei um eine besonders teure Wohngegend handelte. Donna ließ sich jedoch nicht beirren und stieß eines Tages auf eine ihren Vorstellungen entsprechende Wohnungsanzeige. Sie vereinbarte einen Besichtigungstermin und stellte zu ihrem Entzücken fest, daß das besichtigte Haus genau ihren Wünschen entsprach – wodurch die Miete allerdings nicht eben erschwinglicher wurde. Im hellen Lichtschein eines Fensters, das direkt auf die Bucht hinausging, stand sie schließlich in ihrem Traumhaus und überlegte, ob sie es nun mieten solle oder nicht, als sie draußen im Wasser das Bellen eines Seehundes vernahm. In diesem Augenblick erinnerte sie sich an ein Bruchstück aus einem Traum der Vornacht, in dem fünf schreiende Seehunde vor ihren Augen im Ozean gespielt hatten. Diese merkwürdige Übereinstimmung sorgte schließlich dafür, daß sie den Mietvertrag unterschrieb. Kurz nach ihrem Einzug verbesserte sich ihre geschäftliche Situation ganz beträchtlich, und sie sah sich mit einem Mal in der Lage, die hohen Mietkosten ohne weiteres aufzubringen.

Fügungen treten unabhängig von Kalkül oder menschlicher Willenskraft auf. Dabei ist ihre Erscheinungsform elegant, enigmatisch und oft auch ein wenig belustigend. Sie sind der Mechanismus hinter unserem Wachstum, sozusagen das *Wie* innerhalb des Evolutionsvorganges. Auf mysteriöse Weise sind sie in der Lage, uns auf neue Möglichkeiten hinzuweisen, durch die wir überkommene und uns beschränkende Ideen transzendieren und am eigenen Leib erfahren, daß zu leben mehr bedeutet als bloßes materialistisches Überleben oder intellektuell begründbares Vertrauen in logische Abläufe. Leben bedeutet, einer spirituellen Dynamik unterworfen zu sein.

Wie Sie weiteren Nutzen aus der Ersten Erkenntnis ziehen können:

- Seien Sie sich darüber im klaren, daß Ihr Leben einen Sinn hat und die Dinge darin sich nicht ohne Grund ereignen.
- Beginnen Sie damit, sich nach der Bedeutung der in ihrem Leben auftretenden Ereignisse zu fragen.
- Erkennen Sie innere Unruhe als ein Zeichen für notwendige Veränderung und ein tieferes Bewußtsein an. Hören Sie auf die Zeichen Ihres Körpers.
- Alles, worauf Sie sich konzentrieren, wird wachsen.
- Achten Sie auf Personen, die in der Lage sein könnten, Ihnen bei der Lösung Ihrer augenblicklichen Probleme behilflich zu sein. Worauf richtet sich Ihre Aufmerksamkeit? Was ist Ihnen heute besonders aufgefallen?
- Vertrauen Sie auf Ihren eigenen Rhythmus. Lassen Sie sich vom Lauf der Ereignisse führen, anstatt gesetzten Zielen hinterherzujagen. Denken Sie daran, daß Sie gerade dabei sind, die Bestimmung Ihres Lebens zu erfüllen.

- Beginnen Sie mit der Anfertigung eines persönlichen Tagebuches, um synchrone Ereignisse darin zu verzeichnen. Die Führung eines Tagebuches bietet eine ausgezeichnete Gelegenheit zur Klärung der eigenen Gedankengänge.

Zusammenfassung der Ersten Erkenntnis

Bei der Ersten Erkenntnis handelt es sich um die Erkenntnis des Erwachens. Dabei betrachten wir unser Leben und erkennen, daß dort mehr vorgeht als wir angenommen haben. Hinter unserem Alltagstrott und den Herausforderungen des alltäglichen Lebens entdecken wir den geheimnisvollen Einfluß des Göttlichen: »Bedeutungsvolle Fügungen«, die uns Botschaften zu senden scheinen und uns in eine bestimmte Richtung lenken. Da wir in unserer Alltagshetze gewöhnlich kaum darauf acht geben, erhaschen wir nur kurze Ansichten auf diese Fügungen. Verlangsamen wir unser Tempo jedoch und nehmen diese Vorfälle genauer unter die Lupe, so öffnen wir uns damit für das Auftauchen der nächsten synchronistischen Begebenheit. Es scheint, als ob diese Vorfälle einem Ebbe/Flut-Prinzip unterliegen und gelegentlich in schneller Reihenfolge in unser Leben treten, während sie zu anderen Zeitpunkten kaum zu bemerken sind. Trotzdem erkennen wir, daß wir auf den innersten Vorgang hinter dem Fortschreiten unseres Lebens gestoßen sind. Alle folgenden Erkenntnisse beschäftigen sich mit der Frage, wie die Anzahl der mysteriösen Synchronizitäten in unserem Leben erhöht werden kann und wie wir erfahren können, worin unsere ultimative Bestimmung besteht.

Einzelstudium und Arbeitsgruppen

Die persönliche Erfahrung der Erkenntnisse kann durch erhöhte Aufmerksamkeit gegenüber dem eigenen Lebenslauf noch verstärkt werden. Sie sind hiermit aufgefordert, die folgenden Übungen allein, mit einem Freund oder in Verbindung mit einer Arbeitsgruppe vorzunehmen. Anleitungen für die Arbeit in der Gruppe sind jedem Kapitel dieses Buches nachgestellt.

Für die Arbeit mit der Ersten Erkenntnis haben wir zwei unterschiedliche Formate ausgearbeitet. Je nach Belieben können Sie einzelne Übungen abändern oder ausfallen lassen. Einige der Teilnehmer werden mehr Zeit auf einen informellen Diskussionsteil verwenden wollen, andere den bestehenden Ablauf der Programme einhalten. Am besten benutzen Sie Ihre Arbeitsgruppe als Plattform für eine Erweiterung ihres Denkvermögens, um sich besser kennenzulernen und Spaß an der inneren Arbeit zu haben. Diese Übungen haben den Zweck, Sie in unsere Thematik einzuführen, und ich möchte Sie an dieser Stelle ausdrücklich ermuntern, mit den folgenden Übungen möglichst kreativ umzugehen.

Zur weiteren Lektüre empfohlen:

Harold Sherman: How to Make ESP Work for You. 1986
Allan Combs and Mark Holland: *Synchronicity: Science, Myth, and the Trickster.* 1970
David Spangler: *Emergency: The Rebirth of the Sacred.* 1984
Georg Leonard: *Transformation: A Guide to the Inevitable Changes in Humankind.* 1987
Ronald S. Miller et al.: *As Above So Below: Paths to Spiritual Renewal in Daily Life.* 1992

Einzelstudium zur Ersten Erkenntnis

Diejenigen unter Ihnen, die nicht in einer Gruppe arbeiten wollen, können die folgenden Übungen allein oder mit einem Freund absolvieren, sie sind aber auch als Zusatzübungen zur Gruppenarbeit geeignet.

Da sich die Erste Erkenntnis der *Prophezeiungen von Celestine* mit dem Erkennen von Fügungen beschäftigt, schlagen wir vor, daß Sie versuchen, bei der Wahl eines geeigneten Partners für diese Arbeit besonders offen zu sein. Ein geeigneter Partner ist in diesem Fall jemand, der das Buch bereits gelesen hat oder bereit ist, es zu lesen und mit Ihnen zu arbeiten. Das Arbeiten mit einem Partner kann die Wirkung der Studie um einiges vertiefen ... und macht mehr Spaß!

Übung 1: Tagebuch – Fügungen in der Vergangenheit

Zweck: Indem Sie sich den Zufällen aus ihrer Vergangenheit widmen, stärken sie Ihre Fähigkeit, das Auftreten zukünftiger Zufälle zu erkennen und sich diese besser zunutze zu machen.

Schritt 1: Beantworten Sie die neun Fragen auf den Seiten 38 f. zu Ihren häuslichen Verhältnissen, ihrer Arbeitssituation und ihrer Beziehung.

Schritt 2: Gehen Sie Ihre Antworten allein oder mit einem Freund durch und achten Sie dabei auf Parallelen in der Art und Weise, wie Dinge auf Sie zukommen. Gab es zum Beispiel einen Zusammenhang zwischen einer neuen Arbeitsstelle und einer neuen Wohnung? Haben Sie Zeichen bemerkt, durch die sich diese Veränderungen angekündigt hätten? Sind Sie dabei Ihrer Eingebung gefolgt? Nehmen Sie für gewöhnlich kleinere Risiken auf sich – sprechen Sie eine fremde Person nach erfolgtem Augenkontakt an?

Übung 2: Tägliche Beobachtung

Hinweise aus der Außenwelt

Fangen Sie an, auf Zeichen in Ihrer Außenwelt zu achten, die Sie in eine bestimmte Richtung zu führen scheinen. Bill erzählte uns eine Geschichte, nach der ihm aufgefallen war, daß er und sein Boss eine ganze Woche lang jeden Tag eine Krawatte von gleicher Farbe gewählt hatten (es handelte sich dabei jeden Tag um eine andere Farbe). Dies schien Bill ein Hinweis darauf, daß er mit seinem Chef irgendwie in Einklang stehen mußte, und obwohl es ihm ein wenig peinlich war, über diese Beobachtung mit jemandem zu sprechen, entschloß er sich doch, seinen Vorgesetzten endlich wegen eines neuen Projektes, das ihm schon lange am Herzen lag, anzusprechen. Sein Vorgesetzter zeigte sich nicht nur zugänglich, sondern ließ Bill sogar wissen, daß er die ganze Woche bereits über ein ähnliches Projekt nachgedacht hatte.

Hinweise aus der Außenwelt sind so etwas wie verlorene Notizen, die völlig unverhofft doch noch auf Ihrem Schreibtisch auftauchen. Es kann sich dabei um einen Zeitungsausschnitt handeln, der auf das Erwachen eines neuen Interesses in Ihrem Inneren hindeutet oder eine berufliche Verbesserung nach sich ziehen könnte. Welche Informationen treten Ihnen im Alltag entgegen? Was bedeuten diese Informationen für Sie? Auch wenn Sie nicht andauernd auf für Sie Bedeutsames stoßen, so verstärken Sie durch eine erhöhte Aufmerksamkeit zumindest Ihren Sinn fürs Abenteuerliche.

Hinweise aus dem Inneren

Intuition ist eine Form innerer Wahrnehmung. Während wir Hinweise aus der Außenwelt hören, sehen oder erfühlen und so scheinbar von einem äußeren Signal geleitet werden, müssen wir bei den Hinweisen aus dem Inneren auf interne Signale achten. Lernen wir diese Hinweise zu erkennen, so erhalten wir gewöhnlich eine sehr akkurate Rückkopplung unserer augenblicklichen Realität. Fühlen Sie

Die Mitglieder einer Arbeitsgruppe in Sausalito, Kalifornien brachten zum Beispiel folgende Gründe vor:

»Ich meinte, die Frau bereits von irgendwoher zu kennen, und sie war ebenfalls der Ansicht, wir hätten uns bereits vorher getroffen. Wir haben uns beide geirrt, aber es stellte sich heraus, daß wir im Augenblick an den gleichen Fragestellungen im Leben arbeiten. Bei aller Überlegung hätte ich keine bessere Gruppe wählen können, als die meine.«

»Mir war, als würde ich förmlich zum anderen Ende des Raumes gezogen.«

»Alle Mitglieder in unserer Gruppe haben gerade mit großen Schwierigkeiten zu kämpfen. Was die Leute in der Gruppe über mich zum Ausdruck brachten, entsprach genau dem, was ich auch versuche nach außen hin zu vermitteln. Jemand sagte: ›Sie sehen aus, als gäben Sie sich besondere Mühe mit anderen Menschen …‹ Dafür war ich sehr dankbar.«

sich zum Beispiel schwerfällig oder sind von bedrückenden Vorahnungen geplagt, könnte dies bedeuten, daß Sie Ihr Tempo verlangsamen sollten, bevor sie eine endgültige Entscheidung treffen, oder daß Sie mehr Zeit und zusätzliche Informationen benötigen, um zu einem klaren Schluß zu gelangen. Viel zu oft lassen wir derartige Gefühle einfach unbeachtet und übersehen so wertvolle Hinweise, um schließlich zu unsinnigen Entscheidungen zu kommen. Für alle Fälle gilt: Treffen Sie niemals Entscheidungen, wenn Sie sich verärgert, gehetzt, frustriert und müde fühlen oder sich in einem negativen Geisteszustand befinden. Sollten Sie sich zum Beispiel bei einem Bewerbungsgespräch durch die äußeren Umstände aus der Bahn geworfen fühlen, Angstgefühle bekommen oder apathisch werden, so deutet dies mit großer Wahrscheinlichkeit auch auf eine zukünftige Unzufriedenheit hin.

Achten Sie in den nächsten Tagen einmal darauf, welche inneren Signale in welchen Situationen auftauchen – sei es ein verkrampfter Nacken oder Magen, Spannungen im Kieferbereich, Energieverlust, flaches Atmen, unruhiges Fingertippen, gekreuzte Arme und Beine oder eine Überempfindlichkeit gegen Geräusche. Fragen Sie sich, was wirklich vorgeht und was hinter diesen Signalen steckt.

Arbeitsgruppe zur Ersten Erkenntnis

Session 1

Dauer: 2 Stunden 30 Minuten

Zweck: Die erste Sitzung bietet den Teilnehmern die Möglichkeit, sich gegenseitig kennenzulernen und sich darüber auszutauschen, inwieweit Fügungen Einfluß auf ihr Leben gehabt haben.

Vorbereitung: Einige Karteikarten (zwei bis drei pro Person), die bei Übung 2 benötigt werden.

Einführung

Dauer: 15–20 Minuten

Zweck: Gegenseitiges Kennenlernen und Austausch über die Gründe, die zur Anwesenheit in der Gruppe führten.

Anweisungen:

Schritt 1: Vermutlich werden die Gruppenmitglieder darüber berichten wollen, wie sie auf die *Prophezeiungen von Celestine* gestoßen sind. Sollte die Gruppe mehr als dreißig Köpfe haben, so teilen Sie sie aus Zeitgründen in zwei Gruppen auf. Idealerweise sollte jedes Gruppenmitglied Gelegenheit bekommen, sich jedem der Anwesenden vorzustellen.

Schritt 2: Nachdem jeder den Grund für seine Anwesenheit vorgetragen hat, hat es sich oft als hilfreich erwiesen, eine zusammenfassende Erklärung über den Zweck der Veranstaltung zu postulieren, der jeder der Anwesenden zustimmen kann, wie z. B. »Das Ziel dieser Arbeitsgruppe besteht in der gemeinsamen Erarbeitung der Grundlagen dieses Romans, um auf diese Weise unsere eigene Entwicklung zu beschleunigen.«

Schritt 3: Die Tatsache, daß Sie sich in ihrer Gruppe befinden, beweist bereits, daß Sie den Wunsch besitzen zu wachsen. Sie alle sind aus einem bestimmten Grund zusammengekommen. Erlauben Sie sowohl den individuellen wie auch den Interessen der Gruppe, sich möglichst ungehindert zu entfalten. Berücksichtigen Sie unbedingt die Vertraulichkeit der Ihnen mitgeteilten Informationen.

Übung 1: Diskussion der Ersten Erkenntnis

Dauer: 15–20 Minuten

Zweck: Eine kurze Verständigung darüber, wie die Erste Erkenntnis den einzelnen Gruppenmitgliedern bei der Herbeiführung einer neuen

Lebensperspektive oder bei der Erweiterung ihrer Wahrnehmungsfähigkeit geholfen hat.

Anweisungen: Am besten ist es, wenn jemand aus der Gruppe die Kurzzusammenfassung der Ersten Erkenntnis auf den ersten Seiten dieses Buches laut vorliest. Als nächstes sollten die Gruppenmitglieder mitteilen, wie sie die Erste Erkenntnis aufgefaßt haben, als sie den Roman zum ersten Mal lasen. Nachdem jeder zu Wort gekommen ist, beginnen Sie mit der nächsten Übung.

Übung 2: Aufwärm-Übung: Erste positive Eindrücke

Ungefähre Dauer: 30 Minuten

Zweck: Der Zweck dieser Übung besteht darin, zu erkennen, wie sehr wir andere nach ihrem ersten Eindruck, den sie auf uns machen, bewerten. Diese Übung macht Spaß, hebt den Energielevel der Gruppe und etabliert Vertrauen innerhalb der Gruppe.

Anweisungen:

Schritt 1: Befinden sich in Ihrer Gruppe mehr als sechzehn Teilnehmer, so teilen sie die Gruppe in Vierereinheiten auf. Ist die Gruppe kleiner, so wählen Sie Dreiergruppen. Verteilen sie an jedes der Gruppenmitglieder zwei bis drei Karteikarten.

Schritt 2: Um das Eis zu brechen und die Mitglieder dazu zu bewegen, ein wenig von ihrer Persönlichkeit zu verraten, sollten Sie einander mitteilen, was an ihrer Fahrt zu diesem Treffen synchronistisch oder lustig gewesen ist. *(Limitieren Sie diesen Teil auf wenige Minuten.)*

Schritt 3: Ein Freiwilliger dreht seinen Stuhl herum und setzt sich mit dem Rücken zur Gruppe.

Schritt 4: Die anderen Gruppenmitglieder beginnen nun damit, aufzuzählen, welche positiven Qualitäten sie in dieser Person erkennen. Der oder die Freiwillige hört aufmerksam zu und notiert sich diese Qualitäten auf den ausgeteilten Karteikarten, ohne jedoch einen Kommentar abzugeben. Seien Sie in ihren Kommentaren ruhig ein wenig origineller und lustiger – solange Sie dabei positiv sind. Teilen Sie der betreffenden Person zum Beispiel mit, wenn Sie denken, sie eigne sich für bestimmte Dinge besonders gut – selbst wenn Sie sie nicht näher kennen. *(Zeitlimit ca. 5 Minuten pro Person oder so lange, bis die Energie der Gruppe absackt.)*

Schritt 5: Nachdem jeder an der Reihe war, gehen Sie zu Übung 3 weiter.

Übung 3: Aktuelle Lebensthematiken und Fragestellungen

Dauer: 30–40 Minuten

Zweck: Der Zweck dieser Übung besteht erstens darin, zu ergründen, welche *höheren* verbindenden Bedürfnisse die Mitglieder in ihre jeweiligen Dreier- und Vierergruppen gebracht haben. Gab es z. B. Signale, die einer verbalen Kontaktaufnahme vorangingen, Augenkontakt oder ein Gefühl der Verbundenheit, die für die jetzige Zugehörigkeit zu der Gruppe verantwortlich sind? Zweitens geht es darum herauszufinden, ob Parallelen zwischen den Lebensläufen der Gruppenmitglieder existieren, und drittens darum, jedem Sprecher die gleiche Aufmerksamkeit zukommen zu lassen.

Anweisungen:

Schritt 1: Jedes Gruppenmitglied spricht kurz darüber, was ihn oder sie im Augenblick am meisten beschäftigt und als Lebensthematik bezeichnet werden könnte: Probleme, Bedürfnisse, Lebensumstände. Widmen Sie dem Sprecher oder der Sprecherin Ihre volle Aufmerksamkeit. *(Zeitlimit ungefähr drei Minuten pro Person.)*

Schritt 2: Nachdem jedes Mitglied der Gruppe gesprochen hat, wird kurz diskutiert, weshalb jeder in seiner Gruppe ist. Eines der Gruppenmitglieder sollte die auftauchenden Fragen und Kernthemen in seiner Gruppe aufzeichnen.

Schritt 3: Haben einige der Gruppenmitglieder Signale empfangen, die sie veranlaßten, sich einer bestimmten Gruppe anzuschließen – spontanen Augenkontakt etwa, oder ein Gefühl der Verbundenheit?

Schritt 4: Sobald jedes Gruppenmitglied diese Übung abgeschlossen hat (oder die Zeit abgelaufen ist), schließen die einzelnen Gruppen sich wieder zur Hauptgruppe zusammen und tauschen sich über die Kernthemen ihrer Gruppen aus: Unter welchen Gesichtspunkten haben sich die Gruppen oder Personen zusammengefunden?

Bei dieser Gelegenheit kann sich jeder ein wenig ausführlicher vor der gesamten Gruppe vorstellen. Jeder nennt seinen Namen, seine Wohngegend und seinen Beruf. (Umfaßt die Gruppe mehr als dreißig Mitglieder, so kann sie, abhängig vom zeitlichen Rahmen, wieder in kleinere Segmente aufgeteilt werden.) Es ist interessant festzustellen, welche Gemeinsamkeiten unter den Gruppenmitgliedern bestehen. In der oben erwähnten Gruppe aus Sausalito gingen zum Beispiel vierzehn der sechzehn Teilnehmer einer selbständigen Tätigkeit nach.

Abschluß:

Dauer: 20–30 Minuten

- Eine bewährte Weise, die Übungen zu beschließen, besteht darin sich erkundigen, wobei der einzelne in der kommenden Woche Hilfe und Unterstützung gebrauchen kann.

Schritt 1: Jedes Gruppenmitglied verbalisiert die Problemstellungen der nächsten Woche. Bedienen Sie sich dabei möglichst einer positiven Sprache. Sagen Sie: »Ich möchte die nächste Woche voller Energie angehen«, anstatt »Ich möchte endlich diese verdammte Erkältung loswerden.« Konzentrieren Sie sich darauf, was Sie wollen, und nicht darauf, was Ihnen mißfällt.

Schritt 2: Nachdem jeder seinen Wunsch verkündet hat, wird er von der Gruppe bestätigt und liebevolle Energie wird an den Sprecher und seine Situation gesandt.

Für die folgende Session: Die Erhöhung unserer Sensibilität für das Auftreten von Fügungen.

- Achten Sie im Verlauf der kommenden Woche auf das Auftreten von Fügungen, Zeichen und Träume und vermerken Sie derartige Vorkommnisse in ihrem Tagebuch.
- Bringen Sie Ihr Tagebuch beim nächsten Mal mit und tauschen Sie sich über die Vorkommnisse der Woche aus. Teilen Sie mit, ob Ihnen die Bestätigung der Gruppe bei der Lösung Ihrer Probleme behilflich war. Positives Feedback stärkt die Energie der Gruppe.

Arbeitsgruppe zur Ersten Erkenntnis

Session 2

Dauer: 2 Stunden 30 Minuten

Zweck: Die Erkundung der Verkettung von Fügungen in Ihrem Leben.

Einleitung: Beginnen Sie die Sitzung, indem Sie jedem Anwesenden die Möglichkeit geben, die Fügungen der vergangenen Woche zu schildern. Sind aus der Session der letzten Woche bereits Resultate erwachsen?

Übung 1: Die Erhöhung der Sensibilität gegenüber Fügungen

Dauer: 1 Stunde (30 Minuten pro Person)

Zweck: Zweck dieser Übung ist es, die Fügungen der Vergangenheit als bedeutsam anzuerkennen und sich über ihre Wirkung auf unser Leben klarzuwerden. Indem wir uns auf Ereignisse aus unserer Vergangenheit konzentrieren, stimulieren wir unser höheres Bewußtsein, vermehrt Zufälle zu produzieren.

Anweisungen:

Schritt 1: Suchen Sie sich einen Partner, mit dem Sie arbeiten wollen.

Schritt 2: Einer liest die folgenden Fragen vor und der andere antwortet. Achten Sie dabei auf Zufälle, die sich während der letzten Woche ereignet haben. *(Ungefähr dreißig Minuten pro Person.)*

Wohnung

1. Sind bei der Anmietung oder der Suche nach Ihrer Wohnung merkwürdige Zufälle aufgetaucht? (Wichtige Hausnummern, Begegnungen mit Nachbarn, Verzögerungen bei den Vertragsverhandlungen, besonders auffällige Straßennamen oder andere Merkwürdigkeiten.)

Arbeit

2. Wie sind Sie zu Ihrem augenblicklichen Arbeitsplatz gekommen? Erinnern Sie sich daran, auf welche Weise Sie von der freien Stelle erfahren, mit wem sie gesprochen haben und was für Botschaften Ihnen so mitgeteilt wurden?
3. Worin bestand der erste Eindruck von Ihrem Arbeitsplatz?
4. Sind Ihnen Dinge aufgefallen, die man im nachhinein als Omen hätte auslegen können?
5. Wünschen Sie sich, daß Sie vor der Annahme ihres Arbeitsverhältnisses etwas berücksichtigt hätten, was jedoch unberücksichtigt blieb?

6. Beschreiben Sie, auf welche Weise Sie in die für Sie wichtigste Beziehung eingetreten sind. Weshalb hielten Sie sich zu jener Zeit an jenem Ort auf?
7. Hat die betreffende Person Sie an jemand anderen erinnert?
8. Was war Ihr erster Eindruck von der Person? Hat er sich bewahrheitet?
9. Sind Ihnen nach dem Treffen irgendwelche Zeichen (Träume oder merkwürdige Begebenheiten) aufgefallen?

Schritt 3: Erkennen Sie hinter der Art und Weise, in der Dinge an Sie herangetragen werden, ein bestimmtes Muster? Gab es Parallelen zwischen der Art ihrer Begegnung mit Ihrer wichtigsten Beziehung, Ihrer Arbeitsstelle oder der Anmietung einer neuen Wohnung? Verwenden Sie besondere Sorgfalt auf die Beantwortung der Fragen 1,4 und 9. Auf die sogenannten Omen zu achten, die die wichtigen Ereignisse in ihrem Leben begleiten, ist von großer Bedeutung, um die maximale Information aus den Fügungen abzuleiten und Ihre präkognitiven Fähigkeiten zu steigern, auf Grund derer Sie in der Lage sind, zukünftige Fügungen schneller zu erkennen und besser einzuordnen.

Schritt 4: Führen Sie die kleinen Gruppen wieder zu einer großen zusammen und teilen Sie Ihre Erfahrungen und Ergebnisse mit (Zufälle bei der Partnerwahl, Wohnungs- und Arbeitssuche). In welcher Weise haben diese Zufälle andere Menschen beeinflußt?

Abschluß:

Anfragen nach Hilfe. Übermittlung liebevoller Energie (siehe S. 36 f.).

Für die folgende Session:
Die Entwicklung einer eigenen Zeitspur. Seien Sie in der kommenden Woche aufmerksam und achten Sie auf das Auftauchen von Fügungen, Zeichen und Träumen. Tragen Sie diese in Ihr Tagebuch ein.

Kapitel 2

Das verlängerte Jetzt: Die Erweiterung des historischen Zusammenhanges

Auf seinem Flug nach Peru trifft unser Held auf Professor Dobson. Wie es die Kraft der Fügung will, ist Dobson mit der Zweiten Erkenntnis bereits vertraut und setzt unserem Helden auseinander, welchen Wandlungen das westliche Denken in den letzten tausend Jahren unterworfen war und wie das Verständnis dieser Transformation zum Ende des Millenniums an Bedeutung zunimmt.

Die Zweite Erkenntnis

Fügungen im Kontext. Durch die Zweite Erkenntnis wird unsere Aufmerksamkeit auf die bedeutsamen Fügungen gelenkt, und diese werden in einen historischen Zusammenhang gestellt. Die Erkenntnis liefert Antworten auf folgende Fragen: Sind unsere Wahrnehmungen der Fügungen von historischer Bedeutung oder lediglich kurzlebige Trends oder Modeerscheinungen unserer Zeit, denen in Zukunft keine besondere Bedeutung mehr beigemessen werden wird? Wird unser Interesse an der spirituellen Vorwärtsentwicklung der Menschheit im gleichen Maße verschwinden, wie sich die menschliche Gesellschaft weiterentwickelt? In der Zweiten Erkenntnis treten wir einen Schritt zurück, um die Kette von Ereignissen, die unser Weltbild und unsere Wahrnehmung geprägt haben, genauer zu betrachten.

Der Untergang des mittelalterlichen Weltbildes. Das auslaufende zwanzigste Jahrhundert und der Anbruch eines neuen Jahrtausends bieten eine perfekte Gelegenheit, vom historischen Standpunkt aus einen Blick zurück auf unsere Herkunft zu werfen. Wie das Manuskript im Roman bereits andeutet, befinden wir uns gerade im Begriff der

Ablösung von Präokkupationen, die uns die letzten fünfhundert Jahre beschäftigt hielten und mit dem Ende des Mittelalters einsetzten, als die Reformisten damit begannen, sich gegen den massiven Einfluß des mittelalterlichen Klerus zur Wehr zur setzen.

Der Bruch zwischen Wissenschaft und Spiritualität. Politische Korruption und die dogmatische Position der Kirche gegenüber wissenschaftlichen Beweisen, die im Gegensatz zu den von ihr verbreiteten Lehren standen, führten während der Renaissance zu einer Reformbewegung, die es sich zur Aufgabe gesetzt hatte, die intellektuellen Fesseln einer in ihren wesentlichen Punkten auf Spekulation und Aberglauben beruhenden Kosmologie zu beseitigen. In der folgenden Auseinandersetzung mit der Kirche wurde schließlich ein stillschweigendes Abkommen erreicht. Die Wissenschaft erhielt die Freiheit, sich ohne Einmischung von seiten des Klerus der Erforschung weltlicher Phänomene widmen zu dürfen – solange sie sich dabei von den religiösen Aspekten unseres Universums fernhielt. Darunter fielen u. a. die Beziehung der Menschheit zu Gott, Engel, Wunder sowie alle anderen übernatürlichen Phänomene. So kam es, daß sich die frühe Wissenschaft mit Leidenschaft der Welt der Gegenstände und ihrer physikalischen Gesetze zuwandte. Eine Entdeckung folgte auf die andere, und wir begannen damit, alle in der Welt auftretenden Phänomene in konkrete, berechenbare physikalische Termini zu fassen, während wir darangingen, die uns umgebende Natur zu erkunden und zu vermessen. Zur gleichen Zeit entwickelte man neue Möglichkeiten der Energiegewinnung und erfand neue Technologien, als deren Nebenprodukt die industrielle Revolution auf den Plan trat, die mit ihrer vermehrten Produktion von Konsumgütern für eine immer größer werdende Anzahl von Menschen eine erhöhte Sicherheit zumindest in weltlichen Belangen bedeutete.

Die säkulare Weltsicht. Mit dem Eintritt der Menschheit ins achtzehnte Jahrhundert hatte die Kirche beträchtlich an Einfluß verloren. Eine neue, vorwiegend auf wissenschaftlichem Materialismus beruhende Weltsicht ersetzte zunehmend die von kirchlichen Vorstellungen geprägten Vorstellungen darüber, was Leben bedeutete. Dies war eine Zeit ungebrochenen Optimismus. Mit Hilfe der Wissenschaft meinten wir, alles über unsere existentielle Situation in Erfahrung bringen zu können, einschließlich einer Antwort auf die Frage, ob es einen Gott gibt, und wenn ja, welcher Gestalt unsere Beziehung zu ihm ist. Natürlich würde die Klärung derartig tiefgreifender Fragen einiges an Zeit in Anspruch nehmen, und deshalb beschäftigten wir uns unterdessen mit den Anforderungen, die das Leben an uns stellte, und schafften uns und unseren Kindern eine neue weltliche Sicherheit, die jene durch die Diskreditierung der Kirche im Mittelalter verschwundene spirituelle Sicherheit ersetzen sollte. Ein neuer Aufruf zum Handeln motivierte die Menschen jener Zeit. Hatten wir auch unsere aus der zweifelsfreien Existenz eines Gottes gewonnene Sicherheit verloren, so waren wir doch immerhin in der Lage, dem Leben und den harten Realitäten des Universums durch unser Wissen und unsere Genialität etwas entgegenzusetzen. Durch harte Arbeit, Geschick und mit Unterstützung unserer technischen Errungenschaften lag es nun an uns, das menschliche Schicksal selbst in die Hände zu nehmen. Wir waren simultan in der Lage, die Ressourcen unseres Planeten auszubeuten und unsere weltliche Existenz dadurch immer weiter abzusichern. Die Gewißheit über unseren Platz im Universum, mit der uns die mittelalterliche Kirche noch versorgt hatte, war jedoch verloren gegangen, und wir ersetzten ihn durch die Idee des Fortschritts, Wissenschaftsglauben und eine neuartige Arbeitsethik.

An dieser Stelle wird deutlich, wo die in unserer Zeit dominante Beschäftigung mit der Psychologie ihren Ursprung hat. Durch das 18., 19. und 20. Jahrhundert hindurch hatte sich die oben beschriebene moderne Weltsicht verbreitet und in der kollektiven Psyche etabliert. Je vordringlicher wir damit beschäftigt waren, die physikalischen Phänomene unseres Universums zu erklären und zu benennen, desto stärker wurde der Eindruck, daß unsere Welt erklärbar, vorhersehbar, sicher, ja sogar gewöhnlich und banal sei. Um diese Illusion aufrechtzuerhalten, mußten wir uns allerdings konstant damit befassen, alles, was uns an das Mysterium des Leben erinnerte, zu diskriminieren und schließlich zu unterdrücken. Die mittelalterliche Übereinkunft, religiöse Phänomene von der wissenschaftlichen Betrachtung auszunehmen, wuchs sich schließlich zu einem regelrechten Tabu aus. Selbst der Kirchgang wurde zu einem vorwiegend sozialen Ereignis. Zwar waren die Kirchenbänke am Sonntag noch gefüllt, doch handelte es sich dabei vorwiegend um die Postulierung eines intellektuellen Glaubens und um einen Versuch, das Spirituelle für den Rest der Woche aus dem Leben auszugrenzen. Mitte des 20.Jahrhundert war das Universum beinahe völlig säkularisiert und auf seine materiellen Bestandteile reduziert. Um diese Illusion einer sicheren und erklärbaren Welt aufrechtzuerhalten, mußten wir unser Bewußtsein allerdings zu einer Art technologischer Tunnelvision verengen, die uns jeden Umgang mit dem Wunderbaren unmöglich machte. Zur Wahrung unseres Sicherheitsgefühles mußten wir uns mehr und mehr mit der technologischen Unterwerfung der Welt befassen, bis wir von diesem Gedanken förmlich besessen waren.

Die Öffnung zu einem Geheimnis. Für den darauffolgenden Beginn eines kollektiven Erwachens gibt es zahlreiche Gründe. Bereits in den fünfziger Jahren dieses Jahrhunderts begann die Wissenschaft selbst damit, ihre materialistische Weltsicht zu revidieren. Es stellte sich heraus, daß unser Universum keinesfalls ein rein materialistisches Konstrukt darstellte, sondern ein verwobenes Muster von Energiesystemen, innerhalb dessen Zeit sich beschleunigte und verlangsamte, in dem ein und dasselbe Elementarteilchen zum gleichen Zeitpunkt an unterschiedlichen Orten auftauchen konnte, und in dem der Raum gekrümmt und endlich und zur gleichen Zeit unendlich und möglicherweise sogar mehrdimensional war. Parallel zu diesen Entdeckungen hatte die technologische Manipulation dieses Raum/Zeit/Energie-Musters zur Herstellung massiver Waffenpotentiale geführt, die nun alles Leben auf der Erde bedrohten.

Zur gleichen Zeit etwa, als die Wissenschaft damit begann, unsere Weltsicht zu erschüttern, trat ein aus der Ausbeutung irdischer Ressourcen resultierender Umweltschaden ans Tageslicht. Durch Umweltverschmutzung wurde unser biologisches Überlebenssystem gefährdet. Ohne den geringsten Zweifel waren wir im Begriff, jenen Planeten zu zerstören, den wir durch unseren Fortschritt zu verbessern getrachtet hatten.

Mitte der sechziger Jahren schienen wir endlich ausreichend erwacht, um auf globaler Ebene festzustellen, daß die westliche Zivilisation die höheren Dimensionen des menschlichen Daseins geflissentlich ignoriert hatte. Unsere materielle Sicherheit war unterdessen bis zu einem Punkt gewachsen, von dem aus wir es uns leisten konnten, relevante soziale Probleme anzusprechen: Gleichberechtigung und Vorurteile zwischen den Rassen und zwischen Mann und Frau, Umweltprobleme und die Friedensfrage. Es war die Zeit des großen Idealismus, aber auch die des Konfliktes zwischen jenen, die die Gesellschaft ändern wollten, und jenen, die den Status quo für ausreichend hielten und ihn bewahren wollten. Gegen Ende der Dekade wurde uns allmählich klar, daß wir kaum eine andere Wahl hatten, als uns zu öffnen und die Aufmerksamkeit auf unser unerforschtes Potential als menschliche Wesen zu legen. Es handelte sich nicht länger um eine Auseinandersetzung zwischen unterschiedlichen Gruppen, die versuchten, einander zu verändern und soziale Veränderungen herbeizuzwingen, vielmehr ging es für jeden einzelnen darum, seinen Blick nach innen zu richten und durch innere Veränderungen und kollektive Anstrengung eine Veränderung der gesellschaftlichen Bedingungen herbeizuführen.

Erkundungen des Inneren. Diese Entwicklungen schienen das nötige Bewußtsein zur für die 70er Jahre so symptomatischen introperspektiven Selbstanalyse geliefert zu haben. Die Siebziger waren eine Dekade, die sich verstärkt der Erweiterung des menschlichen Potentials und seiner Erforschung verschrieben hatte. Humanpsychologie, die Entwicklung von Zwölf-Schritt-Programmen zur Suchtbekämpfung und die ersten Forschungen über den Zusammenhang von Stress, Geisteshaltung und dem Einsetzen von Krankheiten hinterließen einen tiefen Eindruck im Bewußtsein der Öffentlichkeit. Hinzu kam, vor allem in der westlichen Welt, ein verstärktes Interesse an östlichen Lehren und Philosophien. Formen des Yoga, Kampfsportarten und Meditationstechniken gewannen zunehmend an Popularität.

Unsere Exkursionen nach Innen und die verstärkten Therapieanstrengungen schienen vor allem der Behebung unserer Präokkupation mit materiellen Belangen zu gelten. Die Konzentration auf technische und wirtschaftliche Aspekte unseres Lebens hatte uns von einem weiten Spektrum menschlicher Erfahrungsbereiche abgeschnitten. So wurde ein Baum nicht wegen seiner immanenten Schönheit, sondern nach seinem Wert als Holzlieferant geschätzt. Unsere eigenen Emotionen wie Leid, Liebe, Mitgefühl und Verlustgefühle waren abgestumpft oder völlig unterdrückt. In dieser Dekade wurde es plötzlich akzeptabel, sich einen Therapeuten zu

»Die Erde präsentiert sich in einem neuen Licht, nicht länger als statische oder zyklische Welt, sondern als Arena, in der sich seit hundert Millionen Jahren eine Spezies nach der anderen entwickelt und weiterentwickelt. Daraus läßt sich schließen, daß auch die menschliche Rasse nicht an ihrem Endpunkt angekommen ist. Im Angesicht unserer transformativen Kapazitäten ist es durchaus nicht unvernünftig, anzunehmen, daß uns ein weiterer Evolutionsschritt unmittelbar bevorsteht.«[1]

Michael Murphy,
Die Zukunft des Körpers

nehmen, um den oft problematischen Sozialisationsvorgang der Kindheit zu verarbeiten und irgendwie einen Teil von uns wiederzufinden, den wir verloren glaubten oder vielleicht nie erfahren hatten. Mit dieser Wendung schienen wir allerdings vorerst auch am Ende unserer inneren Enthüllungsreise angekommen. Wir mußten erkennen, daß wir für immer auf unser Innenleben würden schauen können und sich trotzdem nichts verändern würde – denn das, wonach wir uns am meisten sehnten, war eine transzendentale Erfahrung, eine innere Verbindung mit dem göttlichen Prinzip.

Diese Erkenntnis führte uns in den achtziger Jahren wieder zurück zur Spiritualität. Innerhalb der traditionellen Kirche zeigte sich dieser Trend in einer Hinwendung zum Kern der christlichen Lehre und einer Abwendung vom Kirchgang als sozialem Ereignis. Außerhalb der traditionellen Religionen manifestierte dieses Bewußtsein sich in Form individueller Annäherungen an die Spiritualität, gewöhnlich in einer Mischung aus ausgewählten religiösen Wahrheiten, die oft mit mystischen Beschreibungen unterschiedlicher Visionäre aus dem Osten durchsetzt war und als New-Age-Bewegung bekannt wurde. Dazu kamen Rebirthing, Feuerlaufen, die Suche nach Visionen, Channeling, außerkörperliche Erfahrungen, Kristallenergie, hellseherische Fähigkeiten, UFO-Sichtungen, Pilgerfahrten, alle möglichen Formen der Meditation, das Ausüben heidnischer Gebräuche, die Beschäftigung mit Auren und das Legen von Karten, um nur einige zu nennen. Mit all diesen Elementen wurde auf der Suche nach der echten spirituellen

Erfahrung experimentiert, einige erwiesen sich als hilfreich, andere als bloßer Humbug, doch führten dieses Experimentieren und diese Auslese uns in die neunziger Jahre und kreierten eine geschichtlich einzigartige Position, von der aus wir nun Gelegenheit haben, unsere Situation zu evaluieren.

Die Schaffung eines neuen Weltbildes. Nachdem wir uns von unserem fünfhundert Jahre alten, säkularen Weltbild befreit haben, beginnen wir nun damit, einen Konsens über die Beschaffenheit einer höheren Spiritualität zu schaffen. Die aus dem psychospirituellen Bereich gewonnenen Erkenntnisse in Verbindung mit den Ergebnissen unserer Wissenschaft führen uns in eine neue, relevantere und wahrhaftigere Realität.

Die Zweite Erkenntnis festigt die menschliche Wahrnehmung scheinbar mysteriöser Fügungen als zentralen Punkt in einer völlig neuen Herangehensweise an unser Leben.

Die Verbindung mit der spirituellen Energie

Wie im Manuskript bereits erwähnt, müssen wir uns vor einem weiteren Fortschreiten unserer Evolution zunächst einmal wieder über den Sinn des Überlebens der menschlichen Rasse klarwerden. Zur Weiterentwicklung unsere Kultur ist es notwendig, daß die kritische Masse derer erreicht wird, die ihrer Intuition gestatten, sich wieder mit ihrer Spiritualität zu verbinden.

Deswegen handelt es sich bei der Zweiten Erkenntnis um eine makroskopische Sicht unseres kollektiven Bewußtseins, das bisher vorwiegend mit Begriffen wie Wettbewerb, Kontrolle und Eroberung belegt war. Die bitteren Früchte dieses überkommenen Werte- und Glaubenssystems fahren wir soeben ein – im Grunde ernten wir die Früchte unserer materiellen Denkweise.

Wir befinden uns im Augenblick an einer wichtigen Wegkreuzung in unserer Entwicklungsgeschichte, und unsere Optionen scheinen so zahlreich wie nie zuvor. Die Kreuzung und wechselseitige Befruchtung unter-

> »Nur wenn der menschliche Wille in den Dienst einer höheren oder umfassenderen Ordnung gestellt wird, kann er gesunde Frucht tragen.«[2]
>
> Philip Novak

schiedlicher wissenschaftlicher Bereiche, wie Telekommunikation und Physik in Verbindung mit spirituellem und ökologischem Bewußtsein oder alternativen Heilmethoden und Psychologie, bereiten uns bereits auf das Erscheinungsbild unser Zukunft vor. Jetzt liegt es an uns, als Individuen und als Kollektiv weitsichtigere und lebensbejahendere Prioritäten zu setzen, als es bisher der Fall war. Was immer Sie an Bewußtsein zum kollektiven Status quo beitragen, darin besteht auch Ihr persönlicher Beitrag zu einer veränderten Zukunft.

Die persönliche Zeitspur – Vom Makroskopischen zum Mikroskopischen

Der in der Zweiten Erkenntnis vorgestellte makroskopische Geschichtsblick spiegelt sich in mikroskopischer Ansicht in unserem alltäglichen Leben wider. Geschichte ist nichts anderes als die Summe von Lebensgeschichten, die über einen bestimmten Zeitraum hinweg betrachtet werden. Ihr gegenwärtiges Leben repräsentiert auch unser kollektives Leben. Im Rahmen einer Abhandlung von Spiritualität im Traumbereich erklärte C. G. Jung zu diesem Thema: »... Wir dürfen nicht vergessen, daß jeder Mensch in gewissem Sinne die gesamte Menschheit und ihre Geschichte repräsentiert. Was auf der großen Skala menschlicher Geschichte möglich war, ist auch auf der kleinen Skala des Individuums möglich. So konnten die Bedürfnisse der Menschheit schließlich auch die Bedürfnisse des Individuums sein ...«[3]

Die Anwendung der Zweiten Erkenntnis auf seine Lebensgeschichte wird dem Leser beim Verständnis seiner eigenen inneren Unruhe und bei der Suche nach der Bedeutung der ihm widerfahrenden Umstände behilflich sein. Um einen vollständigeren Blick auf die Muster Ihres Lebens zu erhalten, sollten Sie jedoch darangehen, sich die Hauptbestandteile Ihres Lebens noch einmal zu vergegenwärtigen und niederschreiben, was Sie dabei gelernt haben. Diese Übung ist außerdem überaus hilfreich dabei, Ihnen zu vergegenwärtigen, wie sehr sich Ihre Glaubensvorstellungen, Ihre Werte und Ihre Erwartungen im Lauf der Jahre verändert haben. Die Zweite Erkenntnis bestätigt noch einmal, daß viele von uns mittlerweile zu der Ansicht gelangt sind, unsere gemeinsame Aufgabe bestehe in der Führung eines verstärkt nach spirituellen Gesichtspunkten ausgerichteten Lebens. Wenden Sie diese Erkenntnis auf Ihre eigene Geschichte an und schauen Sie, worauf Sie dabei stoßen. Am Ende dieses Abschnittes finden Sie einige Übungen, mit deren Hilfe sie in der Lage sein sollten, Ihre eigene persönliche Zeitspur zu erstellen.

Augenblickliche Präokkupationen

Jeder Gedanke, jede Entscheidung und jede unserer Handlungen sind verantwortlich für die Schaffung unser Realität. Im Grunde sind wir uns dessen bereits bewußt, sonst würden wir uns keine konkreten Ziele setzen, wie zum Beispiel: »Bis zu den Feiertagen werde ich fünf Kilo abspecken.« Oder »Ich werde anfangen, für den Urlaub Geld zurückzulegen.« Diese konkreten Ziele veranschaulichen uns, ob wir Erfolg haben oder nicht beziehungsweise inwieweit wir unseren guten Vorsätzen gerecht werden. Ein prägnanteres Beispiel für derartige Präokkupationen liefern vermutlich Ihre Gedanken beim morgendlichen Erwachen – man schätzt, daß der Mensch im Laufe eines Tages ungefähr neunzigtausend Gedanken produziert, die meisten davon negativer Grundstimmung.

Grundglaubenssätze

Allgegenwärtig und doch oft kaum merklich stellen Grundglaubenssätze die bestimmenden Faktoren im menschlichen Leben dar, weil sie für die Organisation unseres internen Energiefeldes verantwortlich sind und damit für die Schaffung unserer gegenwärtigen Realität. Verborgen unter dem unsichtbaren Fundament unserer Alltagsgedanken, Wäsche waschen zu müssen, Kinder von der Schule abzuholen und größere Summen Geldes zu beschaffen, wirkt eine ganze Palette von Annahmen, die von uns nur selten in Frage gestellt werden. Diese aus dem Zusammenhang unserer jeweiligen Kultur stammenden Annahmen werden einfach geglaubt und lauten etwa wie folgt: »Ich bin ein von anderen getrenntes Individuum, das um seinen Lebensunterhalt kämpfen muß.« Oder »Ich werde älter.« Oder »Was wirklich zählt, ist die Welt der Dinge.« Bevor man an eine Erweiterung oder Veränderung seines Bewußtseins gehen kann, muß diese Ebene des Denkens einmal klar herausgearbeitet werden, denn dort findet unter der Bezeichnung »Neue Paradigmen« auch das Umdenken statt. Bei einem Paradigma handelt es sich um ein Modell oder ein ideales Muster von Gedanken oder Handlungen.

Mit dem »Pfad der linken Hand« beschreibt der bedeutende Mythologe Jospeh Campbell eine ähnliche Idee. Innerhalb eines Mythos, dem Träger der lebendigen Paradigmen aller Kulturen, wählt ein Held gewöhnlich den Pfad der linken Hand als Begegnungsort mit neuem Wissen und der Wahrheit. Der Pfad der rechten Hand dagegen entspricht dem augenblicklichen Dilemma, dem Status quo, dem Ort, an dem alle Probleme hausen. Zur Transformierung dieses Dilemmas muß bisher unbekanntes Material hinzugezogen werden. So erwecken die inneren Mythen den Archetyp jener Reise, die uns schließlich zur Transformation führt, und an keinem Punkt dieser Reise finden wir uns ohne Hoffnung auf neue Entdeckung und Genesung.

Wie in der Zweiten Erkenntnis bereits beschrieben, begannen das neue Denken bzw. die neuen Paradigmen ihre Wirkung in den sechziger Jahren zu zeigen und wurden vor allem durch das *Human Potential Movement* getragen. Mittlerweile hat sich diese neue Denkweise, die die Betonung auf die Einheit von Geist und Körper legt, in vielen Lebensbereichen etabliert. Der Humanmediziner Deepak Chopra legt in seinem Bestseller *Ageless Body, Timeless Mind* einige der fundamentalen Unterschiede zwischen der alten und der neuen Denkweise dar.

Alte Denkweise:

»Unabhängig von ihrem Betrachter existiert eine objektive Welt, und der menschliche Körper ist Teil dieser objektiven Welt.«

Neues Paradigma:

»Die physikalische Welt, unsere Körper eingeschlossen, ist eine Antwort auf die Sichtweise des Betrachters. Wir kreieren unsere Körper selbst, ebenso wie wir uns unsere Welt erschaffen, indem wir sie erfahren.«[4]

Ungeachtet einer wahren Flut von metaphysischer Literatur, die uns seit einer kleinen Ewigkeit lehrt, daß wir die Schöpfer unserer eigenen Realität sind, ist dieser Gedanke für jene unter uns, die sich durch ihr Leben, ihre Arbeit, ihre Finanzen oder ihre Gesundheit frustriert fühlen, immer noch ungewöhnlich. Wie unser Held in den *Prophezeiungen von Celestine* herausfindet, wird das Wachstum von Pflanzen durch ihnen zugetragene, positive Energie beeinflußt. Täglich tragen weitere medizinische und wissenschaftliche Untersuchungen zu der Feststellung bei, daß unsere Realität ein direktes Produkt unserer Absichten darstellt. Allein diese Tatsache reicht bereits aus, um uns unsere Kraft zurückzugeben und Hoffnung auf eine bessere Zukunft zu gewähren.

Ein weiterer von Chopra zu den Akten gelegter Grundglaubenssatz lautet:

»Das menschliche Bewußtsein kann als alleiniges Produkt der Biochemie betrachtet werden.«

Informationen neueren Datums weisen auf eine andere Betrachtungsweise hin:

»Wahrnehmung ... ist etwas Erlerntes. Die Welt, in der Sie leben, ist einschließlich Ihrer körperlichen Erfahrungen einzig und allein Produkt Ihrer angelernten Wahrnehmung. Gelingt es Ihnen, Ihren Wahrnehmungsmodus zu ändern, so verändern sich gleichzeitig nicht nur Ihre körperlichen Erfahrungen, sondern auch Ihre Umwelt.«[5]

Wir hoffen, Ihnen mit dem vorliegenden Handbuch bei der Evaluierung einiger Ihrer alten Denkweisen behilflich sein zu können, damit es Ihnen gelingt, eine größere und umfassendere Bedeutung hinter der Summe Ihrer Leistungen, Fehlschläge und den Ihnen entgegentretenden Herausforderungen zu erkennen. Wenn Sie eine positive, neugierige, bewußte und abenteuerliche Haltung gegenüber Ihrer Umwelt einnehmen, könnte Ihre Welt schon bald so aussehen, wie Sie es sich wünschen.

Ein drittes und ebenfalls überkommenes Paradigma lautet laut Chopras Buch:

> *»Unsere Wahrnehmung der Welt ist angeboren und liefert ein akkurates Bild von der tatsächlichen Natur der Dinge.«*

Das neue Paradigma lautet:

> *»Obwohl es den Anschein hat, als existiere jeder Mensch getrennt und unabhängig von anderen, sind wir alle mit Intelligenzmustern verbunden, die den gesamten Kosmos beherrschen. Unser Körper ist Teil eines universellen Körpers und unser Geist ein Fragment des universellen Geistes.«*[6]

Dieser Gedanke liefert die Grundlage für die Erste Erkenntnis, die uns lehrt, daß wir mit einer bewußten Evolution beginnen können, indem wir darangehen, die unserem Wachstum zuträglichen Fügungen als solche zu erkennen und zu nützen. Wir sind nicht allein. Die Antworten auf unsere Fragen erreichen uns durch eine Intelligenz, die bei weitem umfangreicher ist, als wir mit unserem Verstand begreifen können – solange wir an diesen Prozeß glauben und auf seine Wirksamkeit vertrauen.

Achten Sie auf Grundglaubenssätze

Bisher haben wir Ihnen nur einige der zahlreichen neuen Ideen und Gedanken vorgestellt, die in den letzten Jahren angetreten sind, unsere Weltsicht neu zu definieren. Ob diese Ideen der Wahrheit entsprechen, können Sie buchstäblich am eigenen Leib erfahren. Achten Sie zum Beispiel einmal darauf, was für Feststellungen Ihre Bekannten über das

Leben abgeben. Fällt Ihnen dabei auf, wie sehr Ihre Bekannten sich an die alten Ideen von immanentem Mangel, Konkurrenz und »den ganzen Problemen da draußen« klammern? Bemühen Sie sich einmal, im Gespräch mit Freunden für einige Minuten die Position des unbeteiligten Beobachters einzunehmen. Achten Sie darauf, was Sie und Ihre Freunde über das Leben zu sagen haben.

Denken Sie daran, daß es keinen Sinn hat, andere für ihre Geisteshaltung zurechtzuweisen. Jeder entwickelt sich nach seinem eigenen Rhythmus. Es besteht keinerlei Notwendigkeit für die Einführung einer neuen Sprechweise oder einer Trennung zwischen denen, die »erleuchtet« sind, und jenen, die sich noch auf der Suche befinden oder leiden. Einfaches Beobachten, Reflektieren und Akzeptieren sorgen automatisch für veränderte energetische Verhältnisse, sowohl für Sie als auch für andere.

Zusammenfassung der Zweiten Erkenntnis

Der Zweiten Erkenntnis zufolge handelt es sich bei unserer Wahrnehmung von Fügungen um einen signifikanten historischen Faktor. Mit dem Zusammenbruch des mittelalterlichen Weltbildes verloren wir auch unser, aus den Erklärungen der Kleriker resultierendes, sicheres Bild eines im wesentlichen intakten Weltgefüges. Deshalb beschlossen wir vor fünfhundert Jahren kollektiv, uns auf die Urbarmachung und Unterwerfung der Natur zu konzentrieren. Wir ersetzten unsere verlorene spirituelle Sicherheit durch eine säkulare und kreierten so die Illusion, in einem so vorhersagbaren wie erklärlichen Universum zu leben. Die Erforschung der mystischen Dimensionen unserer Existenz wurde darüber zu einem Tabu.

Allmählich findet jedoch ein Erwachen statt, eine Befreiung vom säkularen Weltbild der Moderne und eine Öffnung zu einem neuen, wahrhaftigeren und umfassenderen Weltbild.

Zur weiteren Lektüre empfohlen:

Norman O. Brown: *Life Against Death.* 1985
Willis Harmon. *Global Mind Change: The Promise of The Last Years of The Twentieth Century.* 1991
Thomas S. Kuhn: *The Structure of Scientific Revolutions.* 1962
Joseph Campbell und Bill Moyers: *The Power of Myth.* 1988
William I. Thompson: *At the Edge of History and Passages about Earth.* 1990

Einzelstudium zur Zweiten Erkenntnis

Übung 1: Meine Präokkupationen der Vergangenheit

Zweck: Bewußtmachung der sich in Ihrem Leben wiederholenden Grundthemen und der ihnen zugrunde liegenden Glaubenssätze.

Anweisungen: Wählen Sie aus der folgenden Liste Ihre drei wichtigsten Präokkupationen und schreiben Sie je einen kurzen Text dazu in Ihr Tagebuch. Auf welche Weise haben diese Präokkupationen Ihr Leben beeinflußt? Auf welche Weise haben sie etwas zu Ihrem Leben addiert oder Ihren Werdegang behindert? Verdeutlichen Sie sich von nun an das Auftauchen und das Vorhandensein dieser Präokkupationen und achten Sie besonders darauf, in welcher Weise sie mit Ihren Problemen zu tun haben.

Präokkupationen der Vergangenheit

- ☐ Unabhängigkeit
- ☐ Intellektuelle Fertigkeiten
- ☐ Selbstkritik
- ☐ Sicherheit
- ☐ Widerstand gegen Autoritäten
- ☐ Emotionale Dramen
- ☐ Angst
- ☐ Kontrolle

- ☐ Wunsch nach Anerkennung
- ☐ Konformität
- ☐ Verwicklungen innerhalb der Familie
- ☐ Sucht
- ☐ Verschuldung
- ☐ Geldmangel
- ☐ Körperliche Attraktivität
- ☐ Schuld
- ☐ Mangel an Liebe
- ☐ Perfektionismus
- ☐ Wut
- ☐ Rache
- ☐ Weiteres

Übung 2: Weitere Präokkupationen

Anweisungen: Ergänzen Sie die folgenden sieben unvollendeten Sätze. Was können Sie durch die Betrachtung Ihrer Präokkupationen über Ihren Glauben und Ihre Wertvorstellungen lernen? Schreiben Sie Ihre Gedanken zu diesem Thema in Ihrem Tagebuch nieder. Achten Sie auf eventuell auftauchende Träume, nachdem Sie die Eintragungen gemacht haben.

Ich würde gern verändern

1. ______________________________
2. ______________________________
3. ______________________________

Ich wäre gern mehr

1. ______________________________
2. ______________________________
3. ______________________________

Ich denke immer

1. ______________________________
2. ______________________________
3. ______________________________

In sechs Monaten wäre ich gern

1. ______________________________

2. ______________________________

3. ______________________________

Das Wichtigste in meinem Leben ist im Augenblick

1. ______________________________

2. ______________________________

3. ______________________________

Die Qualitäten, die ich bei anderen am meisten bewundere, sind

1. ______________________________

2. ______________________________

3. ______________________________

Ich wäre außerordentlich erfreut, wenn ich in meinem Leben ... hätte

1. ______________________________

2. ______________________________

3. ______________________________

Übung 3: Läuft mein Leben auf Autopilot?

Notieren Sie in Ihrem Tagebuch, in welchen Lebensbereichen Sie sich festgefahren fühlen oder wo Sie meinen, beinahe teilnahmslos den immer wieder gleichen Prozeduren beizuwohnen. Gehen Sie dabei ausführlich auf Ihre wirklichen Gefühle ein. Je stärker Ihnen Ihre Emotionen bewußt sind, desto leichter wird es Ihnen fallen, neue Antworten, Möglichkeiten und Einsichten zu gewinnen.

Übung 4: Finden Sie Alternativen und neue Paradigmen für Ihre alten Präokkupationen

Vergleichen Sie die unten aufgeführten Alternativen mit Ihren alten Präokkupationen:

Alt	Neu
Unabhängigkeit	Wechselseitiger Austausch
Intellektuelle Fertigkeit	Weisheit
Selbstkritik	Anerkennung der eigenen Kraft
Sicherheit	Fähigkeit zur Umstellung
Widerstand gegen Autoritäten	Teilnahme an der Führung
Emotionale Dramen	Selbstverwirklichung
Angst	Liebe
Kontrolle	Vertrauen
Wunsch nach Anerkennung	Selbstvertrauen
Konformität	Kreativität
Familiäre Verwicklungen	Ehrliches Engagement
Suchtverhalten	Selbstsicherheit
Verschuldung	Gesundschrumpfung
Geldmangel	Angemessene Entlohnung Ihrer Arbeit
Körperliche Attraktivität	Immanente Werte
Mangel an Liebe	Innere göttliche Liebe

Notieren Sie, welche der oben aufgeführten Begriffe Sie als Präokkupation der Vergangenheit aufgeführt haben, und notieren Sie sich anschließend das entsprechende neue Paradigma. Überlegen Sie, wie Sie die neuen Eigenschaften innerhalb Ihres jetzigen Lebens manifestieren könnten. Sollten Sie sich zum Beispiel stark um Ihre äußere Erscheinung sorgen, so überlegen Sie, wie Sie sich stärker auf die eigenen inneren Werte und die anderer besinnen können. Es macht allerdings nichts, wenn Sie im Augenblick keine Antworten auf diese Fragen parat haben. Sollten sich einige der oben erwähnten Ideen in Ihrem Leben ankündigen, so werden Sie es schon merken. Oft ist es hilfreich, sich eine Bestätigung für die auf Sie zutreffenden neuen Paradigmen zu schreiben. Sollten zum Beispiel Angst und Selbstzweifel zu den Kernthemen Ihres bisherigen Lebens gehört haben, könnte eine solche Bestätigung lauten: »Ich vertraue darauf, daß ich die richtigen Entscheidungen treffen werde.«

Übung 5: Die Erstellung und Analyse Ihrer persönlichen Zeitspur

Zweck: Diese Übung verschafft Ihnen einen Überblick über die wichtigsten Ereignisse in Ihrem bisherigen Leben und hilft Ihnen, die Bedeutung hinter diesen Ereignissen zu erkennen.

Anweisungen: Obwohl Sie diese Übung ebenso gut allein machen können, ist es hilfreich, mit Hilfe eines zweiten durch die Ereignisse Ihres Lebens zu schreiten, um mit seiner Hilfe möglicherweise Zugang zu weiteren Deutungsmöglichkeiten zu finden, die Ihnen bisher entgangen sind.

Schritt 1: Füllen Sie Ihre persönliche Zeitlinie in Übung 1, Gruppen-Session 4, (Seite 65) aus.

Schritt 2: Formulieren Sie die Ereignisse als Wendepunkte in Ihrem Leben. Schreiben Sie, was Sie gelernt haben, in chronologischer Reihenfolge nieder. Benennen Sie die wichtigsten Menschen, Schlüsselerlebnisse und Handlungen in Ihrem bisherigen Leben.

Schritt 3: Fertigen Sie eine Kurzfassung Ihres Lebens von Ihrer Geburt bis zum heutigen Tage an. Betrachten Sie noch einmal die darin erwähnten Ereignisse und versuchen Sie, ein Muster dahinter zu erkennen. Welche Lektionen haben Sie gelernt?

Freiwillig: Aus reinem Spaß an der Freude können Sie jetzt darangehen und den für Sie nächsten logischen Schritt hinzufügen. Versuchen Sie es dabei einmal mit einer wahrlich innovativen Suggestion, etwas, was Ihnen vollkommen verrückt vorkommt. Notieren Sie den Tag Ihrer Vorhersage. Was müßte geschehen, damit die Vorhersagen eintreffen?

Übung 6: Wie Sie die Antworten auf Ihre Fragen erhalten

Schritt 1: Tragen Sie in Ihr Tagebuch jene Bereiche Ihres Lebens ein, über die Sie im Augenblick am meisten erfahren möchten (Ihre augenblickliche Lebensfrage).

Schritt 2: Nehmen Sie sich einen Augenblick, um die genaue Struktur Ihrer Frage zu untersuchen. Das könnte Licht auf die von Ihnen erwartete Antwort werfen. Eine Fragestellung wie: »Ich möchte wissen, wann Chrissie endlich zu mir zurückkehrt«, könnte u. a. darauf hinwiesen, daß der Fragesteller sich machtlos fühlt, ihm unklar ist, weshalb Chrissie ihn verlassen hat und er möglicherweise nicht willens ist, sich auf eine Kommunikation zu dem Thema einzulassen. Seien Sie in Ihrer Fragestellung so präzise wie möglich, das wird Ihnen dabei helfen, Klarheit über sich selbst und über Ihre Situation zu gewinnen.

Schritt 3: Seien Sie in den folgenden 72 Stunden besonders empfänglich für Botschaften oder Intuitionen jeder Art sowie für Tag- und Nachtträume. Ihre Antworten und eventuelle Fügungen, die in Zusammenhang mit Ihrer augenblicklichen Fragestellung stehen, im Tagebuch zu verzeichnen, kann Ihnen dabei behilflich sein, eine »freudige Erwartungshaltung« zu fördern, die Ihnen Zugang zu Ihrem höheren Selbst ermöglicht.

Eine Bekannte verzeichnete in Ihrem Tagebuch: »Ich muß mir einen neuen Wagen anschaffen. Ich brauche Hilfe bei der Entscheidung, welches Modell ich kaufen soll. Wie soll ich dabei am besten vorgehen?« Am nächsten Tag hatte sie den spontanen Einfall, ihren Bruder anzurufen, ohne daß es einen besonderen Grund dafür gegeben hätte. Im Verlauf des sich entwickelnden Gespräches erwähnte der Bruder, daß sein Nachbar einen fast neuen Gebrauchtwagen zu verkaufen hatte, da seine Schwägerin, der der Wagen gehörte, kürzlich verstorben sei. Wie sich herausstellte, handelte es sich bei dem Wagen um eines der Modelle, die die Frau ohnehin zum Kauf in Erwägung gezogen hatte.

Übung 7: Eine Meditation zur Selbstzentrierung und Zufuhr von Energie

Bevor Sie am Morgen das Haus verlassen, sollten Sie sich einen Augenblick sammeln und dreimal tief durchatmen. Schließen Sie die Augen und erinnern Sie sich an einen außergewöhnlich schönen Ort, der eine besondere Bedeutung in Ihrem Leben einnimmt. Saugen Sie die Schönheit dieses Ortes mit jedem Atemzug in sich auf. Atmen Sie so lange langsam und sanft ein, bis Sie merken, daß sich Ihre Stimmung und Ihr Energielevel heben. Stellen Sie sich jetzt Ihre wesentliche Frage und erfüllen Sie diese mit aller Ihnen jetzt zur Verfügung stehenden Energie. Versuchen Sie, diese Stimmung den ganzen Tag über zu halten.

Übung 8: Wagen Sie ein Abenteuer

Schritt 1: Sie können diese Übung sowohl allein machen oder aber, um Ihren Spaß und die Möglichkeit für das Auftauchen einer Synchronizität zu erhöhen, auch eine Verabredung mit jemandem treffen, der bereit ist, etwas Neues und Aufregendes mit Ihnen zu riskieren.

Schritt 2: Rufen Sie sich am Tag Ihres Abenteuers Ihre augenblickliche Lebensfrage ins Gedächtnis und bereiten Sie sich innerlich auf das Eintreffen einer Antwort vor. Nehmen Sie für alle Fälle ein Notizbuch mit. Notieren Sie, was Ihnen an spontanen Einfällen kommt. Versuchen Sie nicht, die Situation zu kontrollieren. Wagen Sie etwas!

Arbeitsgruppe zur Zweiten Erkenntnis

Session 3

Dauer: 2 Stunden 30 Minuten
Zweck: Bewußtmachung unserer geschichtlichen Wurzeln und Analyse unserer Präokkupationen.

Übung 1: Diskussion der Zweiten Erkenntnis: Die Geschichte unserer Glaubenslehren

Zweck: Die kurze Erörterung der Geisteshaltungen der letzten fünfhundert Jahre vom Mittelalter bis heute. Welche Bedeutung haben sie für jeden einzelnen von uns.

Dauer: 15–20 Minuten

Anweisungen: Beginnen Sie die Diskussion mit Fragen wie: »In welcher Weise wurden Sie und Ihre Familie vom Wunsch nach materieller Sicherheit beeinflußt?« Oder »Wann haben Sie damit begonnen, die traditionelle religiöse Weltsicht in Frage zu stellen?« »Wer waren die Helden Ihrer Jugend?« »Welche Wirkung hatten die 60er, 70er und 80er Jahre auf Sie?«

Übung 2: Präokkupationen der Vergangenheit

Zweck: Diese Übung wird Ihnen dabei helfen, sich über wiederkehrende Thematiken und die ihnen zugrunde liegenden Glaubenssätzen in Ihrem Leben klarzuwerden.

Dauer: 15–20 Minuten

Anweisungen: Kreuzen Sie auf der untenstehenden Liste die für Sie wichtigsten Themen an:

- ☐ Unabhängigkeit
- ☐ Intellektuelle Fertigkeiten
- ☐ Selbstkritik
- ☐ Sicherheit

> Eine unserer Kursteilnehmerinnen erzählte uns, daß sie jeden Tag ein kleines Notizbuch mit sich trug und dort jedes Mal einen Eintrag machte, wenn sie sich über etwas ärgerte oder frustriert fühlte. »Darunter schrieb ich: ›Hilfe! Ich brauche sofort eine Antwort!‹ Danach fühlte ich mich besser. Und in der Gewißheit, daß ich früher oder später Antworten auf meine Fragen erhalten würde, gelang es mir, mich wieder zu entspannen.«

- ☐ Widerstand gegen Autoritäten
- ☐ Emotionale Dramen
- ☐ Angst
- ☐ Kontrolle
- ☐ Wunsch nach Anerkennung
- ☐ Konformität
- ☐ Verwicklungen innerhalb der Familie
- ☐ Sucht
- ☐ Verschuldung
- ☐ Geldmangel
- ☐ Körperliche Attraktivität
- ☐ Schuld
- ☐ Mangel an Liebe
- ☐ Perfektionismus
- ☐ Wut
- ☐ Rache
- ☐ Weiteres

Kreisen Sie jetzt die drei Präokkupationen ein, von denen Sie am meisten beeinflußt wurden. Haben sie etwas zu Ihrem Leben addiert oder Ihren Werdegang behindert? Verdeutlichen Sie sich von nun das Auftauchen und das Vorhandensein dieser Präokkupationen und achten Sie darauf, in welchem Zusammenhang sie mit Ihren Problemen stehen.

Übung 3: Weitere Präokkupationen

Anweisungen: Ergänzen Sie die folgenden sieben unvollendeten Sätze. Was lernen Sie durch die Betrachtung Ihrer Präokkupationen über ihren Glauben und Ihre Wertvorstellungen? Schreiben Sie Ihre Gedanken zu diesem Thema in Ihrem Tagebuch nieder. Achten Sie auf eventuell auftauchende Träume, nachdem sie die Eintragungen gemacht haben.

Ich würde gern verändern

1. ______________________________
2. ______________________________
3. ______________________________

Ich wäre gern mehr

1. ______________________________
2. ______________________________
3. ______________________________

Ich denke immer

1. ______________________________

2. ______________________________

3. ______________________________

In sechs Monaten wäre ich gern

1. ______________________________

2. ______________________________

3. ______________________________

Das wichtigste in meinem Leben ist im Augenblick

1. ______________________________

2. ______________________________

3. ______________________________

Die Qualitäten, die ich bei anderen am meisten bewundere, sind

1. ______________________________

2. ______________________________

3. ______________________________

Ich wäre außerordentlich erfreut wenn ich in meinem Leben ... hätte

1. ______________________________

2. ______________________________

3. ______________________________

Schritt 2: Teilen Sie sich in Zweier- oder Dreiergruppen auf und tauschen Sie Ihre Listen untereinander aus. *Achten Sie auf Informationen von anderen, die Ihnen bei der Erreichung Ihrer*

Ziele oder der Verwirklichung Ihrer Wünsche behilflich sein könnten.

Schritt 3: Wieder im großen Kreis, teilen Sie einander mit, was sich in den Einzelgruppen ereignet hat. Haben die Mitglieder wichtige Informationen ausgetauscht? Was haben die einzelnen über ihre Glaubenssätze und Wertvorstellungen durch die Einsicht in die Präokkupationen anderer Gruppenmitglieder erfahren? Tragen Sie Ihre Einsichten daheim in Ihr Tagebuch ein. Achten Sie auf eventuell nach dieser Session auftretende Träume.

Übung 4: Läuft mein Leben auf Autopilot?

Zweck: Führen Sie einen inneren Dialog, in dessen Verlauf Sie die Bereiche Ihres Lebens ansprechen, in denen Sie sich festgefahren fühlen oder von denen Sie bisher nicht zugegeben haben, daß sich dort etwas ändern muß.

Anweisungen: Notieren Sie Ihre Gedanken in Ihrem Tagebuch. Falls die Gruppe entscheidet, daß dies von allgemeinem Interesse ist, können Sie sich auch einem Partner oder Gruppe mitteilen.

Übung 5: Finden Sie Alternativen und neue Paradigmen für Ihre alten Präokkupationen

Notieren Sie sich, welche der oben aufgeführten Begriffe Sie als Präokkupation der Vergangenheit aufgeführt haben, und notieren Sie sich das entsprechende neue Paradigma. Überlegen Sie, wie Sie die neuen Eigenschaften in Ihrem jetzigen Leben manifestieren könnten. Wenn Sie sich zum Beispiel stark um Ihre Unabhängigkeit gesorgt haben, so überlegen Sie, wie Sie sich jetzt stärker auf einen wechselseitigen Austausch konzentrieren können. Es macht nichts, wenn Sie im Augenblick die Antwort nicht parat haben. Sollten sich einige der oben erwähnten Ideen in Ihrem Leben ankündigen, werden Sie es schon merken.

Alt	Neu
Unabhängigkeit	Wechselseitiger Austausch
Intellektuelle Fertigkeit	Weisheit
Selbstkritik	Anerkennung der eigenen Kraft
Sicherheit	Fähigkeit zur Umstellung
Widerstand gegen Autoritäten	Teilnahme an der Führung
Emotionale Dramen	Selbstverwirklichung
Angst	Liebe
Kontrolle	Vertrauen
Wunsch nach Anerkennung	Selbstvertrauen
Konformität	Kreativität
Familiäre Verwicklungen	Ehrliches Engagement
Suchtverhalten	Selbstsicherheit
Verschuldung	Gesundschrumpfen
Geldmangel	Angemessene Entlohnung Ihrer Arbeit
Körperliche Attraktivität	Immanente Werte
Mangel an Liebe	Innere göttliche Liebe

Oft ist es hilfreich, sich eine Bestätigung für die auf Sie zutreffenden neuen Paradigmen zu schreiben. »Ich weiß, daß die äußere Erscheinung nur einen Teil von mir und anderen ausmacht. Ich bin in der Lage, sowohl ihre wie auch meine eigenen immanenten Werte zu erkennen.«

Abschluß:

Anfragen nach Hilfe. Unterstützende Bestätigung und Übermittlung liebevoller Energie.

Arbeitsgruppe zur Zweiten Erkenntnis

Session 4

Dauer: 2 Stunden 30 Minuten

Zweck: Erstellung einer persönlichen Zeitspur anhand des eigenen Lebenslaufes.

Anweisungen: Eröffnen Sie die Zusammenkunft, indem Sie die einzelnen Teilnehmer nach neu aufgetretenen Fügungen oder Botschaften befragen. Deutet das Energielevel der Gruppe darauf hin, daß diese Frage erschöpfend behandelt ist, so schreiten Sie zur nächsten Übung fort.

Übung 1: Die Erstellung und Analyse Ihrer persönlichen Zeitspur

Dauer: Insgesamt 1 Stunde 40 Minuten. Davon sind ungefähr 15 Minuten der individuellen Arbeit vorbehalten, 45 Minuten für die Arbeit mit einem Partner und 40 Minuten für die Diskussion in der Gruppe.

Anmerkung: Die persönliche Zeitspur ist ein wichtiges Werkzeug bei der inneren Arbeit, und Sie sollten ihrer Erstellung sowie der Untersuchung der Zeitspur jedes Gruppenmitglieds soviel Zeit widmen wie nötig – gegebenenfalls kann sich diese Arbeit auch über mehrere Treffen erstrecken.

Zweck: Ihre Zeitspur kann Ihnen a) eine Chance geben, Ihr Leben objektiver zu betrachten; b) Ihnen die Existenz eines Musters offenbaren; c) eine Reihe von Zufällen enthüllen; d) den nächsten Schritt in Ihrer Entwicklung andeuten; oder e) auf den Sinn Ihres Lebens hindeuten. Die hier gewonnenen Informationen werden in Kapitel 6 noch einmal verwandt.

Teil 1: Die Erstellung der Zeitspur

Dauer: 15–20 Minuten

Anweisungen:

Schritt 1: Tragen Sie auf die unten vorgegebenen Zeilen die wichtigsten Ereignisse Ihres Lebens von Ihrer Geburt bis zur Gegenwart ein. Diese Informationen bilden das »Rohmaterial«, anhand dessen Sie möglicherweise in der Lage sein werden, ein Muster in Ihrem Leben zu erkennen. (Sollten Sie in der vorgegebenen Zeit nicht fertig werden, setzen Sie Ihre Arbeit daheim fort.)

Geburt ____

____

____ Gegenwart

Schritt 2: Simplifizieren Sie die Vorkommnisse in Ihrem Leben, indem Sie sie unter Kurzbezeichnungen zusammenfassen, die den Schwerpunkt einer bestimmten Zeitspanne am zutreffendsten wiedergeben. Wenn Sie in der Zeit zwischen Ihrer Geburt und dem sechzehnten Lebensjahr zum Beispiel häufiger umgezogen sind, schreiben Sie: Alter 0–16 = »Oft umgezogen. Lernte flexibel zu sein.« Alter 17–20 = »Habe mich in der Schule engagiert. Gute Noten in X.« Alter 20–25 = »Gefühl des Verlorenseins. Ein wichtiger Mensch trat in mein Leben ...« Alter 26–38 = »Eine Zeit der Verantwortung.«

Schritt 3: Notieren Sie die Schlüsselereignisse, die negativen oder positiven Lektionen, die Wendepunkte sowie die wichtigsten Menschen in Ihrem Leben.

1. ____
2. ____
3. ____

4. ______________________________

5. ______________________________

6. ______________________________

7. ______________________________

8. ______________________________

9. ______________________________

Teil 2: Die Analyse Ihrer Zeitspur

Dauer: 45 Minuten
Nachdem jeder seine Eintragungen beendet hat, wendet er sich einem Partner zu.

Schritt 1: Wählen Sie einen Arbeitspartner. Wechseln Sie sich bei der Arbeit an Ihren Zeitspuren ab. Diskutieren Sie Ihre Wendepunkte, Errungenschaften und die wichtigsten Menschen in Ihrem Leben. Achten Sie gemeinsam auf eventuelle Muster oder Sinnfragen und bedienen Sie sich dabei folgender Fragestellungen:

a) Was waren die Wendepunkte in Ihrem Leben?
b) Erkennen Sie ein sich wiederholendes Muster von Erfahrungen, Errungenschaften oder Lektionen, die Ihnen das Leben erteilt hat?
c) Was in Ihrem Leben erscheint Ihnen als abgeschlossen? Was sollten Sie noch zu Ende bringen?
d) Wodurch erfuhren Sie eine besondere Energiezufuhr? Was möchten Sie auf keinen Fall wiederholen?
e) Wie haben sich Ihre Wertvorstellungen verändert?
f) Was, wenn überhaupt, waren mögliche positive Intentionen hinter negativ empfundenen Ereignissen?
g) Worauf hat das Leben Sie vorbereitet?
h) Was scheint Ihnen bis zum heutigen Tag der Zweck Ihres Lebens gewesen zu sein?

Komplettieren Sie die folgenden Aussagen unter Verwendung der in der Analyse gewonnenen Informationen:

Ich erkenne jetzt, daß ich in meinem Leben sehr viel Energie darauf verwandt habe, ______________________________

____

____

Ich habe mich mein ganzes Leben lang darauf vorbereitet, __________

____

____

Die positive Intention hinter scheinbar negativen Ereignissen in meinem Leben war ______________________________

____

Mir fällt besonders auf, ______________________________

____

Der Sinn mcines bisherigen Lebens scheint darin zu bestehen,

____

Deborah, eine sechsunddreißigjährige Mutter von drei Kindern, die als freiberufliche Lektorin tätig ist, schrieb die folgenden Schlüsselerlebnisse, negativen und positiven Lektionen, Wendepunkte und die wichtigsten Menschen in Ihrem Leben nieder:

1. *tiefe Traurigkeit, Mangel an Liebe*
2. *Selbstzerstörung durch Drogenmißbrauch*
3. *Reformation*
4. *Wiedergeburt*
5. *Arbeite an einem neuen Leben*

Als nächstes kreuzte sie die wichtigsten Präokkupationen ihres bisherigen Lebens wie folgt an:

- [x] Unabhängigkeit
- [ ] Intellektuelle Fertigkeiten
- [x] Selbstkritik
- [ ] Sicherheit
- [ ] Widerstand gegen Autoritäten
- [ ] Emotionale Dramen
- [ ] Angst
- [x] Wunsch nach Anerkennung
- [x] Konformität
- [ ] Verwicklungen innerhalb der Familie
- [ ] Kontrolle
- [x] Sucht
- [ ] Verschuldung
- [ ] Geldmangel
- [ ] Körperliche Attraktivität
- [ ] Schuld
- [x] Mangel an Liebe
- [ ] Perfektionismus
- [ ] Wut
- [ ] Rache
- [ ] Sonstiges

Deborah erkannte mehrere Themen als wichtig, fühlte jedoch, daß Konformität, emotionale Dramen und Unabhängigkeit für sie bei weitem am wichtigsten waren. Zu diesen drei Punkten ergänzte sie folgendes:

Ich erkenne jetzt, daß ich in meinem Leben sehr viel Energie darauf verwandt habe, *unabhängig genug zu werden, nicht zu etwas zu werden, was ich nicht werden wollte, und alte schmerzhafte Erfahrungen zu transformieren.*

Nachdem sie diese Information gewonnen hatte, schrieb sie:

Ich habe mich mein ganzes Leben lang darauf vorbereitet, *auf eigenen Beinen zu stehen.*

Die positive Intention hinter scheinbar negativen Ereignissen in meinem Leben war, *es mir zu ermöglichen, das Familiennest* zu verlassen und mich meiner Persönlichkeit entsprechend zu entwickeln und zu wachsen.

Mir fällt besonders auf, wieviel Mut ich dabei bewiesen habe.

Der Sinn meines bisherigen Lebens scheint darin zu bestehen, ausreichend Klarheit und Stärke zu gewinnen, um mich zu stabilisieren und anderen Frauen helfen zu können.

Teil 3: Teilen Sie Ihre persönliche Zeitspur den anderen Gruppenmitgliedern mit

Dauer: 40 Minuten

Wieder in der Gruppe, teilt jeder den anderen mit, was ihm oder ihr bei der Erstellung der Zeitspur aufgefallen ist. *Dies erlaubt der gesamten Gruppe, Ihnen bei der Suche nach für Sie bedeutsamen Ereignissen in Ihrem Leben behilflich zu sein und auf diese Weise möglicherweise wertvolle Informationen für sich zu gewinnen.* Jemand sollte einige der Schlüsselereignisse auf einer Tafel oder einem großen Bogen Papier niederschreiben. Ermutigen Sie die Gruppe, dazu Kommentare abzugeben.

Weitere Studien: Daheim sollten die Teilnehmer weitere Gedanken zum Fortschreiten ihrer Zeitspur in ihren Tagebüchern niederschreiben. Durch auftretende Fügungen oder Träume können noch zusätzliche Informationen gewonnen werden. Teilen Sie Ihre so gewonnenen Informationen bei der nächsten Zusammenkunft der ganzen Gruppe mit. Auf diese Weise wird der Energielevel der Gruppe angehoben.

Übung 2: Wie Sie die Antworten auf Ihre Fragen erhalten

Dauer: 15 Minuten

Zweck: Ziel dieser Übung ist es, spezifische Fragen zu stellen, um Ihrem höheren Bewußtsein Gelegenheit zu geben, Ihnen das Auftauchen und die Bedeutungen von Fügungen, Botschaften, Intuitionen, Tagträumen oder Träumen zu vermitteln, mit deren Hilfe Sie sich orientieren können.

Anweisungen:

Schritt 1: Arbeiten Sie mit einem Partner. Wechseln Sie sich beim Stellen der Fragen, die Sie im Augenblick beantwortet haben möchten, gegenseitig ab.

Schritt 2: Nehmen Sie sich einen Moment Zeit, um die Struktur der von Ihnen gestellten Frage näher zu betrachten. Daran könnten Sie erkennen, welche Antwort sie bekommen möchten. Lautet Ihre Frage zum Beispiel: »Ich möchte wissen, ob mein Kind auf die richtige Schule geht«, könnte dies darauf hinweisen, daß Sie bereits eine Ahnung haben, daß Ihr Kind sich nicht auf der richtigen Schule befindet. Die Fragestellung könnte außerdem darauf hindeuten, daß Sie sich von der Frage eines Schulwechsels zu viel versprechen und Ihr Kind daheim ebenfalls mehr Aufmerksamkeit gebrauchen könnte. Seien Sie in Ihrer Fragestellung so spezifisch wie möglich, dadurch gewinnen Sie Einsichten über sich selbst und die Natur Ihrer Situation.

Schritt 3: Achten Sie in den nächsten 72 Stunden auf Botschaften, Intuitionen sowie Tag- und Nachtträume. Tragen Sie jede zufällige Begebenheit, die mit Ihren Fragen in Zusammenhang stehen könnte, in Ihr Tagebuch ein. Dies hilft Ihnen bei der Entwicklung einer freudigen Erwartungshaltung und beim Empfangen einer Botschaft von Ihrem höheren Selbst.

Übung 3: Eine Meditation zur Selbstzentrierung und Zufuhr von Energie

Dauer: 15 Minuten

Zweck: Ihre vordringliche Lebensfrage in einen liebevollen Zusammenhang zu stellen und näher zu beleuchten.

Schritt 1: Eröffnen Sie das Treffen mit einer Schweigeminute, in der sich die Gruppenmitglieder mit geschlossenen Augen sammeln oder jemand den ersten Schritt der Entspannungsmeditation initiiert.

Entspannungsmeditation

Atmen Sie zwei- oder dreimal tief ein und erlauben Sie dabei dem Atem, ihren Körper zu öffnen und zu entspannen ... Atmen Sie langsam ein und halten Sie den Atem für einige Sekunden an, bevor Sie wieder ausatmen ... Nehmen Sie im Geist ihren Körper wahr und achten Sie darauf, welche Körperteile weich und entspannt und welche steif und angespannt sind ... Beginnen Sie mit den Füßen. Wie fühlen sich Ihre Füße an? ... Wandern Sie hoch zu Ihren Beinen ... dann zu Ihrem Bauch und Ihrem Brustkorb ... Nehmen Sie wahr, wie sich Ihre Arme und Hände anfühlen ... Konzentrieren Sie sich auf Ihre Schultern und den Hals ... Wenn Sie irgendwo Spannung wahrnehmen, atmen Sie ganz sanft in die betreffende Region, um die Muskeln zu entspannen ... Nehmen Sie die Gefühle in Ihrem Kopfbereich und im Gesicht wahr und entspannen Sie sanft alle Muskeln ... Gehen Sie jetzt die Wirbelsäule abwärts und achten Sie dabei auf Ihre Wahrnehmung ... Lassen Sie jedem Teil Ihres Körpers Aufmerksamkeit zukommen ... Atmen Sie langsam und tief ein und erlauben Sie dem Atem, jede Spannung aufzulösen ... Stellen Sie sich nun ein wundervolles weißes Licht über Ihrem Kopf vor ... Fühlen Sie, wie das Licht Ihren Körper umgibt ... Erlauben Sie diesem Licht, Ihren Körper auszufüllen, bis alle Gewebe und Organe sich mit diesem Licht aufgeladen haben ...

Ihr Körper saugt wie ein Schwamm das Licht auf und füllt sich komplett damit an ... Jede Zelle Ihres Körpers badet in Licht ... Sie werden zu einem leuchtenden Wesen aus Licht ...

Nehmen Sie nochmals einen tiefen Atemzug und genießen Sie das Gefühl von Frieden und Liebe, während Ihr Körper sich total entspannt.

Sobald jeder entspannt ist, fahren Sie fort mit Schritt 2.

Schritt 2: Eröffnen Sie die Gruppenarbeit mit den Worten: »Erinnern Sie sich an das letzte Ereignis in Ihrem Leben, das Ihnen ein starkes Wohlgefühl vermittelt hat ... Erinnern Sie sich an das damit verbundene Glücksgefühl und die warmen liebevollen Gefühle. (Warten Sie einige Minuten, bis jeder der Anwesenden Kontakt mit diesem Gefühl aufgenommen hat.) Spüren Sie dieses Wohlbefinden mit jeder Zelle Ihres Körpers ... Umgeben Sie sich mit warmer und leichter Energie ... Spüren Sie, wie ein Gefühl der Liebe durch Ihre Adern strömt, spüren Sie, wie Ihr gesamter Körper von Schönheit und Freude erfüllt wird ... Steigern Sie die Intensität dieses Gefühles ... Steigern Sie es weiter, bis der gesamte Raum von einem Gefühl der Liebe, des Lichtes, der Wärme und der Freude erfüllt ist.« (Lassen Sie dieses Gefühl ein oder zwei Minuten in Stille wirken.)

Schritt 3: Stellen Sie nun die Frage, die Ihnen im Augenblick am vordringlichsten erscheint, in dieses Gefühl hinein ... Wenn Sie z. B. wissen wollen, wie Sie eine neue Beziehung in Ihrem Leben kreieren können, so stellen Sie die Frage in den Mittelpunkt dieses unbeschwerten, lichterfüllten Gefühles der Freude und der Liebe. Wenn Sie sich um Ihre Gesundheit sorgen und wissen wollen, was Sie dafür tun können, so stellen Sie diese Frage in das unbeschwerte, lichterfüllte Gefühl der Freude. Hüllen Sie die Frage in jeder nur erdenklichen Weise in Liebe und Licht ... Intensivieren Sie das Gefühl der Liebe ... (Lassen Sie dieses Gefühl ein oder zwei Minuten in Stille wirken.)

Schritt 4: Beobachten Sie jetzt, wie sich Ihr Wunsch verwirklicht ...

Spüren Sie, daß Sie eine neue Beziehung oder eine bessere Gesundheit haben ... Jetzt drücken Sie Ihre Dankbarkeit dafür aus, daß Sie zu einer Erfüllung Ihrer Wünsche geführt wurden ... Steigern Sie dieses Gefühl der Dankbarkeit, soweit Sie können. Spüren Sie, wie sich Ihr Wunsch erfüllt, sei es eine erfüllende Arbeit ... oder eine Beziehung ... oder bessere Gesundheit ... oder vermehrter Wohlstand ... Baden Sie förmlich in dieser von Liebe erfüllten, freudigen Schwingung.

Schritt 5: Jetzt befreien Sie sich ganz sanft von allen Sorgen, die mit Ihrem Wunsch zusammenhängen. Akzeptieren Sie, daß Sie nun die Erfüllung Ihres Wunsches oder etwas noch Besserem anziehen ... eine universelle Intelligenz übernimmt von jetzt an die Ausführung der Detailarbeit ... Trennen Sie sich von allen Gedanken und Sorgen, die Sie mit der Erfüllung Ihres Wunsches verbinden ... Spüren Sie weiterhin die warme, helle und freudige Energie. Bei der Nennung der Zahl drei werden Sie voller Energie wieder in den Kreis der Gruppe zurückkehren. Eins ... zwei ... drei. Öffnen Sie nun Ihre Augen.

Schritt 6: Befragen Sie die Anwesenden nach ihren Eindrücken bei der soeben beendeten Übung.

Übung 4: Wagen Sie ein Abenteuer

Schritt 1: Bevor Sie die Gruppe verlassen, verabreden Sie sich für die nächste Woche mit einem der Anwesenden zu einer aufregenden oder für Sie beide neuartigen Unternehmung.

Schritt 2: Verbringen Sie am Tage Ihres Abenteuers einige Minuten damit, sich gegenseitig Ihre Lebensfragen und eventuelle Antworten darauf mitzuteilen. Nehmen Sie für den Fall, daß Sie bei Ihrem Abenteuer auf Botschaften stoßen sollten, ein Notizbuch mit. Achten Sie darauf, was Ihnen Ihre Intuition rät. Seien Sie spontan und erwartungsfreudig, jedoch ohne feste Vorsätze. Versuchen Sie nicht, Ihr Abenteuer zu kontrollieren.

Schritt 3: Sollten Sie sich innerhalb der kommenden Woche nicht in der Stadt aufhalten, dann unternehmen Sie auf eigene Faust etwas Neues und Aufregendes. Lassen Sie sich von einem der Gruppenmitglieder die Telefonnummer geben und rufen Sie zu einer vereinbarten Zeit an, um von Ihrem Abenteuer und eventuellen Antworten auf Ihre Lebensfrage zu berichten.

Abschluß: Anfragen nach Hilfe. Übermittlung liebevoller Energie.

Wie man sich den Inhalt den Zweiten Erkenntnis zunutze machen kann:

- Seien Sie sich darüber bewußt, daß es Ihre Entscheidung war, in dieser historisch entscheidenden Zeit geboren zu werden und zu leben.
- Bitten Sie Ihr höheres Selbst darum, Ihnen eine klare Botschaft zu senden.
- Achten Sie darauf, wieviel Zeit Sie damit verbringen, Ereignisse und andere Menschen zu kontrollieren.
- Suchen Sie sich Aktivitäten, die Ihnen Freude bereiten. Unternehmen Sie weniger aus reinem Pflichtbewußtsein (das ist etwas anderes als Verantwortung). Wählen Sie unter Ihren Tätigkeiten eine aus, von der Sie sich jetzt im Augenblick und bei klarem Bewußtsein verabschieden. Aktivitäten zu verrichten, die Ihnen Freude bringen, und sich mehr freie Zeit zu verschaffen, hebt den Energielevel und erhöht die Wahrscheinlichkeit des Auftretens bedeutsamer Fügungen in Ihrem Leben.
- Reagieren Sie auf jede Form der Unterstützung mit Dankbarkeit, und bringen Sie diese auch deutlich zum Ausdruck.

Arbeitsgruppe zur Zweiten Erkenntnis

Session 5

Dauer: 2 Stunden 30 Minuten

Zweck: a) Fortsetzung der Diskussion individuell gewonnener Einsichten über die die persönliche Zeitspur. b) Austausch über den Verlauf der Abenteuer und Frage danach, welche Problemstellungen und Informationen aufgetaucht sind.

Beginn der Meditation

Beginnen Sie mit einer Entspannungsmeditation, mit oder ohne Musik, und einer Ausrichtung Ihrer Energie (siehe Seite 72 f.).

Übung 1: Gespräch über das Abenteuer

Dauer: 2 Stunden

Zweck: Jedes Gruppenmitglied erhält die Gelegenheit, von seinem Abenteuer zu berichten. Ziel ist es, allen Anwesenden Zugang zu den dabei gewonnenen Einsichten zu bestehenden Fragen zu gewähren.

Besteht Ihre Gruppe aus fünfzehn oder weniger Personen, so sollten Sie die Gruppe nicht weiter aufteilen.

Anweisungen: Ein Freiwilliger beginnt mit seiner Erzählung bei der Partnerwahl der letzten Woche und berichtet, weshalb er und sein Partner sich für welchen Ort und welche Unternehmung entschieden haben. Nachdem der erste Partner seinen Bericht beendet hat, schildert der zweite die Ereignisse aus seiner Sicht.

Um auf die Bedeutung der vorgefallenen Ereignisse zu stoßen, könnte es sich als hilfreich erweisen, folgende Fragen im Kopf zu behalten:

a) Nach welchen Gesichtspunkten haben Sie Ihren Partner gewählt?
b) Mit welcher Begeisterung sind Sie an diese Übung herangegangen?
c) In welcher Weise haben Ihre Erwartungen den Verlauf des Tages bestimmt? Sind Sie dabei Ihren Erwartungen gefolgt?
d) Welche Verbindung entdecken Sie zwischen Ihren üblichen Präokkupationen und den Ereignissen und Gefühlen während Ihres Abenteuers?
e) Was waren die positiven Resultate dieses Tages?
f) Was haben Sie gelernt?
g) Hat irgend jemand in der Gruppe beim Erfahrungsaustausch über das Abenteuer neue Erkenntnisse gewonnen?

Im Verlauf einer unserer Gruppensitzungen berichtete eine Frau namens Ellen wie folgt von ihrem Abenteuer: »Als ich das Wort Abenteuer hörte, dachte ich zunächst an Fallschirmspringen oder eine Ballonfahrt. Als Robert mich dann darum bat, seine Wandergefährtin zu sein, erschien mir dies ausgesprochen einfallslos, ich willigte allerdings trotzdem ein. Ich bemerkte, daß ich mich mit einer negativen Grundhaltung auf das Abenteuer einließ. Als ich vor dem als Treffpunkt vereinbarten Restaurant ankam, fiel mir ein auf dem Parkplatz abgestellter Rolls-Royce auf. ›Das wird doch nicht etwa sein Wagen sein!‹ dachte ich, und natürlich war genau dies der Fall. Von da an entwickelte sich der gesamte Tagesablauf bei weitem interessanter, als ich es anfangs angenommen hatte.«

Ellen hatte der Gruppe mitgeteilt, daß ihre Hauptfrage bis zum Tag des Abenteuers darin bestanden hatte herauszufinden, wie sie am besten eine Beziehung zu ihrem neuen Freund aufbauen könne. Interessanterweise lautete der Name dieses Freundes ebenfalls Robert, und er hatte ähnlich gelagerte Interessen wie ihr Partner auf der Wanderung. Erst einige Tage später realisierte sie, was sie auf ihrer Wanderung alles von Robert gelernt hatte, und bemerkte, daß die negative Grundhaltung, die sie mit in das Abenteuer gebracht hatte, zu einem altbekannten Muster von Negativität gehörte, das sie ebenfalls in der Beziehung zu ihrem neuen Freund an den Tag legte. Sie hat tatsächlich Antworten erhalten – sowie den Bonus einer ersten Übung anhand einer rein platonischen Beziehung.

Ein Gruppenmitglied namens Denise traf sich mit einem Freund, zu dem sie bereits ein äußerst gespanntes Verhältnis hatte. Den ganzen Tag über stritten die beiden miteinander, bis schließlich nur noch Anschuldigungen durch den Wagen flogen. Auf dem Weg zu einer Ausstellungseröffnung wurde Denise schließlich durch alle möglichen Widrigkeiten aufgehalten und schaffte es nicht rechtzeitig dort zu sein, was ihren Freund zu einem weiteren Wutanfall hinriß. Einer der Gründe für ihr Zuspätkommen lag darin, daß sie auf das Passieren einer Begräbnisprozession hatte warten müssen, wie sie beiläufig erwähnte.

Ein Mitglied der Gruppe bat Denise darum, einen Augenblick über den Begräbniszug auf ihrem Weg nachzudenken. Konnte es sich dabei vielleicht um ein wichtiges Symbol handeln? Zumal Denise selbst letzte Woche über die Präsenz des Todes auf ihrer persönlichen Zeitspur erstaunt gewesen war. Der Tod, so hatte sie gesagt, schien ein wichtiger Aspekt der Transformation zu sein – irgend etwas mußte immer sterben oder sich verändern, bevor ein neuer Abschnitt begonnen werden konnte. Mit einem Mal hatte das Bild der Begräbniszeremonie für Denise eine erweiterte Bedeutung, sie realisierte, daß auch in ihrem Leben etwas starb und begraben oder transformiert werden mußte.

Diese Einsicht erlaubte es ihr schließlich, ihr Kontroll-Drama in bezug auf ihren Freund näher in Augenschein zu nehmen (ein Muster, das bereits mit der Beziehung zu ihrer Mutter geprägt worden war), und sie beschloß, die Beziehung zu ihrem Freund zu beenden.

Abschluß:
Anfragen nach Hilfe. Übermittlung liebevoller Energie.

Weitere Studien:
Lesen Sie die *Prophezeiungen von Celestine* noch einmal und überprüfen Sie dabei, ob sich Ihr Verständnis der Erkenntnisse seit der ersten Lektüre des Buches verändert hat.

Für die folgende Session:
Veranlassen Sie einen oder zwei Freiwillige dazu, einige Objekte von besonderer Schönheit mit zum nächsten Treffen zu bringen – einen Strauß Blumen, eine kleine Zimmerpflanze, eine Schale mit Früchten oder Gegenstände aus der Natur. Bringen Sie außerdem Orangen und Servietten für jedes Gruppenmitglied mit.

Kapitel 3

Eine Frage der Energie

Auf seiner Reise mit Wil durch die majestätische Berglandschaft von Peru erreicht unser Held schließlich die Viciente Lodge, ein außerordentlich schönes, von exotischen Pflanzen und uralten Eichen umgebenes Anwesen. Er trifft auf eine Gruppe von Forschern, die sich mit der Erkundung der Energiefelder von Pflanzen befassen, und stößt so auf die Dritte Erkenntnis. Durch seine Konzentration auf die Schönheit der Natur gelingt es ihm für einen Augenblick, mit eigenen Augen die die Pflanzen umgebenden Energiefelder zu sehen, und er erfährt, daß sich diese Felder durch ein verändertes Bewußtsein ebenfalls verändern lassen. Ihn fasziniert die Theorie, daß bestimmte Ereignisse in unserem Leben sich durch unser Denken verlangsamen oder beschleunigen lassen. Echtes Interesse und Neugier treten schließlich an die Stelle seiner bisher sorgsam gehegten Skepsis.

Die Dritte Erkenntnis

Das Universum besteht aus reiner Energie. Durch die Dritte Erkenntnis wird der Leser davon informiert, daß alles im Universum aus Energie besteht, und daß diese Energie für die Schaffung aller Formen und Gegenstände innerhalb unser sogenannten Realität verantwortlich ist. Ein immenser Ozean energetischer Schwingungen verbindet diese Energie zu unzähligen Erscheinungsformen, ob es sich dabei nun um Felsen, eine Welle, eine Blume, den Mantel in Ihrem Schrank oder um Ihre Person selbst handelt. Alles Existierende besteht aus derselben Grundsubstanz und unterliegt konstanter Wandlung – Geburt, Entfaltung, Transformation und Verlagerung.

Wir sind durch unsere Gedanken für die Schaffung dieses Universums mitverantwortlich. Die Dritte Erkenntnis erklärt dem Leser, daß alle

Dinge buchstäblich eins sind und miteinander in Verbindung stehen. Da alle Energie miteinander in Verbindung steht, ist sie durch das menschliche Bewußtsein und dessen Intention formbar. Unglaublicherweise reagiert diese Energie auf unsere Erwartungen, und unsere Gedanken und Gefühle treten als Energie in diese Welt und beeinflussen andere Energiesysteme.

Schönheit hebt die Energie. In der Dritten Erkenntnis werden wir aufgefordert, uns die Realität dieser universellen Energie anzueignen, indem wir sie in der Natur und in zwischenmenschlichen Beziehungen zunächst einmal beobachten. Für den Anfänger genügt es vorerst, einen Sinn fürs Schöne zu entwickeln, denn sind wir uns der einzigartigen Schönheit der Natur oder eines anderen Menschen bewußt, haben wir automatisch damit begonnen, unsere energetischen Schwingungen in das Kontinuum eines höheren Bewußtsein eintreten zu lassen. Nach der Realisierung der Schönheit eines Objektes oder eines Menschen besteht die nächste Wahrnehmungsstufe darin, die Energie dessen, was wir schön finden, tatsächlich mit eigenen Augen zu sehen.

Uns der Existenz der Energie bewußt zu werden, hebt unsere feinstofflichen Schwingungen. Die Bewußtmachung universeller Energie ist Grundvoraussetzung dafür, an ihr teilzuhaben und sich zum Mitschöpfer der Realität zu machen. Sobald wir *wissen*, daß wir Teil eines lebendigen Systems bisher unsichtbarer Energie sind, verschiebt sich ein wichtiger Grundglaubenssatz, und wir beginnen auf einem feinstofflich höheren Energieniveau zu existieren. Sollten Ihr Herz und Ihr Verstand diese Worte mit einem »Aber natürlich!« kommentieren, so haben Sie mit der Integration der Dritten Erkenntnis bereits begonnen. Für einige Leser kann es zu einer Beschleunigung der Ereignisse und der Synchronizitäten kommen, bei anderen stellen sich vielleicht neue Hoffnungen, neue Klarheit und neues Vertrauen ein. Einige von Ihnen werden durch eine schmerzhafte Zeit der Neuorganisation gehen müssen, bevor Sie sich an den Wiederaufbau machen können. Aber selbst wenn sich die Dinge in Ihrem Leben nicht so schnell verändern, wie Sie es vielleicht gerne hätten, so wird sich auf jeden Fall eine Änderung in Ihrem Sinne bemerkbar machen.

Dabei kann es hilfreich sein, sich die unterschiedlichen Geisteszustände in Ihrem Gehirn wie Frequenzbänder an einem Empfangsgerät vorzustellen. Mit zunehmender Integration höherer Frequenzen, wie Bewußtsein, Dankbarkeit, Schönheit, Integrität, Freude und Vertrauen in Ihr Leben, kommen Sie der universellen Energie näher. Selbst grauer Alltag wird durch das Bewußtsein mit dieser Energie verbunden und spürbar angenehmer. Sollten Sie ab und an Stress ausgesetzt sein, so werden Sie auch diesen besser ertragen können, und es wird Ihnen leichterfallen, mit dem Puls Ihrer spirituellen Führung in Verbindung zu bleiben.

Nehmen Sie sich selbst ernst, zahlen Sie Ihre Miete und teilen Sie Ihre Erfahrungen anderen Gleichgesinnten mit, auf diese Weise schaffen Sie sich eine solide Basis, auf die Sie in Zeiten des Zweifels zurückgreifen können. Jede selbstgewonnene Einsicht und jede Verbindung mit anderen an innerem Wachstum interessierten Menschen ist ein Schritt auf dem Weg zu einem höheren Level. Jede Veränderung macht die darauffolgende weniger schwierig und schmerzhaft.

Zelluläres Bewußtsein

Was hat ein Philodendron mit einem Becher Joghurt gemein? Das 1973 erschienene Buch *Das geheime Leben der Pflanzen* faszinierte seine Leser auf der ganzen Welt mit Beweisen für die außergewöhnlichen Kräfte und Fähigkeiten von Pflanzen. Zu diesen Fähigkeiten gehört unter anderem, daß Pflanzen in der Lage sind wahrzunehmen, was Menschen denken, und dies sogar aus mehreren Kilometern Entfernung (zu diesem Thema werden wir gleich kommen). Obwohl die Suche nach der Ursubstanz des Lebens seit den alten Griechen im Gange ist, wurde die Existenz unsichtbarer, intelligent kommunizierender Energie erstmals in den sechziger Jahren durch die Bioenergetik nachgewiesen.

An jenem schicksalhaften Tag im Jahre 1966 saß der amerikanische Forscher Cleve Backster vor einem Lügendetektor und machte sich zum eigenen Vergnügen daran, sein Galvanometer an die in seinem Büro befindliche Philodendronpflanze anzuschließen. Um eine mögliche Reaktion der Pflanze zu testen, beschloß er, ihre Blätter in seinen Topf mit heißem Kaffee zu tauchen. Da er keine Reaktion registrierte, dachte er sich eine ernstere Bedrohung für die Pflanze aus. Sobald er den Gedanken gefaßt hatte, eines der Blätter mit einem brennenden Streichholz zu mißhandeln, begann das Galvanometer wie wild auszuschlagen. Diese Reaktion führte zu Hunderten von weiteren Experimenten, die schließlich den Beweis dafür lieferten, daß Pflanzen »denken«.

Gewöhnlich befinden sich Pflanzen in Einklang miteinander und scheinen die Bewegungen von Menschen und Tieren in ihrer unmittelbaren Umgebung auf zellulärem Niveau zu registrieren. Als einer der am Projekt beteiligten Forscher eine von zwei Pflanzen mutwillig zerstörte, war die überlebende Pflanze z. B. einwandfrei in der Lage, den Übeltäter unter sechs anderen Menschen auszumachen. In einer Demonstration, die verdeutlichte, daß Pflanzen zur Entdeckung noch subtilerer Gewaltakte in der Lage sind, reagierte das Versuchsobjekt sogar, als einer der Forscher in seiner Gegenwart den Inhalt eines Bechers mit Joghurt verzehrte. Während er ein wenig Konfitüre in seinen Becher rührte, wurden durch das darin enthaltene Konservierungsmittel einige der lebenden Joghurtbazillen abgetötet. Dieses Sterben auf zellulärer Ebene wurde von der Pflanze registriert.[1]

Seitdem hat eine Reihe ernsthafter Untersuchungen die Brücke zwischen herkömmlicher Wissenschaft und Metaphysik geschlagen. In den siebziger Jahren arbeitete der Chemiker Marcel Vogel ausführlich an Experimenten mit Pflanzen, die bewiesen, daß Pflanzen über die Fähigkeit verfügen, menschliche Gedanken und Gefühle zu registrieren. In einer seiner Vorlesungen stellte er fest:

> »Der Mensch ist in der Lage, mit pflanzlichem Leben zu kommunizieren, und tut dies auch bereits. Bei Pflanzen handelt es sich um ... extrem sensible Meßinstrumente für menschliche Emotionen. Sie geben eine für den Menschen nutzbringende Energie ab, und der Mensch ist in der Lage, diese Energie als Kraftzufuhr auf der Gefühlsebene zu empfinden! Sie speist sich in unser eigenes Kraftfeld, welches wiederum Energie zurück an die Pflanze sendet ... Die nordamerikanischen Indianer waren sich des Vorhandenseins dieser Kräfte bewußt. Bei Bedarf zogen sie sich in die Wälder zurück und lehnten sich mit ausgestreckten Armen an den Stamm einer Kiefer, um sich auf diese Weise mit der Energie der Pflanze aufzuladen.«[2]

Offenbar existiert die Fähigkeit, sich zu erinnern und zu empfinden – die Fähigkeit wahrzunehmen –, sogar auf molekularer Ebene, wie Experimente von Backster und dem Zytologen Dr. Howard Miller auf Zellulärebene zeigten:

> »Spermazellen beweisen eine erstaunliche Intelligenz insofern, daß sie scheinbar in der Lage sind, ihren Spender zu identifizieren und auf seine körperliche Anwesenheit zu reagieren, während sie gleichzeitig anwesende andere Männer ignorieren. Diese Beobachtung legte nahe, daß bis hinunter auf das unterste Zellniveau eine Form totaler Erinnerung existiert ... Die Fähigkeit, zu empfinden, macht selbst vor dem zellulären Bereich nicht halt, sie könnte sich sogar bis auf Molekularebene fortsetzen, ja, selbst bis auf die atomare und die subatomare Ebene. Unter Umständen muß alles, was wir bisher als Hirnverbranntheiten betrachtet haben, reevaluiert werden.«[3]

Auch wenn uns diese Kleinstverbindungen nicht bewußt sind, so beginnen wir doch zu realisieren, daß wir Teil einer größeren Intelligenz als der menschlichen sind. Leben, der ewige Fluß lebendiger Energie, ist das Produkt unserer Intention und unserer Aufmerksamkeit und ist durch die auf unserer zellulären DNA gespeicherte Information dazu bestimmt, unsere Bedürfnisse zu erfüllen. Mit erwachendem Bewußtsein aktivieren wir unser Feld und ziehen zu gegebener Zeit an, was wir zum Leben benötigen.

Der Rhythmus der eigenen Entwicklung

Im Verlauf des Romans stellt unser Held häufiger Fragen oder macht Kommentare, weil er den Inhalt der Erkenntnisse und die damit verbundenen Implikationen scheinbar nicht versteht. Möglicherweise geht es Ihnen, selbst nach mehrmaligem Lesen der *Prophezeiungen von Celestine*, ähnlich. Vielleicht möchten auch Sie die Erkenntnisse so schnell wie möglich verstehen und benutzen, um danach mit Ihrem Leben fortzufahren. Anstatt jedoch zu versuchen, den Inhalt der

Erkenntnisse zu verfestigen, zu vereinfachen oder sich mit der Aufregung, die sie bei Ihnen verursachen, zu beschäftigen, sollten Sie akzeptieren, daß Sie beim Kennenlernen und bei der Integration dieser Ideen und Erkenntnisse in Ihr Leben einem eigenen inneren Rhythmus unterworfen sind, an den Sie sich halten sollten.

In der Dritten Erkenntnis wird zum Beispiel davon gesprochen, daß wir lernen werden, die bisher unsichtbaren Energiefelder von Pflanzen und Menschen mit bloßem Auge zu sehen. Einige von uns sind dazu bereits in der Lage, andere werden sie in der nächsten Zukunft zu sehen bekommen. Für einige wird dies einfacher sein als für andere. Das wichtigste an der Dritten Erkenntnis ist jedoch die Akzeptanz des Bestehens universeller Energie.

In seinem Buch »Das Abenteuer der Selbstentdeckung« schreibt Stanislav Grof:

> »Holotrope Bewußtseinszustände versetzen den Betrachter häufig in die Lage, verschiedenfarbige, andere Menschen umgebende Energiefelder wahrzunehmen, die den traditionellen Beschreibungen der Auren entsprechen. Oftmals gehen mit diesen Wahrnehmungen spontane und sehr genaue Erkenntnisse über den Gesundheitszustand der betreffenden Person einher. Ich selbst habe Phänomene dieser Art nicht nur bei Menschen, die sich in außergewöhnlichen Bewußtseinszuständen befanden, beobachtet, sondern ebenfalls bei Medien, die in der Lage waren, ihre Fähigkeit zur Wahrnehmung von Auren im Alltagsleben einzusetzen. Die außergewöhnlichen Leistungen des Mediums Jack Schwartz, der aus den Auren seiner Klienten sowohl ihre Krankheitsgeschichte ablesen wie auch ihren augenblicklichen Gesundheitszustand diagnostizieren kann, sind von renommierten Medizinern mehrere Male überprüft und bestätigt worden.«[4]

Es spielt keine Rolle, ob Sie die Energie mit den Augen oder auf andere Weise wahrnehmen. Einige Leute interpretieren Energie als eine Art inneres Wissen und drücken es vielleicht mit Worten aus wie: »Ich spüre, daß von diesem Baum eine besondere Kraft ausgeht. Ich spüre, wie seine Wurzeln nach dem Erdmittelpunkt greifen. Ich spüre seine Weisheit und sein hohes Alter.« Oder »Ich empfinde diesen Baum als einen Segen, Schutz und einen Lehrer.« Jemand mit einer höheren Empfänglichkeit für Geräusche sagt vielleicht: »Ich liebe das Knarren der Äste, und ich höre, wie das Flüstern der Blätter mich aufmuntert.«

Machen Sie sich keine Sorgen, falls Sie nicht in der Lage sein sollten, die Energiefelder in der Natur wahrzunehmen. Eines unserer Gruppenmitglieder sagte zu diesem Thema: »Bei der Dritten Erkenntnis angelangt, legte ich das Buch aus den Händen und ging hinunter ins Erdgeschoß, um meine Katze zu betrachten. Ich finde das Tier so schön, daß ich fest überzeugt davon war, seine Energie sehen zu können. Doch so sehr ich mich auch darauf konzentrierte, ich konnte einfach kein Energiefeld entdecken.« Setzen Sie Ihre Experimente fort, so lange sie wollen, aber denken Sie nicht, Sie würden keine Fortschritte machen, nur weil Sie nicht imstande sind, Energie zu sehen.

Das Herz erwacht mit der Zeit. Damit Ihre Erkenntnisse sich zur Weisheit verdichten können, bedürfen sie vor allem eines fruchtbaren Bodens, in dem sie Wurzeln schlagen und tieferen Halt finden können.

> »... der Körper strahlt mehrere unterschiedliche Energieformen ab, von denen jede mit den Instrumenten der westlichen Wissenschaft meßbar ist. Jeder einzelne Körper ist von einer Aura umgeben – Hitzestrahlen, wenn Sie so wollen; diese Hitze kann unter Umständen von einer empfindlichen Hand bereits mehrere Zentimeter vom Körper entfernt wahrgenommen werden. Durch den Gebrauch von hitzeempfindlichen Meßgeräten und Infrarotsensoren erhöht sich dieser Abstand beträchtlich ... Wir existieren in Form sich miteinander verbindender Energiefelder ... und besitzen mannigfaltige Möglichkeiten, um die Energie eines anderen Menschen, auch aus der Entfernung, wahrzunehmen.«[5]
>
> George Leonard,

Der fruchtbare Boden

Ein ruhiges Gemüt und ein besonnener Verstand bilden hierfür einen guten Ausgangspunkt. In den *Prophezeiungen von Celestine* bietet die Schönheit der Viciente Lodge einen Zufluchtsort, an dem sich unser Held mit neuer Energie auftanken kann. In dieser für ihn förderlichen Umgebung gelingt es ihm, einigen ihm unterbreiteten Vorschlägen zur Sichtung der Energie nachzugehen, indem er sich auf die Schönheit einer alten Eiche konzentriert. In einem sich mit hoher Geschwindigkeit auf der Stadtautobahn fortbewegenden Wagen wäre diese Aufgabe mit großer Wahrscheinlichkeit schwieriger zu bewältigen gewesen. Sind unsere Intentionen klar, selbst wenn es sich dabei nicht um spirituelle Belange handeln sollte, werden unsere Erwartungen von den Resultaten gewöhnlich weit übertroffen. Wenn Sie die Erkenntnisse des Romans auf Ihr eigenes Leben anwenden wollen, so fragen Sie sich: »Wie kann ich meinen Kontakt zur Schönheit der Natur vertiefen?«

Tägliche, Ihrem inneren Wachstum förderliche Schritte und Angewohnheiten liefern einen fruchtbaren Boden, in dem Ihre Spiritualität Wurzeln schlagen kann. Paradoxerweise gibt es Zeiten, in denen der höchste Grad der Fruchtbarkeit in Form von Auseinandersetzungen und Herausforderungen in unser Leben tritt, Zeiten, in denen unsere frisch gekeimten Ideen auf ihre Stärke geprüft werden. Oder, wie ein Beobachter es so treffend formulierte: »Ich wollte immer nur die Blüte in den Händen halten, ohne der Pflanze Zeit zu lassen, Wurzeln zu schlagen.« Wenn Sie ein wachsendes Bedürfnis nach spiritueller Erfüllung verspüren, so fragen Sie sich, ob Sie jeden Tag genug für sich und die Erfüllung dieses Wunsches tun.

Ihre Energie trifft jeden

In Indien gibt es einen Glauben, nach dem das ganze Dorf die Früchte einer heiligen Person ernten darf. Dr. Patrick Tribble aus Albany in Kalifornien berichtet, wie er die Wirkung der Energie eines Menschen auf andere beobachtete:

»Durch einige glückliche Umstände durfte ich die Bekanntschaft der Malerin Elizabeth Brunner machen, die unter anderem auch eine langjährige Freundin von Gandhi und Nehru war. Ich besuchte die Dame in ihrem Haus, als sie bereits über achtzig Jahre alt war, und stellte mit Erstaunen fest, daß sich ihre Aura ungefähr einhundertzwanzig Meter über ihren Körper hinaus erstreckte. Ich beobachtete das Eintreffen mehrerer Besucher und wie jeder von ihnen in Gegenwart der alten Dame automatisch freundlicher und liebevoller zu werden schien – dies schloß sogar ein paar bekanntermaßen gierige Typen ein. Derartig stark war ihre Hingabe an Gott.«

Viele von Ihnen haben bei der Lektüre der *Prophezeiungen von Celestine* einen starken Energieschub erfahren. Vielleicht sind Ihnen die Erkenntnisse aus dem Buch sogar bekannt vorgekommen. Allein das Auftauchen dieser Resonanz beweist, daß Sie sich bereits auf eine innere Veränderung vorbereitet haben. Vergessen Sie nicht, daß es einige Zeit dauern kann, bis diese Erkenntnisse in einen bereits bestehenden Lebensrahmen integriert sind, und verlieren Sie unterwegs nicht die Geduld.

Sollten Sie den Wunsch verspüren, durch Ihre Arbeit oder Ihr Dasein einen weiterreichenden Beitrag zum Wohlergehen anderer beizusteuern, so senden Sie bereits durch diesen Vorsatz eine Hilfsbereitschaft aus, die das Wachstum neuartiger Gedanken fördert. Ihr Beitrag besteht darin, sich selbst so weit wie möglich zu realisieren. Sie sind ein Energie abgebendes, strahlendes Wesen. Stellen Sie sich die Frage: »Mag und respektiere ich, wer ich bin?«

Energiefelder

In der ersten Hälfte dieses Jahrhunderts tauchten Photographien einer mysteriösen Lumineszenz auf, die von Blättern und unbeweglichen Objekten ausging; ein Abbild der menschlichen Fingerspitzen lieferte uns schließlich den optischen Beweis für etwas, was von Mystikern seit jeher als Aura bezeichnet wurde. Die nach ihren Erfindern, einem russischen Paar, benannte Kirlian-Photographie lieferte nach Meinung vieler ein ausgezeichnetes Abbild des menschlichen Energiefeldes. Während der siebziger Jahren führte die Untersuchung eines führenden Kristallexperten, William A. Tiller von der Universität in Stanford, zu der spekulativen Behauptung, daß »die Quelle der energetischen, aus einem Blatt oder einer menschlichen Fingerspitze austretenden Strahlungen etwas ist, was *vor der eigentlichen Manifestation der festen Materie bereits präsent war* ... hierbei kann es sich um eine andersartige Form der Materie handeln, die ein holographisches, kohärentes, energetisches Muster eines Blattes liefert, welches als Kraftfeld zum eigentlichen Aufbau und zur Übertragung von Materie in dieses physikalische Netzwerk dient.«[6]

> »In über siebzehnhundert Experimenten ist demonstriert worden, daß die DNA in lebendigen Zellen durch Energieübermittlung in Form von Licht mit anderen Zellen in ihrer Nähe zu kommunizieren imstande ist. Diese Tatsache legt nahe, daß Zellen unabhängig von ihrer Biochemie und unabhängig von ihrer Zugehörigkeit zu Organsystemen, wie Kreislauf, Nervensystem oder Immunsystem, in der Lage sind, miteinander zu kommunizieren.«[7]
>
> Leonard Laskow,
> *Healing With Love*

Mit dem Ende der letzten Dekade des zwanzigsten Jahrhunderts setzt sich die Suche nach Beweisen für das Unaussprechliche fort. Obwohl die Mehrzahl dieser esoterischen Forschungsprojekte für die meisten Leser an der Peripherie ihres Alltages angesiedelt sein dürfte, ist es durchaus möglich, daß die dort gemachten Entdeckungen uns durch das kollektive Unterbewußtsein erreichen (unser System der Telekommunikation), gerade so, als würden wir Botschaften auf einem Anrufbeantworter empfangen. Diese unterbewußten Verschiebungen in unserem Weltverständnis bereiten den fruchtbaren Boden, in dem die Erkenntnisse aus dem Manuskript ihre Wurzeln schlagen können.

Die Energie reagiert auf unsere Erwartungen

Informationen scheinen die Eigenschaft zu haben, uns genau dann zu erreichen, wenn wir sie brauchen. Genauer gesagt, besteht Information aus einem ständig fließenden Strom, und unsere Intention setzt jeweils einen Selektionsprozeß in Gang, der sich dann als relevant für unsere Bedürfnisse erweist.

Haben wir eine höhere, feinstoffliche Schwingung erreicht, gelangen Informationen gewöhnlich in immer kürzer werdenden Abständen zu uns. Nutzen wir unsere Talente und Fähigkeiten mit der richtigen Intention, so tauchen vermehrt Angebote auf.

Sollten Sie im Augenblick keinen derartigen Informationsschwall verspüren, so verlagern Sie Ihre Intention darauf, daß Ihnen der Weg zurück auf Ihren Pfad gezeigt wird. Achten Sie an diesem Tag besonders auf das Eintreffen und Auftreten von Menschen und Informationen, die mit Ihrer Intention in Zusammenhang stehen könnten. Die Aufnahmefähigkeit für das Auftauchen eines Phänomens zu erhöhen, erhöht ebenfalls die ohnehin vorhandene Tendenz des Phänomens, sich zu manifestieren.

Erinnern Sie sich an eine Unternehmung oder ein Projekt, an dem Sie wirklich Spaß hatten? Haben Sie dabei einen Flow-Zustand erfahren? Wie kam damals eins zum anderen? Haben Freunde Ihnen zunächst Bücher und Fakten oder Informationen aus anderen Quellen zukommen lassen? Gewöhnlich manifestieren Dinge sich durch eine Kombination von bewußter Absicht und unbewußter Anziehung.

Nehmen wir einmal an, Sie hätten sich entschieden, auf Ihrem Balkon oder Ihrer Terrasse einen Garten anzulegen und wollten sich deshalb einige Topfpflanzen anzuschaffen. Sie erinnern sich daran, daß eine Ihrer Freundinnen einen »grünen Daumen« hat, und bitten sie dabei um ihre Hilfe. Ihre Bekannte begeistert sich ebenfalls für das Vorhaben, und allmählich bekommen Sie ein Konzept davon, wie der Garten aussehen soll. Ihre Erwartungshaltung wächst. Während sie mit dem Wagen durch Ihre Nachbarschaft fahren, nehmen Sie die Pflanzen in Ihrer näheren Umgegend, vielleicht zum ersten Mal, bewußt war. Die Pflanzen scheinen förmlich »aktiviert« worden zu sein. Versteckt in einer Ecke, entdecken Sie in einer Fachhandlung für Setzlinge plötzlich einen Satz spanischer Keramiktöpfe. Vor einem Monat noch hätten Sie vermutlich nicht einmal die Fachhandlung wahrgenommen – ihr Verstand hatte für diese Wahrnehmung noch keine Notwendigkeit postuliert. Seltsamerweise ziehen kurz darauf Ihre Nachbarn um und hinterlassen Ihnen den Kräutergarten. Zu Ihrem Geburtstag bekommen Sie zwei Geranien und einen Limonenbaum. Und kurz darauf, vielleicht anläßlich einen besonders schönen Sonnenunterganges, werden Sie sich umschauen und feststellen, daß der Traum von einem blühenden Garten auf Ihrem Balkon Wirklichkeit geworden ist.

Ihr Leben in diesem Augenblick ist ein vollständiges Abbild Ihrer gegenwärtigen Gedanken, Ihrer Denkweise und der Reaktionen Ihrer Vergangenheit.

Suchen Sie im Tagesablauf nach Informationen

Wir können nicht voraussagen, wann und in welcher Form wir Informationen von der universellen Energie erhalten werden. Eine unserer Bekannten erhielt nach sechs Monaten Dienst als Krankenhausärztin die Nachricht, daß sie mit der Leitung der Psychiatrischen Abteilung beauftragt werden sollte. Man hatte sie bei der Beförderung einem Kollegen vorgezogen, und für einen Moment wurde sie von schweren Zweifeln geplagt, ob sie überhaupt in der Lage sein würde, die neue Verantwortung zu übernehmen. In diesem Augenblick rief ein ehemaliger Kollege von ihrer vorherigen Arbeitsstelle an und verwickelte sie in eine freundliche Unterhaltung. »Ich habe Ihnen nie gesagt, wie sehr wir Ihre Mitarbeit bei der Schaffung unseres neuen Programmes während des letzten Jahres geschätzt haben. Durch Ihre Anwesenheit haben Sie einen völlig neuen Wind in den Laden gebracht. Sie fehlen uns!«

Die Ärztin hätte den Anruf als Routinefall ablegen oder aber ihn als Zeichen dafür werten können, daß sie sich auf dem rechten Weg befand und sich keine Sorgen zu machen brauchte.

Tragen Sie versuchsweise ihr Tagebuch für drei volle Tage bei sich und schreiben Sie alle wichtigen Botschaften und Erkenntnisse auf, die sie aus alltäglichen persönlichem Begegnungen mit Menschen oder Telefongesprächen gewinnen. Die dabei zutage tretenden Muster könnten Sie in großes Erstaunen versetzen.

Vorsicht vor Energielöchern

Auch wenn Sie bereits gelernt haben, besonderen Wert auf das Positive in Ihrem Leben zu legen oder sich bereits einer positiveren Ausdrucksweise bedienen, so kann es immer wieder zum Auftreten von Energielöchern kommen, die Ihnen bei der Weiterentwicklung zunächst hinderlich scheinen. Ärger, Furcht, Ressentiments, Unnahbarkeit, Skeptizismus und Opferverhalten, gar nicht zu reden von gewöhnlichen Erschöpfungszuständen, bilden für die meisten von uns feste Bestandteile des Alltags. Besonders wenn Sie gerade im Begriff stehen, ein Bewußtsein über die höhere Bedeutung Ihres Lebens zu gewinnen, kann es verstärkt zum Auftreten und intensiven Erleben dieser Zustände kommen.

Im Lauf des Romans stürzt unser Held einige Male in diese sogenannten Energielöcher, er ist verwirrt, hat Entscheidungsschwierigkeiten oder reagiert auf seine Umwelt mit Furcht, innerer Unruhe und Mißtrauen; alles Zeichen für ein Absinken der Energie. Fast jeder Mensch macht diese Phasen durch. Was können wir in solchen Fällen tun?

Nehmen Sie Verbindung mit Ihrer augenblicklichen Energie auf

Bemerken Sie ein Absinken Ihres Energiehaushaltes, so nehmen Sie als erstes Kontakt mit Ihrem Körper auf, um herauszufinden, was genau Sie eigentlich fühlen. Oftmals hilft es, diese Gefühle in Ihrem Tagebuch niederzuschreiben. Eine unserer Mitarbeiterinnen erzählte uns folgende Geschichte: »Neulich wurde ich bei der Arbeit von einem starken Anfall innerer Unruhe überwältigt, ohne daß ich die Ursache dafür herausgefunden hätte. Ich war für eine Kollegin eingesprungen und konnte mich deshalb nicht so ohne weiteres einfach von ihrem Schreibtisch entfernen. Mein Tagebuch befand sich in der Schublade meines eigenen Schreibtisches, deshalb machte ich meine Notizen auf der Rückseite eines Briefumschlages. Ich merkte schließlich, daß meine Unruhe eine Reaktion auf die Furcht davor war, mit der Fernsprechanlage auf dem Tisch meiner Kollegin nicht klarzukommen. Ich fürchtete mich davor, die Anlage nicht richtig bedienen zu können, sollten mehr als zwei Anrufe auf einmal eingehen. Die tiefere Angst hinter diesem Anfall lag darin, daß ich die Arbeitsstelle neu angetreten hatte und fürchtete, einen Fehler zu machen, durch den ich die Arbeit wieder verlieren würde. Ich betete darum, daß die Telefone nicht alle auf einmal klingeln würden, und mein Gebet wurde erhört! Es scheint, als ob in letzter Zeit selbst meine kleinsten Gebete erhört werden.«

Atmen Sie tief und ruhig weiter

Oftmals genügt es, sich zur Beruhigung einige Minuten auf den eigenen Atem zu konzentrieren.

Sollten Sie sich sehr erschöpft fühlen, so setzen Sie sich ruhig hin und stellen Sie sich vor, daß ein dickes Kabel vom unteren Ende Ihrer Wirbelsäule bis tief in die Erde reicht. Stellen Sie sich vor, wie Sie durch diese Verbindung die kraftvolle Energie der Erde in sich ziehen, bis hinauf in Ihren Brustkorb. Dann stellen Sie sich vor, wie sich Ihr Schädel öffnet, um einem silbernen Verbindungskabel den Weg in den Himmel zu ermöglichen. Lassen Sie durch dieses Kabel heilsame und erfrischende Energie in Ihren Brustkorb strömen und diese sich mit der Energie der Erde verbinden. Bereits kurze Zeit später sollte sich eine Veränderung in Ihrem Energiehaushalt bemerkbar machen.

Bei anderen Gelegenheiten, zum Beispiel im Verlauf eines hitzigen Wortgefechtes, werden Sie nicht wissen, wohin mit Ihrem Energieüberschuß. Wollen Sie sich beruhigen, so können Sie einen separaten Raum oder einen neutralen Ort aufsuchen und sich dort mit geschlossenen Augen eine Weile niederlassen. Wieder könnte die Visualisierung des vom Ende Ihrer Wirbelsäule in die Erde führenden Kabels von Nutzen sein, diesmal, um überschüssige Energie in die Erde abzuleiten.

Die Meister östlicher Weisheitslehren haben die Fähigkeit, Energie durch Atmen zu gewinnen, perfektioniert, und es gibt zahlreiche ausgezeichnete Bücher über uralte Techniken wie Pranayama und Qui Gong. Vielleicht sollten Sie sich in einer dieser Techniken üben. Beachten Sie dazu auch unsere Literaturliste am Ende des Kapitels.

Ein fünf- oder zehnminütiger Spaziergang kann im Fall des Energiemangels wie auch bei Energieüberschuß wahre Wunder wirken.

Bringen Sie Licht hinzu

Eine einfache Übung, mit deren Hilfe Sie sich selbst Energie zuführen oder ein Problem lösen können, besteht in der Vorstellung, sich mit Licht zu umgeben. Diese Methode ist besonders wirksam, wenn Sie keine Aufmerksamkeit auf sich ziehen wollen. Schließen Sie Ihre Augen (oder halten Sie Ihre Handballen gegen die geschlossenen Augenlider). Stellen Sie sich vor, wie ein großer Lichtschwall sich über Ihren Körper ergießt und Sie einhüllt. Genießen Sie dieses innere Sonnenbad. Fühlen Sie, wie warm und strahlend dieses Licht ist. Stellen Sie sich vor, daß der gesamte Raum von diesem Licht erfüllt wird. Lassen Sie dieses Bild für einige Minuten wirken und stärker werden. Führen Sie dieses Experiment für die Dauer einer Woche mehrere Male am Tag durch und achten Sie auf Veränderungen bei sich und den Menschen in Ihrem Umfeld. Auch sie bekommen etwas von dem Licht und der Energie ab, ob sie es wissen oder nicht!

Zusammenfassung der Dritten Erkenntnis

Die Dritte Erkenntnis beschreibt das Universum als ein Feld sich ständiger verändernder Energie. Wir können die Gegenstände in unserer Umgebung nicht länger als bloße materielle Objekte wahrnehmen. Die jüngsten Erkenntnisse der Physik und ihre Synthese mit östlichen Weisheitslehren erschließt uns das Universum als riesiges Energiefeld, eine Quantenwelt, in der alle Phänomene miteinander verbunden sind und aufeinander reagieren. Durch die Weisheit der östlichen Religionen wissen wir, daß der Mensch Zugang zu dieser universellen Energie hat. Wir sind in der Lage, sie durch Gedanken und Intention nach außen zu projizieren und dadurch die eigene Realität ebenso wie die anderer zu beeinflussen.

Zur weiteren Lektüre empfohlen:

Fritjof Capra: *The Tao of Physics: An Exploration of the Parallels between Modern Physics and Eastern Mysticism.* 1991
Michlo Kaku: *Hyperspace.* 1994
Paul Devereux: *Secrets of Ancient and Sacred Places: The World's Mysterious Heritage.* 1992
The Findhorn Garden: A Journey Into the Holiest Lands. 1976
Sarah Osmen: *Sacred Places: A Journey Into the Holiest Lands.* 1991
Courtney Milne: *The Sacred Earth.* 1991

Einzelstudium zur Dritten Erkenntnis

Erhöhen Sie Ihre Bereitschaft, Schönheit wahrzunehmen

In den nächsten ein oder zwei Monaten sollten Sie sich vornehmen, einen Park, eine Kirche, einen Tempel oder ein Museum aufzusuchen (besonders zu Zeiten, wo diese Orte nur spärlich besucht und deshalb ruhig sind). Was für Gefühle haben Sie an diesen Orten?

Reservieren Sie einen Abend in der Woche für einen beschaulichen

Spaziergang durch einen besonders schönen Teil Ihrer Nachbarschaft. Setzen Sie den Abend in dieser Stimmung und ohne den Fernseher einzuschalten fort. Fühlen Sie sich am darauffolgenden Tag anders als sonst? Vergleichen Sie ihre Energie mit der, die Sie verspüren, wenn Sie sich in einem Supermarkt oder an einer Tankstelle aufhalten!

Machen Sie es sich zur Angewohnheit, sich einmal am Tag mit etwas Schönem in der Natur zu verbinden. Betrachten Sie z. B. eine Blume aus unmittelbarer Nähe.

Verbinden Sie sich mit der Energie der Natur

Wie lange ist es her, seit Sie sich das letzte Mal in einem Wald oder einem öffentlichen Park aufgehalten haben? Möglicherweise leben Sie in der Nähe eines Flusses, eines Sees oder des Meeres, nehmen sich aber nie die Zeit, diese Orte auch aufzusuchen. Treffen Sie eine feste Verabredung mit der Natur, um sich dort aufzutanken.

In der Natur angekommen, können Sie das Experiment aus dem Roman versuchen. Lassen Sie sich an einem schönen Ort in bequemer Stellung nieder und richten Sie Ihre Aufmerksamkeit auf die Schönheit eines außergewöhnlich geformten Baumes oder einer besonderen Pflanze. Erscheint Ihnen eine Pflanze schöner als die andere?

Die beste Zeit, um das scheinende Lichtband um einen Baum oder eine Pflanze herum wahrzunehmen, ist die Morgendämmerung oder die Zeit unmittelbar vor Sonnenuntergang. Lassen Sie Ihren Blick ein wenig verschwimmen, während Sie ihn auf die Konturen der Pflanze gerichtet halten. Bleiben Sie ruhig sitzen und erfassen Sie das lebendige Wesen vor Ihren Augen in all seiner Pracht. Atmen Sie die Schönheit ein und füllen Sie Ihren Körper damit an. Lassen Sie Ihren Körper mit dem Anblick dieser Schönheit wachsen. Stellen Sie sich vor, daß Sie mit der Pflanze verbunden sind. Spüren Sie ihre Lebensenergie. Fahren Sie fort, die Energie der Pflanze zu absorbieren und lassen Sie Ihren Blick verschwommen, bis Sie ein bläuliches Lichtband erkennen. Sollte es nicht auftauchen, tun Sie für einen Augenblick so, als würden Sie es tatsächlich sehen können.

Betrachten Sie die Energie in Ihren Händen

Mit Hilfe des folgenden Experimentes können Sie versuchen, das Energiefeld Ihrer eigenen Hände sichtbar zu machen. Begeben Sie sich dazu in eine bequeme Position, von der aus Sie den blauen Himmel sehen können. Führen Sie die Spitzen Ihrer Zeigefinger zusammen. Behalten Sie den blauen Himmel als Hintergrund im Blickfeld. Jetzt entfernen Sie die Fingerspitzen etwa einen Zentimeter voneinander und betrachten den entstandenen Raum dazwischen. Lassen Sie Ihren Blick ein wenig verschwimmen und bewegen Sie die Fingerspitzen dann abwechselnd näher zusammen und wieder auseinander. Schauen Sie auf den Abstand zwischen Ihren Fingern. Lassen Sie Ihre Fingerspitzen leicht verschwimmen. Sie sollten jetzt in der Lage sein, zwischen Ihren Fingerspitzen feine rauch- oder nebelartige Fäden wahrzunehmen.

Sie können auch ihre Handflächen oder Ihre Unterarme nahe zusammenbringen und das Auftauchen der Energiestreifen zwischen den beiden Teilen Ihres Körpers beobachten.

Wie Sie die Energie von Menschen oder Pflanzen sehen können

Es ist einfacher, Energiefelder zu sehen, wenn Sie die Einzelheiten einer Form oder eines Gesichtes vor Ihren Augen verschwimmen lassen. Befinden Sie sich in einem Gebäude, dämpfen Sie das Licht und plazieren Sie die Person oder das Objekt vor einen hellerleuchteten oder tiefschwarzen Hintergrund. Betrachten Sie die Umrisse eines Freundes gegen den Himmel und versuchen Sie, das schimmernde Lichtband um seinen Körper zu erkennen. Auf jeden Fall sollten Sie die Augen zukneifen, um Ihre Sicht ein wenig unscharf werden zu lassen.

Fühlen Sie die Energie in Ihren Händen

Reiben Sie für die Dauer von ein bis zwei Minuten Ihre Handflächen fest gegeneinander und halten Sie die Hände dann in leichter Krümmung zusammen, bis Sie ein leichtes Kribbeln in dem Raum dazwischen verspüren. Verändern Sie allmählich den Abstand zwischen Ihren Handflächen. Stellen Sie sich vor, daß Sie zwischen Ihren Händen einen strahlenden Lichtball halten würden. Spüren Sie seine Präsenz und seine Dichte, während Sie ihn langsam zwischen Ihren Händen bewegen. Sie können diesen Ball jetzt durch reine Konzentration an jede Stelle Ihres Körpers legen und sich dort Energie zuführen, die Ihnen z. B. bei einer Heilung behilflich sein kann.

Energiezufuhr in den eigenen vier Wänden

Sind Sie mit den unterschiedlichen energetischen Vorgängen in Ihrem Körper erst einmal ein wenig besser vertraut, so werden sie zunehmend darangehen, Ihre Energie zum richtigen Zeitpunkt auf die richtige Weise anzuheben. Das muß weder kompliziert sein noch etwas kosten. Leben Sie im Augenblick, nicht in der Vergangenheit oder der Zukunft, und schon hebt sich Ihr Energielevel. Die wichtigste Zutat bei der Erhöhung Ihres Energiehaushaltes ist ein ausgeprägtes Bewußtsein des jeweiligen Augenblicks. Versuchen Sie es zur Hebung des Energiehaushaltes außerdem mit folgenden Vorschlägen:

- Atmen Sie bewußt in alle Teile Ihres Körpers ein.
- Machen Sie fünfzehn Minuten lang Yoga-Dehnübungen.
- Hören Sie Ihr Lieblingsband mit Naturgeräuschen oder Trommelmusik.
- Genießen Sie die Schönheit eines frischen Blumenstraußes.
- Arbeiten Sie im Garten.
- Genießen Sie eine besonders schöne Aussicht in Ihrer Nachbarschaft.
- Meditieren Sie, um Ihr Gemüt zu beruhigen, und nehmen Sie dann ein Bad in Ihrem inneren Licht.
- Tanzen Sie.

Energiezufuhr am Arbeitsplatz

- Konzentrieren sie sich. Stellen Sie sich vor, daß Sie mit der Energie aus Erde und Himmel verbunden sind. Nehmen Sie ein Bad in Ihrem inneren Licht.
- Bewahren sie persönliche Gegenstände wie Photos, positive Bestätigungen oder Zitate aus spirituellen Quellen in Ihrem Schreibtisch auf.
- Machen Sie es sich zur Angewohnheit, nach dem Mittagessen spazierenzugehen. Lenken Sie Ihre Aufmerksamkeit dabei auf das Schöne in Ihrer Umgebung und auf die Menschen darin.
- Machen Sie alle paar Stunden einige Streckübungen.
- Wässern Sie in aller Ruhe eine Pflanze und lauschen Sie dabei auf das Plätschern des Wassers.
- Sorgen Sie dafür, daß sich auf Ihrem Schreibtisch immer frische Blumen befinden, und lassen Sie ihre Schönheit für die Dauer von einigen Minuten auf sich wirken.
- Spielen Sie, wenn möglich, ein Band mit Naturgeräuschen in Ihrem Büro ab.

> »Wenn es darum geht, liebevolle Energie zu übermitteln, kann nichts schiefgehen ... in den feinstofflichen Bereichen ist Intention gleichbedeutend mit Aktion.«[8]
>
> Leonard Laskow
> *Healing With Love*

Arbeitsgruppe zur Dritten Erkenntnis

Session 6

Dauer: 2 Stunden 30 Minuten

Zweck: Festzustellen, wie die anderen Gruppenmitglieder die Dritte Erkenntnis verstanden haben, sowie Erfahrung im Umgang mit der Energie zu sammeln.

Anmerkung: Sorgen sie dafür, daß jemand aus der Gruppe einen schönen Gegenstand mitbringt – einen Blumenstrauß oder eine kleine Topfpflanze, eine Schale mit Früchten oder andere Naturgegenstände, die von besonderem Interesse sein könnten.

Einleitung

Geben Sie den Gruppenmitgliedern ein paar Minuten, um eventuell gewonnene Einsichten, aufgetretene Fügungen oder von der letzten Zusammenkunft Offengebliebenes zu besprechen. Achten Sie dabei darauf, daß hauptsächlich im Zusammenhang mit den Erkenntnissen aus dem Buch gesprochen wird.

Übung 1: Die Diskussion der Dritten Erkenntnis

Dauer: 30 Minuten

Zweck: Herauszufinden, was wir von der Dritten Erkenntnis halten, und wie die anderen Gruppenmitglieder sie verstehen.

Anweisungen: Lassen Sie eines der Gruppenmitglieder die Zusammenfassung der Dritten Erkenntnis bis zum Abschnitt über zelluläres Bewußtsein auf Seite 81 ff. vorlesen und bedienen Sie sich im Anschluß daran folgender Diskussionsvorschläge:

- Was ist den Gruppenmitgliedern beim Lesen der Dritten Erkenntnis im Roman aufgefallen?
- Wie viele der Anwesenden stehen dieser Idee kritisch gegenüber? Weshalb? Wie viele hatten keine Probleme mit diesem Kapitel?
- Haben einzelne Gruppenmitglieder bereits Energie gesehen? Wie ist es dazu gekommen?
- Haben einige der Gruppenmitglieder diese Energiefelder bereits als Kinder wahrgenommen?

- Welche Methoden verwenden einzelne Gruppenmitglieder zur Anhebung ihrer Energie daheim? Bei der Arbeit?
- Welche der Anwesenden unternehmen regelmäßig Spaziergänge in der freien Natur?
- Welche Bücher über die Natur der Energie und den Umgang mit Energie sind unter den Gruppenmitgliedern bekannt?

Sobald die Diskussion abgeschlossen erscheint, schreiten Sie zur nächsten Übung fort.

Anmerkung: Die Wirksamkeit der folgenden Übung kann durch einen geeigneten musikalischen Hintergrund oder ein Band mit Naturgeräuschen wie Vogelstimmen oder Meeresrauschen noch verstärkt werden.

Übung 2: Die Erhöhung der Bereitschaft, Schönheit wahrzunehmen

Dauer: 5–10 Minuten zur Beobachtung, 10 Minuten Tagebucheintrag und 20 Minuten Austausch und Diskussion.

Zweck: a) Öffnung für die Schönheit der Dinge unmittelbar vor unseren Augen; b) sich mit der Schönheit zu verbinden und unser Bewußtsein auf eine höhere Ebene zu befördern und somit unsere Verbindung zu einer spirituellen Energieform zu verstärken; c) die Verstärkung der Fähigkeit, Energie zu sehen; d) festzustellen, auf welche Weise wir unsere eigenen Qualitäten auf Objekte projizieren.

Anweisungen:

Schritt 1: Wählen Sie eines der mitgebrachten Objekte aus und plazieren Sie es im Raum so, daß jeder es sehen kann.

Schritt 2: Ein oder eine Freiwillige/r leitet die folgende Meditation für die Gruppe an, indem er oder sie die folgenden Schritte laut vorliest. Beginnen Sie mit der kurzen Entspannungsmediation auf Seite 72, um die Energie der Gruppe zu sammeln.

Schritt 3: Nach erfolgter Entspannungsmeditation wenden Sie Ihre

Aufmerksamkeit langsam dem von Ihnen ausgewählten Objekt zu.

Schritt 4: Machen Sie sich die Schönheit seiner Form, die Intensität seiner Farben, das Licht auf seiner Oberfläche und die besonderen Qualitäten des Gegenstandes bewußt. Was genau macht diesen Gegenstand einzigartig?

Schritt 5: Nehmen Sie die Essenz des Objektes vollständig in sich auf. Absorbieren Sie die herausragendsten Qualitäten des Gegenstandes, so als wären Sie buchstäblich in der Lage, diese einzuatmen.

Schritt 6: Betrachten Sie auch minutiöse Details und beachten Sie dabei, wie jedes von ihnen zur Gesamterscheinung des Gegenstandes beiträgt. Schauen Sie sich jetzt das Objekt in Gänze an und nehmen Sie es in seiner vollen Pracht zur Kenntnis, selbst wenn es sich dabei nur um einen kleinen oder scheinbar unbedeutenden Gegenstand handelt. Wechseln Sie zwischen detaillierter Betrachtung und einem Blick auf die Gesamterscheinung. Versuchen Sie sodann, sich das Objekt als großen, den ganzen Raum vor Ihnen erfüllenden Gegenstand vorzustellen. Lassen Sie es danach wieder auf normale Größe schrumpfen.

Schritt 7: Lassen Sie Ihren Blick leicht verschwimmen und versuchen Sie, den Schein um den Gegenstand herum wahrzunehmen. Gelingt es Ihnen, irgendeine von dem Objekt ausgehende Strahlung wahrzunehmen?

Schritt 8: Fragen Sie sich schließlich: »In welcher Weise entspreche ich diesem Gegenstand?«

Schritt 9: Nachdem Sie den Gegenstand einige Minuten lang betrachtet haben, wird Ihnen das Absinken Ihrer Energie mitteilen, daß Sie die Betrachtung beendet haben. Schreiben Sie die wichtigsten Dinge, die Ihnen an dem Objekt aufgefallen sind, nieder. Beantworten Sie ebenfalls die Frage: »In welcher Weise entspreche ich diesem Gegenstand?«

Schritt 10: Jedes Gruppenmitglied sollte Gelegenheit bekommen, seine Beobachtungen und Gefühle mitzuteilen und niederzuschreiben. *Achten Sie darauf, daß die wahrgenommene Schön-*

heit eines Objektes den inneren Qualitäten des- oder derjenigen entspricht, dem es bei der Betrachtung als besonders schön auffällt.

Übung 3: Ein bewußtes Eßerlebnis

Dauer: Ungefähr 5 Minuten zum Verzehren der Orange und 10 Minuten, um das Erlebnis mit den anderen zu teilen.

Zweck: Sich bewußt zu machen, daß das Verzehren von Nahrung mehr bedeutet, als die bloße Zuführung von Nährstoffen. Wieder zu erfahren, was die einfachen Dinge im Leben bedeuten und wie sie Ihr Leben bereichern können.

Anweisungen:
- Verteilen Sie an jedes Gruppenmitglied eine Orange.
- Essen Sie Ihre Orange und achten Sie dabei besonders auf den Geruch, den Geschmack, die Beschaffenheit der Frucht, ihre Energie und das Geräusch beim Verzehren der Orange. Nehmen Sie die Energie der Frucht auf.
- Was haben Sie durch diese Erfahrung gelernt?

Übung 4: Gegenseitige Wertschätzung

Dauer: Ungefähr 10 Minuten

Zweck: Die Schönheit und Energie eines anderen Menschen zu erkennen.

Anweisungen: Für diese Übung sollten Sie einen ruhigen musikalischen Hintergrund wählen und die Beleuchtung im Raum dämpfen. Die Gruppenmitglieder setzen sich zu Paaren geordnet einander gegenüber, so daß sich wenigstens einer der beiden vor einem dunklen Hintergrund befindet. Schweigen Sie während des gesamten nun folgenden

Vorgangs. Nach sieben oder acht Minuten sollte jemand ein vorher vereinbartes Zeichen geben, damit sich die Paare in Ruhe voneinander trennen können.

Schritt 1: Konzentrieren Sie sich auf die Einzigartigkeit Ihres Gegenübers. Erfassen Sie die Einzigartigkeit und Schönheit seines Wesens.

Schritt 2: Visualisieren Sie, daß Sie Licht an Ihr Gegenüber senden und ihn oder sie in einem warmen, hellen und energetisierenden Glanz baden.

Schritt 3: Konzentrieren Sie sich auf die hervorstechenden Eigenschaften Ihres Gegenübers und fahren Sie dabei fort, ihn oder sie als schönes und strahlendes Lebewesen zu erfahren.

Schritt 4: Trennen Sie sich nach vier oder fünf Minuten allmählich von der Beschäftigung mit der anderen Person und danken Sie einander.

Schritt 5: Bitten Sie die Anwesenden darum, zu beschreiben, was jeder im Verlauf der vorangegangenen Übung für Erfahrungen gemacht hat.

Abschluß:

Anfragen nach Hilfe. Übersendung liebevoller Energie an alle Anwesenden.

Weitere Studien: Gruppenmitglieder, die ihr Vermögen zur Wahrnehmung pflanzlicher Energie oder der Energie bei Menschen verfeinern wollen, sollten noch einmal das Einzelstudium zur Dritten Erkenntnis vornehmen.

Wie man sich den Inhalt der Dritten Erkenntnis zunutze machen kann:

- Verbringen Sie in der kommenden Woche Zeit in der freien Natur.
- Üben Sie sich darin, sich mindestens einmal in der Woche auf einen Baum oder eine Pflanze zu konzentrieren, und stellen Sie sich ein um die Pflanze befindliches Lichterband vor.
- Versuchen Sie, Ihre unmittelbare Umgebung durch kleine Veränderungen zu verschönern.
- Achten Sie während des Tages auf Energieverlagerungen und machen Sie sich mindestens einmal täglich bewußt daran, Energie aufzubauen.
- Üben Sie sich darin, die Schönheit in Ihren Freunden, Ihrer Familie und Ihren Mitarbeitern zu sehen.

Kapitel 4

Der Kampf um Macht

Nachdem sie die traumhafte Abgeschiedenheit der Viciente Lodge hinter sich gelassen haben, setzen unser Held und Wil ihre Reise in die höher gelegenen Bergregionen der Anden fort. »Halte die Augen offen«, sagt Wil, »ab jetzt werden verstärkt Fügungen auftreten.« Wie auf Absprache machen die beiden zur Nacht Rast und werden Zeugen einer brisanten Familienszene am Eßtisch ihrer Gastgeber. Gerade als unser Abenteurer sich mit der Idee vertraut macht, daß zwischen Menschen Energie fließt, treffen Wil und er auf einen Psychologen, der sich auf zwischenmenschliche Konflikte spezialisiert hat. Unser Held hat Gelegenheit, die Bewegung der Energie am eigenen Leib zu erfahren, als er sich abwechselnd von Marjorie bezaubern und von Jensen, einem Archäologen, der ebenfalls Jagd auf das Manuskript macht, verhören läßt. Je weiter er sich in den Einflußbereich von Jensen begibt, desto stärker läßt sich unser Held verwirren und wird schließlich immer ratloser, was seine nächsten Schritte angeht. Gerade noch rechtzeitig tritt Wil auf den Plan, um ihn zur Fortsetzung der Suche nach den restlichen Erkenntnissen zu bewegen.

Die Vierte Erkenntnis

Die Vierte Erkenntnis lehrt, daß Menschen miteinander im Wettstreit um Energie stehen und daß diese Tatsache Einfluß auf jede zwischenmenschliche Begegnung hat. Am besten können wir uns die Natur dieses Wettstreit verdeutlichen, indem wir unsere und die Interaktionen anderer beobachten und dadurch die Natur des menschlichen Konfliktes verstehen lernen. Je stärker wir uns dieser zwischenmenschlichen Dynamik bewußt werden, desto deutlicher erkennen wir, daß auf diese Weise gewonnene Energie gewöhnlich nicht lange vorhält. Allmählich gelangen wir zu der Realisation, daß die wahre Energie aus einer universellen Quelle stammt. Es besteht keinerlei Notwendigkeit, sich durch eine andere Person Energie zu verschaffen.

Mit zunehmendem Bewußtsein darüber, wie *wir* versuchen, andere zu kontrollieren, zu unterminieren, zu übervorteilen und ihnen zu gefallen, beginnen wir ebenfalls damit, dieses Verhalten abzubauen.

»Das Bedürfnis zu kontrollieren und die geradezu suchterregende Suche nach Dominanz ist eine universelle Suche, die darauf zielt, von der inneren Leere abzulenken. Wegen ihres Umfanges und weil sie die Grundlage für jede Form schädlicher Abhängigkeit darstellt, hat sie sich mit Recht die Bezeichnung Haupt-Sucht erworben.«[1]

Philip Kavanaugh, M.D.,
Magnificent Addiction

Der Kampf um Macht

Unser Kampf um Macht beginnt, sobald wir mit lautstarkem Geschrei unseren Eintritt in diese Welt ankündigen.

Unser angeborener Überlebensinstinkt wird von psychologischen und spirituellen Bedürfnissen nach Sicherheit, Intimität, finanziellem Wohlergehen, einem Zugehörigkeitsgefühl, Anerkennung und dem Wunsch nach Kontrolle über unser eigenes Leben begleitet. Der Versuch, diese Bedürfnisse zu balancieren, liegt auf dem Grund all unserer Unternehmungen in der äußeren Welt. Bleibt eines dieser Bedürfnisse unbefriedigt, so setzen wir gewöhnlich alles daran, um es zu befriedigen.

Frühe Kindheit

Das Bedürfnis, »Kontrolle ausüben zu müssen«, um Energie zu erhalten, entstammt unserer frühesten Kindheit. Als Kinder sind wir, nur um zu überleben, auf die Fürsorge Erwachsener angewiesen, und so entwickelt jedes Kind seine eigenen Methoden, um Energie aus dem System Familie an sich zu ziehen. Genügend Liebe zu erhalten, um sich sicher zu fühlen, und genügend Anerkennung zu finden, um eine Identität zu entwickeln, ist für unsere Entwicklung von herausragender Bedeutung. Anne Frank, die mit starker Einsicht in die Strukturen ihrer Familie schrieb, drückt in ihrem Buch »Das Tagebuch der Anne Frank« ihre Gefühle über das Machtgleichgewicht zwischen sich, ihrer Schwester Margot und ihrem Vater folgendermaßen aus:

> »Bei Vater ist es anders. Wenn er Margot als Beispiel hinstellt, ihre Handlungen billigt, sie lobt und streichelt, dann zehrt etwas an meinen Eingeweiden, denn ich verehre meinen Vater. Er ist es, zu dem ich aufschaue. Ich liebe niemanden in der ganzen Welt außer ihm. Er bemerkt nicht, daß er Margot anders behandelt als mich. Zwar ist Margot das hübscheste, liebste, schönste Mädchen der Welt. Aber trotzdem glaube ich, daß ich auch ein Recht habe, ernst genommen zu werden. Ich war immer nur das schwarze Schaf der Familie. Für alles mußte ich doppelt bezahlen, erst dadurch, daß ich geschimpft wurde, und dann nochmals dadurch, daß meine Gefühle verletzt waren. Mit dieser offensichtlichen Bevorzugung bin ich nicht mehr einverstanden. Ich will etwas von Vater, das er mir nicht geben kann ... Ich möchte nur wirklich von ihm geliebt weren: nicht nur als sein Kind, sondern meinetwegen – als Anne.«[2]

Annes Worte sprechen zu allen, die jemals Geschwisterneid, Konkurrenz und das Fehlschlagen des Bemühens, einem geliebten Menschen zu gefallen, sowie das Gefühl, für andere unsichtbar zu sein, erlebt haben. Die vernichtenden Überreste kindlichen Schmerzes aus Herabwürdigungen, Mißhandlungen, Vernachlässigung, Furcht, Verlassensein und Schuld sind die Geburtsplätze unseres Kampfes um Einfluß und Kontrolle. Dieser Schmerz gehört mit zu unserem Gepäck, wenn wir mit ausgewachsenen Körpern und mit Diplomen und Zeugnissen versehen zu Erwachsenen werden, und diese frühen Erfahrungen sind es letztlich, die unsere persönliche Art der Energiebeschaffung und -regulierung bestimmen (diese »Kontroll-Dramen« werden wir in Kapitel 6 noch ausführlicher diskutieren).

Leben ist ein Austausch von Energie

Wie die Dritte und die Vierte Erkenntnis uns verdeutlichen, ist der Austausch von Energie so konstant und allgegenwärtig, daß wir ihn gewöhnlich kaum wahrnehmen – es sei denn, unsere Energie sinkt spürbar ab oder steigt deutlich an. Dr. Eric Berne beschrieb in den sechziger Jahren einen derartigen Energieaustausch auf brillante Weise und stellte den Vorgang in den Zusammenhang eines Systems namens Transaktionale Analyse.

Durch die Analyse zwischenmenschlicher Transaktionen gelang es Berne und anderen festzustellen, wie wir um Aufmerksamkeit wetteifern. In der Terminologie der Transaktionalen Analyse werden diese Aufmerksamkeitseinheiten als »Strokes« – Streicheleinheiten – bezeichnet. Diese positive Aufmerksamkeit hilft uns dabei festzustellen, ob mit uns alles in Ordnung ist, was wir etwa wert sind und was für eine Bedeutung wir für andere Menschen haben. So wie wir unsere Muttersprache erlernen, erlernen wir ebenfalls die Sprache sozialer Interaktion. Durch sie sind wir in der Lage Energie zu empfangen und zu verteilen, ohne uns allzu sehr mit der Ausführung dieses Vorganges beschäftigen zu müssen, und gewöhnlich behalten wie unsere einmal für effektiv befundene Technik unser ganzes Leben lang bei. Berne schrieb dazu:

> »Die grundlegenden Positionen werden sehr früh eingenommen und festgelegt, in der Zeit vom zweiten bis zum siebten Lebensjahr ... es ist nicht weiter schwierig von der individuellen Position

einer Person auf den Verlauf ihrer Kindheit zu schließen. Solange nicht etwas oder jemand Einfluß auf diese Position nimmt, verbringt der Mensch den Rest seines Leben damit, diese Position zu festigen und Situationen abzuwehren, die diese Position bedrohen: indem er versucht, sie sich vom Leibe zu halten, bestimmte Elemente abzuwehren oder sie so zu manipulieren, daß es ihm möglich ist, sie von Bedrohungen in Rechtfertigungen zu transformieren.«[3]

Wenn wir den Kampf um Aufmerksamkeit verlieren

In frühester Kindheit stehen uns jedoch nur sehr spärliche Maßnahmen zur Verfügung, um jene unerfreulichen Folgen zu bekämpfen, die sich gewöhnlich einstellen, wenn wir ignoriert, lächerlich gemacht oder kritisiert werden. Mit zunehmendem Wachstum beginnt die Summe dieser negativen Begegnungen, die Bewertung unseres Selbst und unsere Erwartungshaltung gegenüber der Außenwelt zu beeinflussen. Wir empfinden ein Defizit und ein natürliches Verlangen, dieses Defizit durch Energie von anderen Menschen auszugleichen.

Vermutlich haben Sie sich selbst schon einmal in einer Gruppe von Menschen befunden, in der die Konversation sich zu immer neuen Höhen aufzuschaukeln schien. Sie haben ihrerseits den ganzen Abend damit verbracht, eine günstige Gelegenheit abzupassen, um sich an der Unterhaltung zu beteiligen und eine ihrer Geschichten beizusteuern, als die Unterhaltung mit einem Mal verebbte. Gerade als Ihnen die ersten Worte ihrer Geschichte von den Lippen kommen, lebt die Unterhaltung jedoch mit einem Mal wieder auf, gerade so, als würden Sie überhaupt nicht existieren ... Wenden Sie sich bei solchen Gelegenheiten an Ihren Nachbarn und versuchen Ihren verunglückten Start zu vertuschen? In diesem Fall haben Sie Energie verloren. Und um sie wiederzugewinnen, mußten Sie jemand anderen in Ihren Verlust einbinden und dessen Aufmerksamkeit von der Unterhaltung am Tisch abziehen. Ist Ihnen aufgefallen, wie sich der Blick dieser Person in dieser Situation völlig auf Sie konzentrierte, oder wie derjenige seinen Blick wieder in die Runde schweifen ließ, um festzustellen, ob das Gespräch innerhalb der Gruppe nicht doch von größerem Interesse für ihn sein könnte? Wie haben Sie sich gefühlt, als das Interesse Ihres Nachbarn sich wieder dem Gespräch der Gruppe zuwandte und Sie somit insgesamt zweimal ignoriert wurden, zuerst von der Gruppe und dann von der Person an Ihrer Seite? Was geschah mit Ihrer Energie, als Sie bemerkten, daß Ihnen niemand zuhörte? Aller Wahrscheinlichkeit nach fühlten Sie sich herabgesetzt, möglicherweise sogar unsichtbar. Vielleicht bestätigte Sie dieser Vorgang darin, Ihre ohnehin unnahbare und ruhige Grundhaltung zu verstärken, oder aber Sie reagierten auf aggressive und fordernde Weise, bis man Sie endlich zur Kenntnis nahm. Je nachdem wie es zu dieser Zeit um Ihr Selbstwertgefühl bestellt war, haben Sie das Ereignis entweder beiläufig abgetan, sich selbst für Ihren Mangel an Durchsetzungsvermögen kritisiert oder andere für ihr geringes Maß an Sensibilität verantwortlich gemacht.

> »Der Individualisierungprozeß setzt ein, sobald wir damit beginnen, nach Antworten in uns zu suchen, wenn wir damit aufhören, andere für unsere Gefühle verantwortlich zu machen und anfangen, unsere Emotionen und Intuitionen als unsere Lehrer zu akzeptieren.«[4]
>
> Philip Kavanaugh,
> *Magnificient Addiction*

Indem wir uns bewußt machen, auf welche Weise wir uns herabsetzen, beginnen wir auch, damit Verantwortung für unsere Rolle in diesem negativen Energieaustausch zu übernehmen.

Ego-Zustände

Wie wir anhand der Sechsten Erkenntnis sehen werden, sind derartig gefestigte Ego-Positionen verantwortlich für einen sich immer wiederholenden dramatischen Ablauf in unserem Leben, den wir als Kontroll-Drama bezeichnen. Die Positionen, in denen wir feststecken, können im wesentlichen auf drei wichtige Verhaltensformen zurückgeführt werden. Diese Verhaltensformen werden in Bernes Bestseller *Games People Play* als Eltern-Ego, Kinder-Ego und das Erwachsenen-Ego beschrieben. Das Eltern-Ego entspricht den Kontroll-Dramen des aggressiven Einschüchterers und Vernehmungsbeamten. Das Kinder-Ego entspricht den passiveren Kontrolldramen: Das »arme Ich« und »Das Unnahbare Ich«. Der Zustand eines Erwachsenen, dessen Bewußtsein bereits mit seinem höheren Selbst in Verbindung steht, korrespondiert mit einem höheren Zustand synchronen Wachstums. Anhand dieser unterschiedlichen Ego-Stadien läßt sich leicht erkennen, wie komplex unsere Interaktionen sein können.

Das Eltern-Ego

Nach Bernes Beschreibung besteht das Eltern-Ego im wesentlichen aus Verhaltensweisen und Wertvorstellungen, die bei den eigenen Eltern oder bei anderen Erwachsenen beobachtet und von ihnen übernommen wurden. Jemand, der von dieser Position aus kommuniziert, klingt kritisch, vorurteilsvoll, starrköpfig, selbstgerecht oder übermäßig beschützend und hilfsbereit. In dieser Position braucht man das Gefühl, in Kontrolle zu sein, und versucht daher, andere zu kontrollieren.

Im Verlauf eines Machtkampfes bemerken Sie möglicherweise, daß Ihr Eltern-Ego sehr damit beschäftigt ist nachzuweisen, daß Ihr Gegenüber sich im Unrecht befindet. Ihr Verhalten ähnelt unter Umständen stark dem Verhalten Ihrer eigenen Eltern oder spiegelt deren Wertvorstellungen wider. Befinden Sie sich zum Beispiel im Machtkampf mit Ihrem Ehepartner, und ihr Eltern-Ego ist aktiv, hören Sie sich plötzlich Dinge sagen wie: »Da haben wir's ja wieder! Jedes Mal läßt du die Schranktür offen. Weshalb kannst du nicht ein wenig Ordnung halten?« Vielleicht winden Sie sich innerlich sogar dabei und denken, »Oh, Gott, ich klinge genau wie mein Vater!« Der Gebrauch von Worten wie ›immer‹ oder ›niemals‹ sollte Sie darauf aufmerksam machen, daß Sie dabei sind, Muster der Vergangenheit auf Ihre Gegenwart anzuwenden. Sobald Sie merken, daß Sie sich über die

Verstöße anderer aufzuregen beginnen, sollten Sie es in Betracht ziehen, einen Schritt zurückzutreten und zu beobachten, was währenddessen mit Ihnen geschieht. Müssen Sie kontrollieren, um Energie zu gewinnen?

Das Kinder-Ego

Berne definiert das Kinder-Ego als den vertrauten Teil in uns, der so fühlt, wie wir uns als Säuglinge oder Kleinkinder fühlten. Unsere Manipulationen in diesem Stadium rühren aus einem Empfinden der Schwäche, der Schuld oder der Verantwortungslosigkeit. In dieser Position will das Ego genau das, was es will, und zwar augenblicklich, geht jedoch dabei immer davon aus, daß das eigene Bedürfnis von anderen erfüllt werden muß und daß andere für das eigene Wohlergehen verantwortlich sind.

Das Erwachsenen-Ego

Die dritte Position in der Transaktions-Analyse wird als das Erwachsenen-Ego bezeichnet. Nutzen wir unsere Fähigkeiten, um Informationen aus einer Vielzahl von Quellen zu beziehen, ziehen wir unterschiedliche Möglichkeiten in Betracht und treffen wir Entscheidungen auf der Basis gültiger Informationen, so sprechen wir von einem funktionierenden Erwachsenen-Ego. Wir halten uns im Hier und Jetzt auf. Wir sind uns unserer Gefühle bewußt und wissen, daß wir im Leben Optionen haben. Basierend auf den für uns verfügbaren Informationen sind wir bereit, bestimmte Risiken einzugehen. Wir sind in der Lage, in Betracht zu ziehen, was andere zu unseren Vorhaben zu sagen haben, vertrauen jedoch auf unser eigenes Urteilsvermögen, wenn es um die endgültige Entscheidung geht. Wir sind durchaus in der Lage, von unserer Meinung abweichende Ansichten zur Kenntnis zu nehmen, ohne uns dadurch bedroht zu fühlen oder in eine Meinungsstarre zu verfallen, in der wir das Gefühl haben, als würden wir entweder gewinnen oder verlieren. Wir haben Verbindung mit unseren Gefühlen, drücken uns so akkurat wie möglich aus und wissen, daß uns mehr enthüllt werden wird, wenn wir offener für den Ausgang von Ereignissen sind. Diese Position des Erwachsenen zeugt von der Bereitschaft des Egos, Intuition und eine innere Wegführung als maßgebliche Fakultäten anzuerkennen.

»... der sicherste Weg sich verrückt zu machen, besteht darin, sich in die Angelegenheiten anderer einzumischen, und der kürzeste Weg zu einem gesunden und glücklichen Leben besteht darin, sich um seine eigenen Dinge zu kümmern.«[5]

Melody Beattie,
Codependent No More

Machtkämpfe und Ego-Zustände

Irrationale Machtkämpfe scheinen immer dann aufzutauchen, wenn wir der Ansicht sind, durch die Manipulationen anderer an Energie zu verlieren und uns dagegen zur Wehr setzen zu müssen, um die Kontrolle über unsere Situation zu behalten.

Um uns von unserem Kontrollbedürfnis zu befreien, ist es am sinnvollsten, sich auf die eigenen Gefühle zu konzentrieren, sobald wir uns gefangen oder von tiefer Unruhe befallen fühlen. Es ist nicht notwendig, die andere Person zu analysieren oder zu verändern. Wir brauchen uns lediglich zu fragen: »Was fühle ich jetzt, in diesem Augenblick? Was benötige ich in diesem Augenblick?« Haben Sie Ihr Selbst und ihre intuitiven Gefühle einmal kontaktiert, so haben Sie auch Kontakt mit dem Erwachsenen-Ego aufgenommen – Sie können es sich jetzt leisten, anderer Meinung zu sein, und müssen nicht unbedingt gewinnen. Auf diese Weise verlagern Sie Ihre Aufmerksamkeit darauf, sich mit der universellen Energiequelle zu verbinden.

Machen Sie sich Ihre täglichen Interaktionen bewußt und achten

Sie darauf, ob Sie von der Position der Eltern, des Kindes oder der des Erwachsenen aus mit anderen Menschen kommunizieren.

Achten Sie auf den Austausch von Energie in Ihrem Freundes- und Bekanntenkreis sowie an Ihrem Arbeitsplatz. Wie authentisch verhalten Sie sich? Gibt es Menschen, in deren Gegenwart Sie Ihre Energie blockieren? In wessen Gegenwart halten Sie sich am häufigsten in der Position des Erwachsenen-Egos auf?

Zwischenmenschliche Spiele

Werden bestimmte Muster häufiger wiederholt, so können sie als zwischenmenschliche Spiele bezeichnet werden. Die Variationsmöglichkeiten in diesem Ringen um Aufmerksamkeit sind nahezu unerschöpflich. Selbst ohne tiefgehende Analyse der Spielregeln, dieses in der Vierten Erkenntnis beschriebenen Tauziehens um Energie, wissen wir, daß wir es im Rahmen unserer Familien, Freunde und Mitarbeiter bereits erlebt haben. Wir brauchen nur auf die Bezeichnungen der einzelnen Typen zu hören. Ein klassisches Spiel des Typus »Vernehmungsbeamter« heißt zum Beispiel »Weshalb machst du nicht – Ja – Aber.« Bei diesem Spiel hört die »Ja–Aber«-Persönlichkeit zu, befindet aber jeden Vorschlag des Gegenübers für mangelhaft und bindet Energie an sich, indem sie jeden Lösungsvorschlag für das von ihr gestellte Problem von sich weist. Hat die »Ja–Aber«-Persönlichkeit den Problemlöser um jede mögliche Lösung befragt, so hat sie die Option, sich entweder an jemand anderen zu wenden oder das gleiche Spiel zu einem späteren Zeitpunkt und anhand eines anderen Problems fortzuführen.

Ein weiteres Spiel, diesmal vom »armen Ich« gesteuert, wird von Berne als »Sieh mal, wie sehr ich mich angestrengt habe«-Spiel bezeichnet. Es hat seinen Ursprung in der Position des Kinder-Egos und verstärkt Hilflosigkeit sowie Mangel an Zurechnungsfähigkeit. Die betreffende Person bindet Energie an sich, indem sie gerade genug an Scheinaktivitäten liefert, um von ihren Mitmenschen – zum Beispiel in einer Arbeitssituation – nicht völlig abgeschrieben zu werden.

»Nur wegen dir« heißt ein Spiel, das unter Eheleuten, Teenagern, Süchtigen und im Beruf gespielt werden kann. Dieses Spiel hat die Eigenschaft, den Energiefluß auf besonders exquisite Weise zu kontrollieren, da bestimmte Personen durch Konfrontation mit ihrer angeblichen Schuld dazu veranlaßt werden, Energie zu senden. An der Wurzel dieses Energieaustausches steht die panische Angst vor dem Einlassen auf ein Risiko oder vor einer grundlegenden Veränderung der herrschenden Zustände, die durch die Vorschiebung der anderen Person verschleiert werden soll. Gloria, eine sechsundfünfzigjährige Hausfrau, machte zum Beispiel die schlechte Gesundheit ihres Ehemannes dafür verantwortlich, daß sie zu Hause bleiben mußte. In Wirklichkeit hatte sie eine fundamentale Angst davor, sich auf dem Arbeitsmarkt behaupten zu müssen.

Wenn uns Menschen ihre Energie und Kraft freiwillig zur Verfügung stellen

In den *Prophezeiungen von Celestine* trifft unser Held unverhoffterdinge wieder auf Marjorie, eine der Forscherinnen, die er an der Viciente Lodge kennengelernt hat. Während er sich mit ihr in einem Café unterhält, fällt ihm auf, wie mühelos und fließend die Konversation zwischen ihnen beiden verläuft. Die Energie, die sie ihm zukommen läßt, gibt ihm das Gefühl zu expandieren, und bald fühlt er sich lebendig und erfrischt. Die Schilderung dieser Begegnung dient dazu, uns zu verdeutlichen, wie in dieser Entwicklungsstufe des Helden Energie zwischen zwei Menschen fließt. Später wird unser Held vor der Entwicklung suchthafter Beziehungen gewarnt, in denen nicht beide Partner in ihrem Selbst ruhen und in der Lage sind, die Energie des anderen anzunehmen, ohne sich davon abhängig zu machen.

Ein Bewußtsein darüber zu gewinnen, wie wir mit anderen im Wettstreit um Energie stehen, ist ein erster Schritt zur Rückgewinnung unserer Kraft. Sobald wir aufhören, danach zu trachten, uns bei anderen Menschen mit Energie zu versorgen, und statt dessen nach innen, auf unsere eigene Verbindung mit der universellen Energiequelle schauen, stellt sich auch die natürliche Balance allmählich wieder ein.

Der Abschied vom Bedürfnis, kontrollieren zu müssen

Während wir dieses Kapitel verfaßten, sprachen wir zufällig den Schauspieler Noah Wyle, der eine Woche vor dem Interview für eine Pilotsendung aus der Werkstatt Steven Spielbergs unter Vertrag genommen worden war. Noah hatte eben die Lektüre der *Prophezeiungen von Celestine* beendet und teilte uns mit, wie er gelernt hatte, sein Kontrollbedürfnis loszulassen.

»Normalerweise bin ich mir während einer Vorsprechprobe schmerzhaft bewußt, wie sehr mein Energiehaushalt von anderen Leuten beeinflußt wird. Jede unfreundliche Bemerkung, selbst ein zweideutiger Blick, reicht gewöhnlich aus, um mich völlig aus der Fassung zu bringen. Auch ich bin in diesen Situationen permanent damit beschäftigt, andere zu beurteilen – die anderen Schauspieler, die Leute von der Besetzungsagentur, und vor allem mich selbst.« Noah berichtete, daß es dieses Mal anders gewesen sei.

»Ich hatte gerade *Die Prophezeiungen von Celestine* gelesen und mir vorgenommen, die Situation einmal grundlegend anders anzugehen. Normalerweise versuche ich mein Selbstvertrauen und meinen Mut so gut es geht aufzubauen, was sich jedes Mal forciert und sogar ein bißchen angsterregend anfühlt – gerade so, als würde ich tief im Herzen an mir selbst zweifeln. Deshalb beschloß ich diesmal, mich ohne jede Agenda in die Situation zu begeben und einfach zuzuschauen, was sich dort entwickeln würde. Ich war fest entschlossen, mir weder durch gute noch durch schlechte Vorkommnisse meinen entspannten und friedfertigen Zustand verderben zu lassen und Spaß bei der Sache zu haben.« Wir fragten Noah, ob er sich schon immer für metaphysische oder spirituelle Ideen und Gedanken interessiert hätte.

»Kein bißchen. Ich war ein totaler Skeptiker, bis mir jemand das Buch zu lesen gab. Danach veränderte sich meine gesamte Einstellung darüber, wie ich mich während einer Vorsprechprobe zu verhalten habe.« Wie genau hat das funktioniert?

»Zunächst einmal habe ich mich außerordentlich offen gefühlt. Ich habe die Dinge auf mich zukommen lassen und sie wie ein Geheimnis betrachtet, das sich direkt vor meinen Augen entfaltete – nicht wie irgendein verzagtes Unterfangen, das zwangsläufig zu einer Enttäuschung führen muß. Trotzdem war ich entschlossen, mein Bestes zu geben, und tatsächlich war besagte Vorsprechprobe eine der besten in meiner bisherigen Karriere. Noch bevor ich wieder zu Hause angekommen war, hatte ich die Rolle bekommen.«

Noah sagte weiterhin: »Ich erlebte den gesamten Vorgang aus einer anderen Perspektive, weil ich mich zum ersten Mal nicht von anderen beurteilt fühlte. Ich hatte das Gefühl, meine innere Geschlossenheit übertrüge sich auch auf die anderen Anwesenden. Mir wurde klar, daß ich alles zurückerhalte, was ich aussende. Ich bin jetzt in der Lage, meinen Blickwinkel leichter zu verändern, indem ich mich zum Beispiel auf einen Baum am Wegesrand konzentriere. Gelingt es mir, die Schönheit des Baumes zu erkennen, ist es mir gewöhnlich auch möglich, den Rest meiner Umgebung zu würdigen, was augenblicklich zu einer positiveren Gesamthaltung führt.«

Haben wir einmal damit aufgehört, Kontrolle als Mittel zur Erreichung unserer Ziele einzusetzen, findet eine mirakulöse Wandlung in unserem Leben statt. Der universellen Kraft die Leitung zu überlassen, ist gleichbedeutend damit, dem Geheimnis Einzug in unser Leben zu gewähren und sich wieder wahrhaft lebendig zu fühlen. Obwohl nicht jeder Widerstand und jeder Kampf notwendigerweise einen »schlechten« Beigeschmack haben müssen, da diese Situationen uns Auskunft darüber geben, was in unserem Leben der Änderung bedarf, so gibt es doch eine interessantere und aufregendere Weise zu leben, als permanenten Konflikt.

Eine der führenden Autorinnen, die sich mit Metaphysik und

Transformation befaßt, ist Shakti Gawain. In ihrem Buch *Living In the Light* beschreibt sie ihre eigene Transformation.

> »Irgendwann verlor ich das Interesse daran, mein Leben kontrollieren zu müssen. Ich übte mich darin, mein Schicksal dem Universum zu übergeben und herauszufinden, was ›es‹ von mir verlangte. So entdeckte ich, daß wir auf lange Sicht gar nicht so weit auseinanderlagen. Das Universum scheint zu wollen, daß ich bekomme, was ich will, allerdings scheint es besser zu wissen, wie es imstande ist, mich an den entsprechenden Punkt zu führen. Durch diese Hingabe veränderten sich die Schwerpunkte in meinem Leben. Anstatt herauszufinden, was ich will, mir Ziele zu setzen und zu kontrollieren, was mit mir geschieht, begann ich, mich darum zu kümmern, was meine Intuition mir eingab, und danach zu handeln – selbst wenn ich nicht immer wußte, warum ich etwas tat. Ich hatte das Gefühl loszulassen, meine Kontrolle aufzugeben und einer höheren Kraft zu gestatten, die Führung zu übernehmen.«[6]

Die Kernaussage der Vierten Erkenntnis besteht darin, uns zu verdeutlichen, daß unser Bedürfnis, den Energiefluß in der Interaktion mit anderen Menschen zu kontrollieren, aus dem Verlangen nach psychologischer Erhöhung stammt. Sind Sie sich dieser Tendenz im Umgang mit anderen einmal bewußt geworden, kann es sein, daß Sie in Ihrem Kommunikationsverhalten etwas ändern wollen. Es liegt in der menschlichen Natur, etwas »tun« zu müssen. Am wichtigsten für Ihre persönliche Entwicklung ist es, Ihr Bewußtsein über die Beziehung zwischen sich und dem Universum zu erhöhen. Sollten Sie in Ihrem Leben radikale Veränderungen erwarten oder damit rechnen, urplötzlich nur noch harmonische Beziehungen zu unterhalten, sich statt dessen jedoch immer wieder dabei erwischen, wie Sie mit anderen um Energie wetteifern, so werfen Sie die Flinte nicht gleich ins Korn. Dies heißt nämlich nicht, daß Sie nicht kapieren, was gefordert ist. Was immer Sie wissen müssen, wird Ihnen auch zum richtigen Zeitpunkt präsentiert werden. Frustriert Sie Ihr scheinbar langsames Vorankommen, so trösten Sie sich damit, daß alle neuen Erkenntnisse ihre Zeit brauchen, um von Ihnen in Ihr System von Glaubens- und Wertvorstellungen integriert zu werden.

Zusammenfassung der Vierten Erkenntnis

Die Vierte Erkenntnis macht uns bewußt, daß Menschen häufig dazu neigen, sich von ihrer inneren Verbindung mit der mystischen Energie abzuschneiden. Als Resultat davon fühlen wir uns geschwächt und verunsichert und versuchen, uns Energie von anderen Menschen zu beschaffen, indem wir sie manipulieren oder ihre Aufmerksamkeit auf uns lenken. Gelingt dies, spüren wir einen Energieschub, der uns stärkt, das Gegenüber jedoch schwächt. Oft wehren andere sich gegen diesen Energieraub, und es kommt zu einem Machtkampf. Jeder Konflikt auf der Welt entstammt ursprünglich diesem Wettstreit um menschliche Energie.

Zur weiteren Lektüre empfohlen:

Eric Berne: *Games People Play.* 1964
Blaine Justice: *Who Gets Sick?* 1988
Stanislav and Christina Grof: *Spiritual Emergency: When Personal Transformation Becomes a Crisis.* 1989
R. D. Laing: *The Politics of Experience.* 1983
Carolyn Foster: *The Family Patterns Workbook.* 1993
Terence T. Gorski: *Getting Love Right: Learning the Choices of Healthy Intimacy.* 1993
Carol Lee Flinders: *Eduring Grace.* 1993
Paramahansa Yogananda: *Autobiography of A Yogi.* 1993
Charles Tart: *Altered States of Consciousness.* 1992

Einzelstudium zur Vierten Erkenntnis

Die folgenden Übungen dienen zur weiteren Erhöhung Ihrer Wahrnehmungsfähigkeit. Während Sie die Übungen in diesem Buch vornehmen, werden sich Ihre Schwingungen zunehmend verfeinern und Sie werden exakt jene Situationen anziehen, die es Ihnen am besten ermöglichen zu lernen. Wann immer Sie an einer der Übungen aus diesem Buch arbeiten, sollten Sie darauf achtgeben, was sich in den darauffolgenden zweiundsiebzig Stunden in Ihrem Leben abspielt. Es könnte sein, daß Sie so auf eine einmalige Möglichkeit stoßen, ein Muster zu erkennen, das Sie schon seit langem verändern wollten.

Übung 1: Entdeckung selbstgeschaffener Hindernisse

Zweck: Herauszufinden, ob Sie sich unnötige Schwierigkeiten bereiten, um Energie von anderen zu gewinnen.

Anweisungen: Wenn Sie das nächste Mal auf eine Situation stoßen, die Ihnen wie ein Machtkampf erscheint, achten Sie darauf, wie Sie Ihren Standpunkt rechtfertigen oder ob Sie einer Lösung des Konfliktes im Wege stehen. Beantworten Sie die untenstehenden Fragen in Ihrem Tagebuch.

Sie können außerdem einen Freund oder eine Freundin darum bitten, Ihnen bei der folgenden Übung behilflich zu sein, indem er oder sie die jeweiligen Fragen stellt, ohne jedoch auf Ihre Antworten zu reagieren, bis Sie alle Fragen beantwortet haben. Ihr Gegenüber sollte kurze Notizen zu Ihren Antworten, entweder in Ihrem Tagebuch oder auf einem extra Blatt Papier, machen. Sollten Sie Resonanz auf Ihre Antworten wünschen, bitten Sie Ihr Gegenüber, das Wichtigste daran zusammenzufassen.

Die Entdeckung selbstgeschaffener Hindernisse

1. **Begeben Sie sich mental in eine Situation, die Sie als Machtkampf empfinden**
   a) Beschreiben Sie mit wenigen Worten die Situation.
   b) Was sind Ihre Gefühle in dieser Situation?
   c) Was versuchen Sie zu erreichen?
   d) Wie würden Sie sich in dieser Situation gern fühlen?
   e) Was sind Ihre dringendsten Bedürfnisse in dieser Situation?
   f) Interagieren Sie von einer Position des Eltern- oder Kinder-Egos?
   g) Haben Sie sich in eine scheinbar ausweglose Situation manövriert?

2. **Selbstgerechtigkeit**
   a) In welcher Weise haben Sie Ihr Gegenüber abgestempelt und was tun Sie dazu, Ihre Vorurteile ihm gegenüber zu bestätigen?

3. **Schwarzweißmalerei**
   a) Limitieren Sie Ihre Möglichkeiten, indem Sie auf einen bestimmten Ausgang des Geschehens hinarbeiten? Nennen Sie drei alternative Möglichkeiten für einen Ausgang der Situation.

4. **Konzentration auf Ihre Furcht**
   a) Wovor haben Sie am meisten Angst?

5. **Das Projizieren eigener Probleme auf das Gegenüber**
   a) Zeigt Ihnen der vorliegende Konflikt etwas, was Ihnen vorher nicht bewußt war?
   b) Interpretieren Sie die Handlungen Ihres Gegenübers durch den Filter Ihrer eigenen Ängste?
   c) Reflektiert Ihr Gegenüber einen Teil Ihres eigenen uneingestandenen Ärgers, Hasses, sexueller Regungen oder Vorurteile?

6. **Perfektionismus oder Verwirrung als Entschuldigung, sich nicht bewegen zu müssen**
   a) Sind Sie unwillens voranzuschreiten, bevor nicht alles »perfekt« ist, oder weil Sie noch nicht »perfekt« sind?
   b) Geben Sie vor, verwirrt zu sein, anstatt zu erkennen und zuzugeben, was Sie wirklich wollen oder in Angriff nehmen müssen?

7. **Konzentration auf den Kampf anstatt auf die Lösung**
   a) Investieren Sie Energie in diesen Machtkampf, anstatt Verantwortung für sich zu übernehmen und »vor Ihrer eigenen Tür zu kehren«?

8. **Konzentration auf Probleme, um Energie an sich zu binden**
   a) Konzentrieren Sie sich auf dieses Problem, um sich der Illusion hingeben zu können, wenigstens eine Sache in ihrem Leben unterstände Ihrer Kontrolle?

b) Was haben Sie davon, sich ohne Unterlaß auf dieses Problem zu konzentrieren?

9. Wenn untergründige Angst Ihr Leben bestimmt

a) Was kann für Sie schlimmstenfalls aus dieser Situation hervorgehen?
b) Was wäre noch schlimmer als a?
c) Was fürchten Sie noch mehr als b?
d) Sind Ihre schlimmsten Befürchtungen in dieser Situation realistisch?
e) Komplettieren Sie folgende Aussage: »Die Situation wird von meiner Angst vor (siehe unter c) ... bestimmt.«

10. Die Umwandlung selbstgeschaffener Hindernisse

a) Was wollen Sie von Ihrem Gegenüber, könnten es sich jedoch selbst beschaffen?
b) Was könnten Sie anders machen?
c) Wie könnte Ihnen das Universum bei der Auflösung dieser Situation behilflich sein?

Übung 2: Sechs Vorsätze, die Ihnen dabei behilflich sein werden, mit der universellen Energie in Verbindung zu bleiben.

Zweck: Die folgende Liste von Vorsätzen kann Ihnen dabei behilflich sein, die Erkenntnisse der *Prophezeiungen von Celestine* in Ihre Beziehungen zu integrieren.

Anweisungen: Machen Sie sich mit den folgenden Konzepten vertraut und rufen Sie sie sich so oft wie möglich am Tag ins Gedächtnis. Unter Umständen kann es hilfreich sein, die sechs Punkte auf einer Karteikarte zu notieren und für ein paar Wochen auf Ihrem Schreibtisch aufzubewahren. Achten Sie verstärkt darauf, was sich in Ihren Beziehungen zu anderen Menschen verändert. Tragen Sie eventuell auftretende Veränderungen in Ihrem Leben in Ihr Tagebuch ein.

Ich erhöhe meine Aufmerksamkeit der Energie gegenüber.
Einer der besten Wege, Ihr Kontrollbedürfnis zu transformieren, besteht darin, sich mehrere Male am Tag selbst zu überprüfen. Üben Sie sich darin, den Energiefluß innerhalb Ihres Körpers zu beobachten: Wie fühlt sich Ihr Magen an? Bei welcher Gelegenheit beginnt Ihr Nacken zu schmerzen?

Machen Sie sich die Energie bewußt, die zwischen Ihnen und anderen fließt. Bei welchen Gelegenheiten fühlen Sie sich ausgelaugt? Wann fühlen Sie sich erfrischt und gestärkt?

Ich habe eine starke innere Verbindung mit meinem höheren Selbst.
Nehmen Sie sich Zeit, sich mit Ihrem höheren Selbst zu verbinden. Dies hilft Ihnen und anderen. Gestatten Sie sich alle paar Stunden eine Pause und schließen Sie dabei die Augen. Verbinden Sie sich im Geist mit einem Bild aus der Natur oder einem liebevollen Energieaustausch, an dem sie kürzlich teilhatten. Fühlen Sie, wie sich dieses Gefühl wieder in Ihrem Körper ausbreitet. Fühlen Sie, wie Sie sich dabei zu vergrößern scheinen.

Meine besten Entscheidungen treffe ich, wenn ich mit meiner inneren Weisheit in Verbindung stehen.
Versuchen Sie, keine Entscheidungen zu treffen, solange Sie sich müde, hungrig und ärgerlich fühlen oder unter Zeitdruck stehen.

Habe ich mich einmal für etwas entschieden, dann setze ich die Entscheidung auch in die Tat um.
Haben Sie sich einmal für etwas entschieden und lassen Sie dann Zeit verstreichen, ohne auch nur einen kleinen Schritt in die neue Richtung zu setzen, so können Sie sehr leicht deprimiert werden oder an Energie verlieren. Ihre Entscheidungen in die Tat umzusetzen, verleiht Ihnen Kraft für den nächsten Schritt.

Leiden Sie unter Energiemangel und fällen aus dieser Disposition heraus Entscheidungen, so kann es sein, daß Ihnen dabei wichtige Fügungen entgehen. Erinnern Sie sich daran, was Wil unserem Helden in der Vierten Erkenntnis sagte: »Halte die Augen auf und achte auf alles, was um dich herum geschieht.«

Ich werde mir Zeit nehmen, über wichtige Entscheidungen nachzudenken.
Sind Sie erst einmal in einen Machtkampf verwickelt, ist es nicht mehr ganz so einfach, eine Entscheidung zu treffen, die Sie später nicht bereuen werden. Fühlen Sie sich zu etwas gedrängt, überrumpelt oder aus irgendeinem Grund in Ihrer Freiheit beschnitten, so nehmen Sie sich unbedingt die notwendige Zeit, um sich wieder auf Ihren ursprünglichen Ausgangspunkt zu besinnen. Halten Sie ein »Rettungsstatement« bereit, für den Fall, daß Sie sich aus einer Situation zurückziehen wollen, in der Sie sich unter Druck gesetzt fühlen. Pamela, eine Buchhalterin, die sich gerade selbständig gemacht hatte, sagte z.B: »Ich würde Ihnen wirklich gern behilflich sein. Geben Sie mir einen Augenblick Zeit, um herauszufinden, wie wir da am besten vorgehen können.« Oder: »Klingt interessant. Ich werde Sie in dieser Angelegenheit umgehend zurückrufen.« Halten Sie sich an Ihre Statements.

Ich vertraue darauf, daß mein Werdegang mich zu einer höheren Entwicklungsstufe führt
Jedesmal wenn Sie sich gestärkt fühlen, befinden Sie sich in einer feineren Schwingung. Bestätigen Sie sich jeden auch noch so kleinen Schritt, den Sie erfolgreich in diese Richtung unternehmen. Auf diesem neuen Level werden Sie das Gefühl haben, sich Ihrer Bestimmung zu nähern, und dieses Gefühl wird weitere Fügungen in Ihr Leben bringen.

Übung 3: Neue Verhaltensformen

Zweck: Ihre Energie zu fokussieren und gleichzeitig fließen zu lassen.

Anweisungen:
a) Wählen Sie eine der folgenden Verhaltensmöglichkeiten. Beschreiben Sie in Ihrem Tagebuch, wie Sie sie auf ein Problem in Ihrem gegenwärtigen Leben anwenden.
b) Oder wählen Sie eine der folgenden Verhaltensmöglichkeiten und üben Sie sich für die Dauer einer Woche darin. Spüren Sie einen Energiezuwachs? Fühlen Sie sich offener? Eröffnen sich neue Möglichkeiten?

Verhaltensmuster, die Ihnen dabei helfen werden, Ihre Energie zu fokussieren und im Fluß zu halten:

- Halten Sie sich nur im Moment auf.
- Bleiben Sie in Ihrem Selbst – seien Sie authentisch.
- Hören Sie auf Ihre Gefühle.
- Hören Sie aufmerksam zu – verschaffen Sie sich Gewißheit, wenn Ihnen etwas unklar ist.
- Bleiben Sie in der Position des Erwachsenen-Egos.
- Konzentrieren Sie sich darauf, wie Sie sich fühlen wollen.
- Sagen Sie die Wahrheit.
- Fixieren Sie sich nicht ausschließlich auf eine Lösungsmöglichkeit.
- Geben Sie dem Geheimnis Zeit, sich zu entfalten.
- Bleiben Sie offen.

> »Eine Veränderung tritt nicht dadurch ein, daß wir uns selbst dazu zwingen, uns zu verändern, sondern indem wir uns bewußt machen, was nicht funktioniert.«[7]
>
> Shakti Gawain, *Living in the Light*

Ihr Leben auf der Erde hat einen Sinn, der Ihnen nach und nach enthüllt werden wird. Behalten Sie die Fragen, die Sie augenblicklich am meisten beschäftigen, im Vordergrund ihres Bewußtseins. Wenn Sie nicht mehr weiterwissen, bitten Sie das Universum um Klärung.

Meditation zur Verbindung mit der inneren Weisheit

Stufe 1: Setzen oder legen Sie sich in einer bequemen Stellung nieder, so daß Sie für die Dauer von 15 bis 20 Minuten nicht gestört werden können. Konzentrieren Sie sich ganz auf Ihren Atem und atmen Sie einige Male tief ein. Erlauben Sie Ihrem Körper, sich zu entspannen, und lassen Sie Ihren Verstand zur Ruhe kommen. Lassen Sie jeden aufkommenden Gedanken wieder ziehen. Lassen Sie alle Gedanken ruhig kommen und wieder gehen, ohne an ihnen festzuhalten.

Stufe 2: Wenden Sie Ihre Aufmerksamkeit nun dem Zentrum Ihres Seins zu – wo immer sich dieses Ihrer Annahme nach befinden mag. Stellen Sie sich vor, daß Ihre innere Weisheit an diesem Ort ruht. An diesen tiefen und ruhigen Ort können Sie nun jede Frage oder Angelegenheit bringen, über die Sie gerne mehr erfahren würden. Befragen Sie Ihre innere Weisheit: »Was muß ich hier tun? Was kann ich aus dieser Situation lernen?« Hören Sie darauf, was Ihnen Ihre Intuition rät. Merken Sie sich eventuell auftretende Suggestionen, die auf eine spätere Handlung hindeuten könnten. Sobald Sie den Eindruck haben, die Meditation sei abgeschlossen, ist sie beendet.

Stufe 3: Handeln Sie Ihrer Intuition entsprechend. Wenn Sie sich auf der richtigen Fährte befinden, werden Sie sich lebendiger fühlen, und Türen werden sich für Sie öffnen. Fügungen können vermehrt auftreten.

Arbeitsgruppe zur Vierten Erkenntnis

Session 7

Dauer: 2 Stunden 30 Minuten

Zweck: Studium der Vierten Erkenntnis und Klärung der Frage wie wir um Energie streiten.

Einleitung

Dauer: 10 bis 15 Minuten

Anweisung: Eröffnen Sie die Session, indem jeder kurz über eventuelle Fügungen oder Einsichten berichtet, die ihm in der vergangen Woche gekommen sind.

Übung 1: Diskussion der Vierten Erkenntnis

Dauer: Ungefähr 30 bis 40 Minuten oder bis die Gruppe entscheidet, sich der nächsten Übung zuzuwenden. Bestehen ausreichend Interesse und Energie, so kann dieses Thema für den größten Teil des restlichen Abends weiter bearbeitet werden.

Zweck: a) Festzustellen, inwieweit die einzelnen Gruppenmitglieder ein Verständnis dafür besitzen, wie sie im Alltag um Energie wetteifern; b) Jedem Gruppenmitglied die Möglichkeit zu geben, sich über Energieverlust oder verwirrende Lebensituationen zu äußeren.

Anweisungen: Lassen Sie jemanden die Zusammenfassung der Vierten Erkenntnis auf Seite 125 f. bis zur Überschrift »Frühe Kindheit« laut vorlesen. Sprechen Sie über die unterschiedlichen Auffassungen, die zu dieser Erkenntnis bestehen, und suchen Sie in der jüngsten Vergangenheit der Gruppe nach interessanten Beispielen für einen Energieaustausch. Sobald die Gruppe fortschreiten will, ist die Übung beendet.

Übung 2: Die Diskussion der Haltung in der Familie

Dauer: Ungefähr 15 Minuten pro Person jedes Paares/Partners, 15 Minuten für die Besprechung in der Gruppe. Insgesamt 45 Minuten.

Zweck: Aufzeigen der unterschiedlichen Dynamiken innerhalb der Familie und zu erkennen, auf welche Weise Menschen versuchen Energie und Aufmerksamkeit zu erlangen.

Anweisungen:
- Suchen Sie sich einen Partner und stellen Sie ihm oder ihr in den nächsten fünfzehn Minuten drei oder vier (falls Zeit ist, auch mehr) der folgenden Fragen:
- Wer waren die Mitglieder Ihrer Familie?

- Nennen Sie das »Motto« Ihrer Familie (z. B. »jeder für sich«, oder »vorsichtig in die Zukunft« oder »traue keinem Fremden« etc.)
- Wer war das Oberhaupt Ihrer Familie?
- Was haben Sie als Kind über Ihre Familie gedacht?
- Was haben Sie von den in Ihrer Familie vertretenden Werten gehalten?
- Inwiefern reflektiert Ihr heutiges Leben diese Werte?
- Inwiefern reflektiert Ihr heutiges Leben diese Werte nicht?
- Mußten Sie um Ihre Individualität kämpfen? Wenn ja, wie?
- Was hat Ihrer Familie am besten an Ihnen gefallen? Weswegen sind Sie gewöhnlich in Schwierigkeiten geraten?

Nach einer halben Stunde treffen Sie wieder in der Gruppe zusammen. Freiwillige können ihre Erfahrungen mitteilen.

Übung 3: Meditation zur Verbindung mit der inneren Weisheit

Dauer: Ungefähr 15 bis 20 Minuten, je nachdem, wieviel Zeit noch verbleibt. Sollte nicht mehr genügend Zeit für diese Übung sein, so schlagen Sie vor, daß die Gruppenmitglieder die entsprechende Individualstudie gleichen Titels daheim vornehmen.

Anweisungen:
- Lassen Sie jemanden die Anleitungen zur Meditation in der Individualstudie vorlesen. Die restliche Gruppe soll sich entspannen. Planen Sie genügend Zeit ein, damit die Gruppenmitglieder sich nach erfolgter Meditation über ihre Erfahrungen austauschen können.

Abschluß:

Anfragen nach Hilfe. Übermittlung liebevoller Energie.

Für die folgende Session:
Lesen Sie die Anweisungen zum Einzelstudium in diesem Kapitel und wählen Sie eine der Verhaltensweisen zur Übung aus. Teilen Sie Ihre Erfahrungen und Resultate während des nächsten Treffens den anderen mit.

Arbeitsgruppe zur Vierten Erkenntnis

Session 8

Dauer: 2 Stunden 30 Minuten

Zweck: Vertiefung der Vierten Erkenntnis.

Einleitung

Eröffnen Sie die Session, indem jeder der Anwesenden kurz berichtet, wie er oder sie sich im Augenblick fühlt, und indem jeder die wichtigsten Ereignisse der vergangenen Woche mitteilt, sofern sie sich auf die Vierte Erkenntnis beziehen.

Besprechen der Hausaufgaben

Möglicherweise wollen einige der Gruppenmitglieder darüber sprechen, was sie von der Anwendung der neuen Verhaltensmuster aus dem Einzelstudium gelernt haben. Durch den Austausch von Einsichten, Fügungen und persönlichen Geschichten hebt sich der Energielevel der Gruppe. Die Wirkung auf den einzelnen verstärkt sich. Sollte für die vorangegangene Woche eine Hausaufgabe vereinbart worden sein, so sprechen Sie über den Verlauf der Woche. Dies hilft den Gruppenmitgliedern dabei, sich zu verdeutlichen, wie wichtig es ist, möglichst offen und aufmerksam zu bleiben.

Übung 1: Meditation zur Transformation von Machtkämpfen.

Dauer: Ungefähr 20 bis 30 Minuten für die Meditation und 30 Minuten für die Diskussion. Lassen Sie sich bei dieser Übung unbedingt soviel Zeit wie Sie benötigen.

Zweck: Sich Klarheit über eine ganz bestimmte Situation innerhalb Ihres Lebens zu verschaffen und mit der Heilung daran zu beginnen.

Anweisungen:
- Setzen Sie sich bequem hin und schließen Sie die Augen.
- Lassen Sie die folgenden Schritte von einem Freiwilligen vorlesen.
- Atmen Sie ein paar Mal tief ein und konzentrieren Sie sich darauf, Ihre Energie ins Zentrum Ihres Seins zu bringen.

Nach einer kurzen Zeit der Entspannung beginnen Sie damit, langsam die folgenden Fragen zu stellen. Lassen Sie den Gruppenmitgliedern ausreichend Zeit, um sie in Stille während Ihrer Mediation beantworten zu können:
- Vergegenwärtigen Sie sich ein Problem, das Sie mit einem anderen Menschen haben.
- Wie haben Sie sich das letzte Mal anläßlich einer Unterhaltung mit der betreffenden Person gefühlt oder wenn Sie mit ihr Probleme hatten?
- Worum geht es Ihnen bei diesem Problem hauptsächlich?
- Was wollen Sie?
- Wie würden Sie sich gern in dieser Angelegenheit oder der betreffenden Person gegenüber fühlen?
- In welcher Weise ähneln Sie dieser Person?
- Was stört Sie am meisten an ihr oder ihm?
- Inwiefern haben Sie ähnliche Wesenszüge?
- Mit welcher Wahrheit halten Sie hinter dem Berg?
- Wann haben Sie von der Position des Eltern-Egos aus mit der betreffenden Person gesprochen?
- Bei welcher Gelegenheit haben Sie sich der betreffenden Person gegenüber wie ein Kind gefühlt?

- Stellen Sie sich vor, wie Sie mit der betreffenden Person aus der Perspektive eines Erwachsenen kommunizieren. Was würden Sie gerne sagen?
- Bitten Sie Ihre innere Weisheit um ein Symbol, das die Bedeutung dieser Situation für Sie repräsentiert – dabei kann es sich um ein Bild, ein Wort, eine Farbe, ein Gefühl handeln –, es spielt keine Rolle was es ist.
- Befragen Sie Ihre innere Weisheit danach, welchen kleinen Schritt Sie zur Lösung des Problems unternehmen könnten.
- Stellen Sie sich vor, daß Sie den Schritt unternommen haben. Wie fühlen Sie sich jetzt?
- Stellen Sie sich jetzt einen Lichtball vor, der im Zentrum Ihres Seins ruht. Erlauben Sie ihm, sich sanft in Ihnen auszudehnen. Fühlen Sie, wie sein Strahlen zunimmt und wie er jeden Teil Ihres Körpers erfüllt. Stellen Sie sich vor, daß dieses Licht sogar die Zellen Ihres Körpers erfüllt.
- Senden Sie dieses Licht jetzt zu jener Person. Bitten Sie das Licht darum, die Situation zu neutralisieren und zu heilen.
- Bitten Sie das Licht darum, Sie zu beleben und Ihnen Klarheit zu verschaffen.
- Fühlen Sie, daß Sie bereit sind, die Kontrolle über den Ausgang dieser Situation aufzugeben. Erinnern Sie sich daran, daß Sie dabei sind, ein Geheimnis zu entdecken.
- Haben Sie Ihre Meditation abgeschlossen, wenden Sie Ihre Aufmerksamkeit wieder der Versammlung zu.
- Tragen Sie jede Information, die für Sie von Bedeutung ist, in Ihr Tagebuch ein.

Räumen Sie jedem Freiwilligen genügend Zeit ein, über seine Erfahrungen während der Meditation zu sprechen und legen Sie dabei besonderen Wert auf die aufgetauchten Symbole. Resonanz anderer auf ein aufgetauchtes Symbol sollte erst dann erfolgen, wenn die betreffende Person sich selbst über ihr Symbol und seine mögliche Bedeutung geäußert hat.

Übung 2: Ein Profil Ihrer Stärken

Zweck: Ein ganzer Mensch zu werden – Ihre Stärken und einzigartigen Qualitäten zu würdigen.

Dauer: 10 Minuten, um die Antworten niederzuschreiben; 10 Minuten pro Person, um das Gegenüber zu beschreiben, und 10 Minuten, um die Erfahrungen mit der Gruppe zu teilen. Insgesamt 30 oder 40 Minuten.

Anweisungen:
Schreiben Sie folgendes nieder:
- Ihre drei herausragendsten Eigenschaften
- Ihre drei herausragendsten geistigen Fähigkeiten
- Ihre drei erfolgreichsten finanziellen Unternehmungen
- Ihre drei ungewöhnlichsten Charaktereigenschaften
- Drei Ihrer menschlichsten Stärken
- Drei Ihrer sozialen Stärken
- Drei Ihrer geschäftlichen Stärken
- Ihre drei Hauptinteressen
- Was ist ihre wertvollste Eigenschaft?

Wählen Sie einen Partner und lesen Sie sich die Liste gegenseitig vor.

Bewahren Sie die Liste an einem gut sichtbaren Ort auf.

Für die folgende Session:
- Üben Sie sich in den neuen Verhaltensformen, die unter der Individualstudie aufgelistet sind.
- Lesen Sie das Romankapitel »Die Botschaft der Mystiker« sowie das folgende Kapitel in diesem Handbuch.
- Jemand sollte für das nächste Treffen ein Aufnahmegerät und meditative Musik mitbringen.

Abschluß:

Anfragen nach Hilfe. Übermittlung liebevoller Energie.

Kapitel 5

Die Botschaft der Mystiker

Im fünften Kapitel stoßen unser Abenteurer und Marjorie auf große Gefahr; ihr Leben wird von Kräften außerhalb ihrer Kontrollmöglichkeiten bedroht. An einer Wegkreuzung, an der die beiden sich zufällig getroffen haben, beginnen peruanische Soldaten plötzlich damit, Jensens Gefolgsleute zu inhaftieren oder zu töten. Unser Mann muß hilflos zusehen, wie Marjorie gefangengenommen wird, und befindet sich kurze Zeit später selbst auf der Flucht vor den Soldaten. Mit dem Blut eines anderen Flüchtlings bespritzt, hastet er in Todesangst in die Berge. Überzeugt, innerhalb der nächsten Stunden sterben zu müssen, ergibt er sich seinem Schicksal und betritt die Welt eines neuen, erweiterten Bewußtseins, nachdem sein Ego sich der Energie seines höheren Selbst öffnete. Unser Held beobachtet, wie seine Verfolger aus scheinbar unerklärlichen Gründen von ihm ablassen. Auf dem höchsten Wipfel fühlt er sich mit einemmal eins mit allem – als seien die Erde, die Sonne und der Himmel Teile seines eigenen Körpers. Er hat eine Vision, in deren Verlauf er die gesamte Schöpfungsgeschichte rekapituliert: Materie verwandelt sich in immer komplexere Formen und schafft so die exakten Lebensbedingungen, die von jedem von uns als Individuum zum Auftauchen und Überleben benötigt wurden und werden. Die nächste Begegnung unseres Helden führt ihn zu Vater Sanchez, einem freundlichen Priester, der zu einem Verbündeten in seiner weiteren Entwicklung wird.

Die Fünfte Erkenntnis

Immer mehr Menschen werden in nächster Zeit transzendentale Zustände erfahren. Die Fünfte Erkenntnis ermuntert uns, die Ausmaße des Universums und unsere unleugbare Einheit damit aus erster Hand zu erfahren. Auf diese Weise gestatten wir uns nicht nur einen großen Quantensprung im Verständnis der Natur der Dinge, sondern sogar einen kurzen Blick in die Zukunft. In transzendentalen Zuständen werden Zeit, Raum und die Naturgesetze umgangen und für gewöhnlich unaussprechlicher Frieden, Liebe sowie ein Gefühl wahrer Heimat empfunden. Das Universum versorgt uns mit allem, was wir benötigen – solange wir dafür offen und empfänglich bleiben. Bis zu diesem Jahrhundert hat sich die menschliche Evolution – unsere physische Präsenz, die Entwicklung unserer Fähigkeiten und unseres technischen Fortschrittes, die Strukturen menschlicher Gesellschaften und unsere verlängerte Lebensdauer – ohne unser Bewußtsein entfaltet.

Die enorme und profunde Veränderung, die das zwanzigste Jahrhundert mit sich brachte, besteht vor allem darin, daß die menschliche Evolution sich von nun an *bewußt* vollziehen wird.

Die Fünfte Erkenntnis sagt voraus, daß während dieser Zeit zunehmend mehr Leute ungewöhnliche Bewußtseinszustände erfahren werden – nicht nur einige Eingeweihte und Praktizierende esoterischer Traditionen. Wir geben uns nicht länger mit dem Gerede über diese Zustände zufrieden, sondern wollen sie jetzt auch am eigenen Leib erfahren.

Kreativität statt Kontrolle. Unsere Intuition verbindet uns mit der universellen Quelle, durch sie werden wir lernen, unser Leben von einem kreativen und kontrollfreien Punkt aus zu gestalten. Die Fünfte Erkenntnis behebt das in der Vierten Erkenntnis beschriebene und durch den Kampf um Energie entstandene Dilemma. Je mehr Menschen durch spirituelle Energie miteinander verbunden sind, desto weniger werden Einzelpersonen und Gesellschaften um Macht oder Energie zu kämpfen haben. Diese Verlagerung wird zunächst in Intervallen eingeleitet und erst allmählich zu einer neuen Form menschlicher Existenz werden.

Aufgabe und Hingabe sind die Schlüssel zum Einklang mit dem Universum. Im Falle unseres Abenteurers wird dieser Einklang durch einen extremen Angstzustand, die Gewißheit, daß er sterben muß, herbeigeführt. Er hat seine Kontrolle aufgegeben und ist willens zu akzeptieren, was ihm als nächstes präsentiert werden wird.

Seine gesamte bisherige Reise kulminiert zu diesem Zeitpunkt im Tod seines alten Bewußtseins und einer Wiedergeburt in ein Leben voller neuer Möglichkeiten.

Die Fünfte Erkenntnis ermutigt den Leser, sich im Erwerb dieses Bewußtseins zu üben, ohne auf göttliche Intervention oder eine Lebenskrise zu warten. Unsere Aufgabe besteht darin, uns allmählich zu öffnen und auf diese Weise unsere Reise zum Zustand der endgültigen Vereinigung anzutreten. Deshalb wird dem Leser empfohlen, sich »bewußt mit Energie aufzuladen, denn nur diese Energie erzeugt die Fügungen, und diese helfen uns dabei, unser neues Bewußtsein auf eine dauerhafte Basis zu stellen.«[1]

Die Erhöhung der Schwingung

Indem wir uns öffnen, unseren Sinn für das Schöne entwickeln und uns darauf konzentrieren, uns mit Energie aufzuladen, gelingt es, unsere Verbindung mit der Energiequelle zu stabilisieren. Mit den Worten von Vater Sanchez:

> »Denk einmal darüber nach: Wenn sich in unserem Leben ein besonderer Glücksfall ereignet, etwas, das unser Leben vorwärtstreibt, dann verwirklichen wir uns gewissermaßen und bekommen dabei ein Gefühl dafür, in welche Richtung uns das Schicksal führt. An diesem Punkt hat sich die Energie, die für das Auftauchen der Fügung verantwortlich ist, in uns gefestigt. Sicher, wir werden den Kontakt wieder verlieren, weil wir es unterwegs mit der Angst zu tun bekommen, doch dieser neu erreichte Energielevel wird von nun an unsere neue Grenze darstellen, zu der wir immer wieder einen einfacheren Zugang finden. Wir sind zu einem neuen Menschen geworden und existieren auf einer höheren energetischen Ebene, einer Ebene höherer Schwingungen.«[2]

Wie unser Held bereits anhand der Dritten Erkenntnis bemerkte, hilft uns die Verbindung mit der kraftvollen Energie urwüchsiger Natur dabei, den Übergang zu dieser Ebene höherer Schwingungen zu vollziehen. Einige Orte in der Natur, zum Beispiel alte Wälder, sind für dieses Vorhaben geeigneter als andere, abhängig davon, wie sehr sich unsere eigene Energie-»Form« mit der Energie des jeweiligen Ortes verträgt.

Der Abstieg

Die Fünfte Erkenntnis zeigt uns das Potential, das in der Verbindung mit der Quelle steckt, ebenso wie die Gründe dafür, daß wir nicht ständig mit der Quelle in Verbindung bleiben können.

Eine zentrale Aussage der Fünften Erkenntnis wird uns anhand des Abstiegs unseres Helden vom Berggipfel verdeutlicht. Symbolisch betrachtet, betritt er nun wieder die Welt der Konflikte – Gewehre, patrouillierende Soldaten und zwischenmenschliche Beziehungen, die auf dem Wettstreit um Energie beruhen (als die beiden sich verlieben, erweist Marjorie sich in dieser Angelegenheit als seine Lehrerin). Wie ein Grünschnabel hat unser Held darauf zu achten, in diesem neuartigen Energiefluß den Kopf über Wasser zu behalten. Andere drohen, ihn um seine Energie zu bringen, und lösen Selbstzweifel bei ihm aus.

Eins mit dem Universum

> »Das Wichtigste ist nicht, viel zu denken, sondern viel zu lieben und deshalb so zu handeln, daß die Liebe angeregt wird.«[5]
>
> St. Teresa von Avila, *Interior Castle*

Nehmen Sie die Einzelheiten des Erlebnisses auf der Bergspitze einmal etwas genauer in Augenschein: »Ich fühlte mich auf sehr euphorische Weise mit allen Dingen verbunden, ein Gefühl vollkommener Sicherheit und starken Vertrauens. Meine

»Die notwendige Voraussetzung für Frieden und ein freudvolles Dasein besteht in der Erkenntnis, daß Frieden und Freude erhältlich sind.«[8]
Thich Nhat Hanh,
Present Moment Wonderful Momen

Müdigkeit war plötzlich wie weggeblasen.«[3]

Auf der Suche nach der treffendsten Beschreibung seiner Gefühle findet unser Held folgende Worte: »Man könnte sagen, daß ich Liebe für alles empfunden habe, was mich umgab.« Sein verzücktes Empfinden entspricht den ekstatischen Zuständen vieler christlicher Mystiker und den Schilderungen einiger Nahtoderfahrungen: »Mir wurde deutlich, daß dieses Licht Teil aller lebendigen Wesen war und alle lebendigen Wesen gleichzeitig Teil dieses Lichtes sein mußten. Ich wußte, daß es allmächtig war und für unendliche göttliche Liebe stand.«[4]

Das Akzeptieren universeller Liebe

Als er beginnt, seine Gefühle von der Bergspitze wieder zu rekapitulieren, indem er sich auf die Schönheit eines in der Nähe stehenden Baumes konzentriert, fühlt unser Held sich mit einem Mal verwirrt. Er beschwert sich bei einem Priester, der ihm behilflich ist. »Liebe passiert einfach, ich kann mich nicht dazu zwingen, etwas zu lieben.«[6]

Der Priester verdeutlicht ihm die Rolle der Liebe bei seiner inneren Entwicklung. »Das brauchen Sie nicht«, antwortet er ihm. »*Lassen Sie die Liebe einfach zu.*«[7]

Der Priester führt aus, daß es sich hierzu als hilfreich erweisen kann, an vergangene Momente empfundener Liebe anzuschließen und sich zu bemühen, diese Liebe erneut zu empfinden.

Daraufhin versucht unser Held es erneut, und während er die einzigartige Form und die Schönheit der ihn umgebenden Bäume bewundert, empfindet er schließlich ein wachsendes Gefühl der Liebe. Obwohl ursprünglich ein Baum im Zentrum seiner Aufmerksamkeit stand, gelingt es ihm, ein umfassendes Gefühl der Liebe zu kreieren.

Während er sich auf die Schönheit des Baumes konzentriert, erkennt der Priester am Wachsen seines Energiefeldes, daß es ihm gelingt, die Energie anzunehmen. Bis hierher hat unser Held gelernt, sich zu öffnen, sich mit seiner Umwelt zu verbinden, seinen Sinn für das Schöne zu entwickeln und sich mit Energie aufzutanken.

Führen Sie sich noch einmal die Dynamik des Vorganges vor Augen: Unser Held *zwingt* sich nicht zu lieben, noch stellt er dieses Gefühl *künstlich* her. Seine Liebe fließt nicht von ihm aus in den Baum – auch wenn wir gewöhnlich der Ansicht sind, Liebe werde in uns erzeugt und dann auf ein Objekt außerhalb von uns projiziert. Durch die Fünfte Erkenntnis lernen wir, daß wir uns öffnen müssen, um Liebe und Energie empfangen zu können. Nur so sind wir in der Lage, Fügungen zu erkennen und andere Gaben aus der universellen Quelle anzunehmen.

»Je näher jemand der Erleuchtung kommt, desto häufiger wird es ihm möglich sein, Zeichen seines Fortschritts zu erkennen. Jemand kann Jahre damit verbringen ein Fundament zu legen, um dann plötzlich auf mehreren Gebieten gleichzeitig einen Sprung nach vorn zu machen. Manche Menschen brauchen Jahre, um sich für spirituelles Wachstum zu entscheiden und erste Schritte zu unternehmen, doch die Abstände zwischen den aufeinanderfolgenden Transformationen des Bewußtseins werden zunehmend geringer.«[10]

Sanaya Roman, *Spiritual Growth*

Die Verbindung mit der Energie in kleinen Schritten

Sobald unser Held beginnt, sich dafür zu verurteilen, daß er scheinbar nicht in der Lage ist, die Erfahrung von der Bergspitze zu wiederholen, beginnt seine Energie rapide abzusinken. Der Priester weist ihn darauf hin, daß er die verlorene Verbindung in kleinen Schritten wieder herstellen muß.

Unser Held läßt seine Zweifel und Selbstzweifel fahren, und es gelingt ihm, sich wieder ein wenig zu öffnen. Die natürliche Schönheit des Baumes vor seinen Augen erlaubt es ihm, sein Bewußtsein noch ein wenig weiter zu öffnen. So wächst seine Bewunderung für die Einzigartigkeit der Pflanze, bis es ihm schließlich gelingt, eine vollständige Öffnung herbeizuführen und sich mit Energie anzufüllen, die wiederum *zurück in den Baum fließt.* Oder, mit den Worten des Priesters: »Sobald Sie auf die Ebene gelangen, auf der Sie Liebe empfinden, sind Sie auch in der Lage, diese Liebe aus eigenem Antrieb zurückzusenden.«[9]

Zusammenfassend läßt sich festhalten, daß der Zustand eines erweiterten Bewußtseins sich oftmals dann aufzulösen beginnt, wenn wir mit Menschen auf einer gewöhnlichen Bewußtseinsstufe interagieren oder wieder in die Welt des Wettstreits um Energie eintreten. Doch selbst wenn wir wieder in in unser »alltägliches« Bewußtsein zurückfallen, hat die mystische Erfahrung unsere Vorstellungen von der Beschränkung unserer Möglichkeiten ein für alle Male relativiert. Wir wissen jetzt, daß für uns noch eine andere Existenzform möglich ist, solange wir willens sind, uns um die Wiederherstellung dieses Bewußtseinszustandes zu bemühen.

Können Sie sich an einen Augenblick erinnern, in dem Sie sich offen und lebendig fühlten, oder voller Bewunderung für ein Naturschauspiel oder eine besonders schöne Aussicht waren? Haben Sie jemals das Gefühl der Zeitlosigkeit gehabt und eine Verbindung mit der Erde gespürt? Wie lange ist es her, seitdem Sie derartige Erfahrungen gemacht haben? Was hält Sie davon ab? Sollte Ihre Antwort auf diese Frage lauten, daß Zeitmangel und die Notwendigkeiten des Alltags dafür verantwortlich sind, sie von einer Kontaktaufnahme mit der Natur abzuhalten, so lesen Sie, was Pater Sanchez im folgenden dazu zu sagen hat.

Sich dem Einfluß der Liebe zu öffnen, bedeutet, sich dem Leben zu öffnen

»Ausreichend Energie zu generieren, um den Zustand der Liebe aufrechtzuerhalten, würde der Welt bestimmt nicht schaden, doch in erster Linie hilft es dem einzelnen. Dies ist die hedonistischste Tat, die wir vollbringen können.«[11] Sanchez weist darauf hin, daß wir unsere Vorstellung von Liebe als etwas, das wir aktiv unternehmen, um die Welt zu einem besseren Ort zu machen, überdenken müssen. Die eigentliche Aufgabe der Evolution ist vollbracht, sobald wir uns mit der höheren Energie des Universums verbunden haben. In diesem Zustand befinden wir uns in erhöhter Schwingung und sind eher in der Lage, unseren Zweck im Leben zu erkennen und zu erfüllen. Gemeinsam mit anderen, auf der gleichen Entwicklungsstufe befindlichen Menschen, werden wir dadurch automatisch einen Beitrag zur Änderung der Welt liefern.

Jeder von uns leistet einen Beitrag zur Evolution, indem er sich abwechselnd mit Energie auftankt und sich von Fügungen angeleitet weiterbewegt, sich erneut auftankt und wieder weiterbewegt.

Begegnungen mit der Evolution

Seit den sechziger Jahren ist das Interesse an paranormalen Zuständen und Begebenheiten sprunghaft angestiegen. Wie die Fünfte Erkenntnis voraussagte, hat es einen enormen Zuwachs an Literatur über Phänomene wie übersinnliche Fähigkeiten, Vorleben, Nahtoderfahrungen, Trennungen der Seele vom Körper sowie mystische Erfahrungen als Folge spiritueller Praktiken gegeben. Mehr als je zuvor sind Menschen bereit, ihre persönlichen Erfahrungen aus den Begegnungen mit unsichtbaren und mysteriösen Kräften anderen Menschen mitzuteilen. Sogar die Filmindustrie schleust mittlerweile einige Produkte zum Thema Wiedergeburt, Geister sowie spirituelle Prüfung und Tod in den kommerziellen Kulturstrom.

Überraschenderweise bietet selbst der Leistungssport einen fruchtbaren Boden für das Auftauchen außergewöhnlicher Bewußtseinszustände. In seinem überaus faszinierenden Buch *The Psychic Sides of Sport* gibt uns Esalen-Institut-Gründer Michael Murphy zusammen mit Rhea A. White Gelegenheit, einige der erstaunlichsten Geschichten über veränderte Bewußtseinszustände direkt aus dem Mund von bekannten Athleten und Abenteurern zu erfahren. Bereits das Inhaltsverzeichnis liest sich wie eine Beschreibung des Abenteuers unseres Romanhelden: mysteriöses Wohlbefinden, Frieden, Loslösung, Schwerelosigkeit, Ekstase, Aufenthalt im Augenblick, instinktive Aktionen, veränderte Wahrnehmung von Größe, Raum und Zeit und die Aktivierung außergewöhnlicher Energiereserven. Da die Welt intuitiver, spiritueller Wahrnehmungen in unserer Kultur allzuoft sträflich vernachlässigt und an die Peripherie gedrängt wird, ist es von großer Wichtigkeit zu begreifen, daß Bewußtseinsveränderungen in allen Lebensbereichen auftreten.

> »Beschleunigtes Wachstum ist gleichbedeutend mit einer neuen und tieferen Verbindung zu Ihrem höheren Selbst. Dies kann bisweilen zum Auftauchen alter bis dahin zurückgehaltener Muster führen. Machen Sie auf keinen Fall äußere Umstände für Ihren Zustand verantwortlich; schauen Sie nach innen und fragen Sie sich, welches Muster oder welche überkommenen Ansichten Ihnen bei dieser Gelegenheit vor Augen geführt werden. Bitten Sie Ihr höheres Selbst um Auskunft darüber, wie Sie sich von diesem Muster befreien können.«[12]
>
> Sanaya Roman, *Spiritual Growth*

Im folgenden werden Sie die Schilderungen einiger Athleten lesen, die die gleichen Empfindungen beschreiben, wie sie spirituelle Adepten und unser Held auf der Bergspitze erfahren haben.

Ekstase – Höhepunkt und Fundament

Im Kapitel zur Fünften Erkenntnis wird der ekstatische Zustand unseres Helden auf dem Berggipfel zu einem Fundament für die Wiederherstellung seiner Verbindung mit der universellen Energiequelle.

Außergewöhnliche Zustände können jedoch auch im alltäglichen Leben auftreten. Leistungshochs beim Sport bilden zum Beispiel einen guten Ausgangspunkt für Ihre Energetisierung. Haben Sie beschlossen, eine Ebene höherer Energie aufzusuchen, können Sie sich daran erinnern, wie Sie diesen Zustand während der Ausübung einer sportlichen Tätigkeit empfunden haben. Benutzen Sie dieses Gefühl, um sich nach und nach – wie von dem Priester im Roman beschrieben – wieder mit der Energie in Verbindung zu setzen.

Murphy zitiert in seinem Buch den Quarterback Francis Tarkenton, der angibt, Football nur aus einem einzigen Grund gespielt zu haben: »In meinem ganzen Leben läßt sich nichts mit der Ekstase vergleichen, die ich aus dem Football bezogen habe.«[13]

Skiläufer berichten von »magischen und perfekten Augenblicken, in denen alles zu stimmen scheint und nur noch Ekstase darüber besteht, was ich gerade tue. Die Skier, das Skifahren und der Skifahrer verschmelzen zu einer Einheit«. Bergsteiger haben scheinbar von Natur aus eine erhöhte Empfänglichkeit für Spirituelles: »Die einfachsten Aufstiege erfüllten mich mit innigster Freude. Für mich stellten die Berge eine Art magisches Königreich dar, in dem ich, beinahe wie durch Zauberhand, meine glücklichsten Momente erlebte.«[14]

Der Bericht der erfolgreichen Besteigung der Annapurna durch Maurice Herzog (unter Mitwirkung von Pierre Lachenal) zeigt erstaunliche Parallelen zum Erlebnis unseres Helden: »Ich kam mir vor, als würde ich in etwas gänzlich Neues und Außergewöhnliches abtauchen, und unterlag dabei den seltsamsten und lebhaftesten Eindrücken; nie zuvor hatte ich die Bergwelt auf derartige Weise wahrgenommen. Irgend etwas an der Art, wie ich Lachenal und die Dinge um uns herum sah, war unnatürlich ... meine Erschöpfung war verschwunden, als wäre die Schwerkraft aufgehoben. Diese beinahe transparente Landschaft, die Quintessenz der Reinheit – dies waren nicht die Berge, die ich bisher immer gesehen hatte: Vor meinen Augen lagen die Berge meiner Träume.«[15]

Schnelle und rhythmische Bewegungen, zwei Schlüssel zur Herbeiführung ekstatischer Zustände, lassen sich ebenfalls beim Jogging, Reiten, Surfen oder Drachenfliegen finden. Ekstatische Zustände werden außerdem durch Tanzen bis zum Einsetzen von Trance, Chanting und Trommeln innerhalb schamanistischer Zeremonien herbeigeführt sowie in einigen Praktiken östlicher Religionen, wie denen der Sufis.

Schwerelosigkeit

Das Empfinden, zu schweben und den eigenen Körper zu verlassen, bildet ebenso einen Teil mystischer Erfahrungen wie auch einen Teil athletischer Hochleistungen. Insbesondere Langstreckenläufer berichten von einem Punkt, an dem sie zu schweben oder zu fliegen meinen. Ein befreundeter Langstreckenläufer berichtete, nachdem er 600 Meilen zurückgelegt hatte: »Ich fühlte mich schwerelos und meinte durch den Raum zu reisen und nur noch auf Wolken zu treten.«[16]

Lange bevor die Bevölkerung der westlichen Hemisphäre dazu überging, Nikeschuhe und Schweißbänder zu tragen und sich auf Marathonläufe vorzubereiten, unterzogen tibetische Mönche sich einer besonderen Meditation namens *lung-gom-pa,* die zu einem unwahrscheinlichem Durchhaltevermögen und geradezu unglaublichen Laufgeschwindigkeiten führt. Nach jahrelangen Unterweisungen in den Mysterien tritt bei den Mönchen ein veränderter Bewußtseinszustand ein, der es ihnen ermöglicht, für die Dauer mehrer Tage und Nächte ununterbrochen durch unwegsames Bergterrain zu rennen.

Im Gegensatz zu den Marathonläufern, die für ihre Rennen körperlich trainieren, bereiten sich die *lung-gom-pa-*Mönche jedoch auf diese Form des Trance-Rennens vor, indem sie sich in Meditationswürfel begeben, die hinter ihnen versiegelt werden. Für die Dauer von Monaten und manchmal Jahren leben sie dort in Stille, *ohne jedes körperliche Training.* Lediglich durch eine etwa fünfundzwanzig mal zweiundzwanzig Zentimeter große Öffnung erhalten sie unregelmäßig gespendete Nahrung. Man sagt, daß der Körper eines Mönches auf diese Weise nach mehreren Jahren leicht und durchlässig genug wird, um *seinen Würfel durch diese Öffnung verlassen zu können.*

Hingabe

Mystische Erfahrungen befreien uns von unserer Kontrollbesessenheit. Die Einheit von Gemüt/Verstand, Körper und Geist liegt in der Hingabe oder Selbstaufgabe. In seinem Buch *The Joy Of Sports* schreibt Michael Novak:

> »Es gibt beim Sport einen Punkt der Einheit zwischen Selbst und Welt, eine Art Mittäterschaft und magnetische Paarung, eine Harmonie, die von Verstand und Willenskraft niemals bewerkstelligt werden kann ... Der Impetus des Instinktes ist flinker, subtiler, tiefgreifender, akkurater und steht in direkterer Verbindung mit der Realität als der Verstand. Diese Entdeckung war schlichtweg atemberaubend.«[17]

Durch diese Berichte von Athleten wird unsere kollektive Evolution weiter beschleunigt und erweitert. Dic Basketballspielerin Patsy Neal erfaßt den Inhalt der Fünften Erkenntnis in ihrem Buch *Sport and Identity*, wo sie 1972 schrieb: »Es gibt beim Sport Momente, die so glorreich sind, daß sie alles an menschlicher Erwartung übertreffen, vor allem weil sie über die körperlichen und emotionalen Fähigkeiten des einzelnen hinausgehen. Etwas Unerklärliches übernimmt die Führung und haucht dem bekannten und vertrauten Leben einen neuen Atem ein. Der Sportler befindet sich an der Schwelle zum Wunder, ... etwas, was nicht durch die Kraft des Willens kreiert werden kann ... man könnte es als Gnade bezeichnen, oder Gottvertrauen ... oder eine Tat Gottes. Das Unmögliche wird möglich ... die Athletin wächst über sich hinaus; sie transzendiert ihren normalen Zustand. Sie berührt ein Stück des Himmels und wird zur Empfängerin einer Kraft aus unbekannter Quelle ... auf diese Weise scheint die Spielleistung zu einem heiligen Akt zu werden, in dessen Verlauf sich ein spirituelles Erwachen ereignet. Das Individuum wird völlig von der Aktion eingenommen, die Sportlerin schwebt durch die Performance und bezieht Kräfte, derer sie sich vorher nie bewußt war.«[18]

Die Verbindung mit dem Osten

Einen der Hauptbeiträge zum spirituellen Erwachen des Westens verdanken wir jenen, die durch Zen-Meditation, Hatha Yoga, Kampfsportarten, Akupunktur und andere Heilmethoden östliche Weisheit erfuhren und weitergaben. Genau wie die Fünfte Erkenntnis vorhersagte, haben diese Informationen über die bestehende Verbindung von Geist und Körper einen wesentlichen Beitrag zu unserem erweiterten Weltverständnis geleistet. Selbst cineastische Karate- und Kung-Fu-Streifen, dienten letztlich dazu, die im Westen vorherrschende Auffassung von einer Trennung zwischen Geist und Körper aufzuheben.

Durch die philosophischen und religiösen Schulen des Ostens, die die Einheit von Körper und Geist in den Vordergrund stellen, gewinnen wir Zugang zu einem unbegrenzten Reservoir universeller Energie (mit so unterschiedlichen Namen wie Chi, Ki oder Paran). Disziplin und Intention ermöglichen jedem Interessierten Zugang zu diesem Reservoir.

Evolutionäre Kraftquellen

Während seines spirituellen Erwachens auf dem Berggipfel erfährt unser Held einen Energiestoß, der ihm die Wirbelsäule hinauffährt. Diese dem Menschen angeborene und uns allen zur Verfügung stehende Energie wird in der indischen Tradition *Kundalini* genannt und durch eine zusammengerollte Schlange an der Basis des Rückgrats symbolisiert – sie gilt als die reinste Form kreativer Energie und ist die bewegende Kraft hinter der Evolution. Erwacht diese Energie, so bewegt sie sich an der Wirbelsäule hinauf und aktiviert die anderen Energiezentren des Körpers. Dadurch werden unterschiedlichste emotionale und körperliche Empfindungen ausgelöst.

Carl G. Jung, der viele unterschiedliche Formen von Mystizismus studierte, war der Ansicht, daß es Tausende von Jahren dauern würde, bis die Realisierung der Existenz dieser Energie in der westlichen Hemisphäre einen deutlich sichtbaren Raum einnehmen würde. Der Psychologe Stanislav Grof dagegen sagt dazu: »Die fortlaufende Entwicklung zeigt, daß diese Einschätzung falsch war. Welchem Umstand auch immer es zuzuschreiben ist – ob der Entwicklungsbeschleunigung, der Popularität und raschen Verbreitung verschiedener spiritueller Praktiken, der immer bedrohlicher werdenden globalen Krise oder der förderlichen Wirkung psychedelischer Drogen –, es ist ganz offensichtlich, daß Tausende von Menschen im Westen heutzutage unverkennbare Anzeichen für das Erwachen der Kundalini-Energie an den Tag legen.«[19]

Die Verbindung zwischen dem östlichen Einklang mit der universellen Energie (dem Sein) und der westlichen Fähigkeit, aufgrund neugewonnener Informationen zu handeln (dem Tun), stellt einen Hauptaspekt der Entwicklung in Richtung eines ganzheitlichen Menschen dar. Der Einklang von Gedanke und Handlung befördert uns auf eine neue Ebene der menschlichen Evolution.

Dimensionen des Bewußtseins

Das Abenteuer unseres Helden auf dem Berg ist Teil einer ganzen Gruppe transzendentaler Erlebnisse, die vom Verschmelzen räumlicher Grenzen mit anderen Menschen, Pflanzen oder unorganischen Stoffen bis zum Durchbrechen der Beschränkungen von linearer Zeit und linearem Raum reichen.

In den sechziger Jahren wurde die Evolution unseres Bewußtseins durch weitreichende soziale Unruhen und Umwälzungen gefördert. Da sich der Westen bis dahin weit von jedem »heiligen« Aspekt des Lebens entfernt hatte, generierte das plötzlich auflebende Interesse an alternativen Lebensweisen und persönlicher Freiheit ein Klima fortwährender Enthüllungen und Brüche mit traditionellen Verhaltensweisen und sorgte für nicht eben wenig sozialen Unfrieden. Durch psychedelische Drogen ermöglichte Reisen in andere Dimensionen des Bewußtseins ließen allerdings häufig einen stabilisierenden, ritualisierten und spiritualisierten Zusammenhang vermissen, der in anderen Kulturen mit der Einnahme derartiger Substanzen einhergeht.

> »Die neuen Schamanen sind nicht einsam, auch wenn sie sich nicht in menschlicher Gesellschaft befinden. Sie haben begriffen, daß wir niemals wirklich isoliert sein können. Ein Wort unter sibirischen Schamanen lautet: ›Alles was ist, ist am Leben!‹ Überall wo sie sich aufhalten, sind sie von Leben, von Familie umgeben.«[20]
>
> Michael Harner, *The Way of the Shaman*

Die Suche nach der transzendentalen Erfahrung ist einer der mächtigsten Instinkte der menschlichen Psyche. Wie die Fünfte Erkenntnis enthüllt, hat der Wunsch nach der direkten Berührung mit dieser Erfahrung in der zweiten Hälfte unseres Jahrhunderts verstärkt zugenommen. Wissenschaftler entwickelten unterdessen alternative, drogenfreie Praktiken, die durch den Gebrauch von Atemtechnik, Musik und Körperarbeit in der Lage sind, transpersonale Heilungen zu evozieren. Einer der Studenten der Grofschen holotropen Therapie (einer von Grof entwickelten Atemtechnik) klingt beinahe wie unser Held, wenn er von seinen Erfahrungen berichtet:

> »Es stand außer Zweifel, daß ich selbst die Erde war – ein lebender Organismus –, ein intelligentes Wesen, das sich um Selbstverständnis bemühte, um die Entwicklung einer höheren Bewußtseinsebene kämpfte und versuchte, mit anderen kosmischen Wesen in Verbindung zu treten ... In meinem Körper konnte ich die Verletzungen, die mir die Industrie durch Tagebau, Verstädterung, toxischen und radioaktiven Müll sowie Luft- und Wasserverschmutzung zufügte,

spüren. Das seltsamste an dieser Erfahrung bestand jedoch darin, daß ich mir bestimmter Rituale verschiedener Urvölker bewußt wurde und sie für mich als sehr heilsam empfand ... Während dieser Erfahrung war ich vollkommen davon überzeugt, daß die Ausübung von bestimmten Ritualen wichtig für das Wohlergehen der Erde ist.«[21]

Transpersonale Erfahrungen wie diese addieren zu dem wachsenden Bewußtsein über unseren evolutionären Scheideweg. Je mehr diese außergewöhnlichen Bewußtseinszustände Teil unseres kollektiven Werte- und Glaubenssystems werden, desto mehr helfen sie auch dabei, die menschliche Kultur zu transformieren.

Werkzeuge für die Transformation

Die Erforschung des Selbst durch Meditation und regressive Hypnotherapie, das Studium der Parapsychologie sowie außerkörperlicher Zustände und Nahtoderfahrungen sind uns beim Verständnis mystischer Erfahrungen behilflich. Gleichzeitig erfahren wir ein zunehmendes Interesse an schamanistischen Methoden. Unter den Urvölkern galten außerordentliche Bewußtseinszustände schon immer als eine am eigenen Leib erfahrbare Verbindung mit dem Kosmos, in deren Verlauf Führung und Anleitung erfahrbar wurden. Vertreter der westlichen Hemisphäre, die diese Lehren studieren und mit Eingeborenen arbeiten, helfen durch ihre Arbeit, diese Traditionen und ihre Lehren am Leben zu erhalten. Auf dem Gebiet der Psychospiritualität arbeitende Wissenschaftler sind der Ansicht, daß eine weitere Explosion der Erkenntnisse auf diesem Gebiet unmittelbar bevorsteht.

Bewußte Evolution

Die gleichzeitige Verfügbarkeit uralter Techniken und psychotherapeutischer Arbeitsmethoden liefert uns ausreichende Werkzeuge, um selbständig an unserer persönlichen Evolution zu arbeiten.

Einer nach dem anderen müssen wir die Limitation des westlichen Denkrahmens durchbrechen, der außergewöhnliche Bewußtseinszustände als etwas Bizarres oder sogar Pathologisches ansieht. Jeder, der sich auf diesen Pfad begibt und seine Erfahrungen dort mitteilt, macht es für andere einfacher, sich ebenfalls auf den Weg zu begeben. Grof schreibt dazu: »Es gibt zahlreiche Hinweise darauf, daß der transzendente Impuls die wichtigste und mächtigste Kraft im Menschen ist. Die systematische Leugnung und Verdrängung der Spiritualität, die für die modernen westlichen Gesellschaften so charakteristisch ist, kann sich als kritischer Faktor erweisen, der zu Entfremdung, Existenzangst und psychopathologischen Symptomen bei einzelnen Menschen und in der gesamten Gesellschaft ... beiträgt. Deshalb ist das in letzter Zeit angestiegene Interesse an verschiedenen Methoden der Selbsterforschung, die dazu geeignet sind, unmittelbare spirituelle Erfahrungen zu vermitteln, ein ermutigender Trend und als Entwicklung von potentiell großer Bedeutung.«[22]

> »Seele und Verstand verloren augenblicklich ihre Fesseln und begannen zu verströmen ... das Bewußtsein meiner Identität war nicht länger eng und begrenzt, sondern mit mich umlaufenden Atomen verbunden ... mit blühender Pracht begann etwas in mir Städte einzuhüllen, Kontinente, die Erde, Solar- und Stellarsysteme ...«[23]
>
> Paramahansa Yogananda, *Autobiography of A Yogi*

Spontane Erleuchtung

Während manche Leute mit der Suche nach einem höheren Bewußtsein Jahre verbringen und auf diesem Weg mit einer Vielzahl spiritueller Praktiken experimentieren, erfahren andere Menschen eine vollständig spontane Verbindung mit dem Göttlichen. Die Psychotherapeutin Donna Hale erzählte folgende Geschichte: »Vor ungefähr achtzehn Jahren bereitete ich mich auf meinen Universitätsabschluß vor und merkte, wie ich mich nach mehreren Stunden geistiger Anstrengung vollkommen erschöpft fühlte. Ich ging hinaus in den Garten, um zu ›meditieren‹. Als ich mich setzte, wurde ich mir der Schönheit der mich umgebenden Blumen bewußt. Ihre schlichte Schönheit und ihre farbliche Intensität standen in krassem Gegensatz zu den von mir studierten Texten. Da ich damals noch keine genaue Vorstellung davon hatte, wie man meditiert, schloß ich einfach die Augen und blieb still sitzen. Augenblicklich spürte ich, wie etwas Klares und Friedliches scheinbar über mir ausgegossen wurde. Ich spürte einem enormen Auftrieb, der mich bis zu einem Punkt der Ekstase führte. Als ich meine Augen nach wenigen Minuten wieder öffnete, existierte keine Trennung mehr zwischen mir und den Dingen in meinem Leben. Ich war mir sicher, daß alles genauso war, wie es sein sollte, und daß ich mit allen Aspekten meines Lebens in Verbindung stand. Ich meinte, alles zu wissen. Dieses Bewußtsein währte ungefähr dreißig Minuten und veränderte sich, als ich mich wieder meinen Studien zuwandte.« Hale erinnerte sich, daß sie den Eindruck hatte, eine Tür habe sich geöffnet und ihr erlaubt, den Stoff, aus dem Bewußtsein gefertigt ist, zu berühren. »Ich habe seitdem immer wieder die Berührung damit gesucht.«

Das Öffnen der Tür

Viele von uns fragen sich: »Wie kann ich erfahren, was meine Aufgabe in diesem Leben ist? Wie kann ich etwas Bedeutsames beitragen?« Oftmals werden diese Fragen im Zusammenhang mit dem beruflichen Fortkommen gestellt. Und während viele dieser Menschen Berufe auf dem Gebiet alter-

> »Vergessen Sie niemals, daß Sie ›mehr sind als Ihr physischer Körper‹. Mit diesen Worten werden alle irdischen Aktivitäten in die richtige Perspektive gerückt. Die Agonie wird tolerierbar, ekstatische Zustände greifen tiefer. Alltägliche Ängste verpuffen ... es gibt vielleicht noch Ausrutscher, doch Sie können nicht mehr verlieren; die Erfahrung Mensch zu sein, haben Sie bereits gehabt.«[24]
>
> Robert A. Monroe, *Ultimate Journey*

nativer Heil- und Lehrtätigkeiten suchen und es durchaus wichtig ist, zu realisieren, daß dieser Planet »gerettet« werden muß, so ist es doch am angebrachtesten, wenn jeder an seiner eigenen spirituellen Entwicklung und an seinem eigenen Bewußtsein arbeitet. Ein Berufswechsel kann sich dabei als weitaus weniger wichtige Maßnahme herausstellen, als der Versuch, spirituelles Bewußtsein in die augenblickliche Tätigkeit zu tragen. Der gegenwärtige Arbeitsplatz kann unter Umständen den perfekten Ort für erste Kontaktversuche mit der inneren Quelle unserer Kraft darstellen. Zeit an heiligen Stätten zu verbringen, zu meditieren, Yoga, Atemübungen, Massagen, Tanz- und Bewegungsklassen, sowie sich mit Schönheit und Energie zu umgeben, könnte sich bei der Klärung Ihrer persönlichen Mission als wichtiger erweisen.

Keimerfahrungen

In seinem zweiten Buch *Heading Towards Omega: In Search of the Meaning of the Near-Death Experience,* entwickelt der Autor Kenneth Ring eine mit der Fünften Erkenntnis übereinstimmende Hypothese. Er untersucht die Langzeitwirkungen von Nahtoderfahrungen und kommt dabei zu dem Schluß, daß diese Erfahrungen der Transformation des kollektiven Bewußtseins auf unserem Planeten dienen.

Ring ist der Ansicht, daß Nahtoderfahrungen (NTE) bei den Betroffenen zu einem tieferen spirituellen Verständnis und schließlich Wachstum führen.

Es ist erstaunlich, wie sehr die unterschiedlichen Berichte über derartige Erfahrungen einander gleichen und wie stark sie in jedem einzelnen Fall zu einem größeren Verständnis der Leben/Tod-Problematik im Leben der Betroffenen geführt haben. Im Verlauf einer solchen Krise wird sich der Betreffende gewöhnlich der Sterblichkeit des eigenen Körpers bewußt und tritt darauf in ein unbeschreibliches Licht der Glückseligkeit und der Liebe ein. Das Phänomen der NTE ist auf mehreren Ebenen von großer Bedeutung. Zum einen ist sie die persönliche Erfahrung des eigenen Todes in Form einer ekstatischen Begegnung mit liebevollen Lichtwesen und eine mögliche Wiedervereinigung mit bereits Verschiedenen. Bei diesem geradezu entzückenden Aspekt der NTE handelt es sich um ein beruhigendes und befreiendes Phänomen, welches mittlerweile gut dokumentiert ist.

Auf einer weiteren Ebene dient die NTE als Beitrag zur Beschleunigung der Evolution. Rings Hypothese besagt, daß die Nahtoderfahrung das Entstehen eines neuen Bewußtseins katalysiert. Als Beispiel hierfür erwähnt Ring den Bericht eines jungen Mannes, der im Anschluß an eine Operation für zwei bis drei Minuten klinisch tot war. Sein Fall ist typisch für derartige Erfahrungen: »In meinem Bewußtsein gab es keinen ›Nah‹tod – mein Tod war gekommen. Ich tauchte in Licht, Wärme, Frieden, Sicherheit und Helligkeit ... und bewegte mich sofort auf ein wunderschönes helles Licht zu. Der Zustand ist schwierig zu beschreiben, eigentlich unmöglich ... man wird zu etwas, das wiederum zu einem selbst wird. Am besten könnte ich es mit den Worten: ›Ich war Frieden und Liebe‹ umschreiben. Ich war das Licht, es war Teil von mir. Man weiß alles – und alles schien zum Teil meiner eigenen Existenz geworden zu sein – es war wunderschön. Es war die Ewigkeit. Mir schien, als sei ich immer dort gewesen und werde immer dort sein, und daß meine Existenz auf der Erde nur ein kurzes Zwischenspiel ist.«[25]

Eine Frau, die während der Geburt ihres zweiten Kindes beinahe gestorben wäre, berichtete: »... Ich stand mit einem Mal in dichtem Dunst und wußte sofort, daß ich gestorben war, und ich war froh darüber, gestorben und doch am Leben zu sein. Es ist mir unmöglich zu beschreiben, was genau ich fühlte, aber ich empfand unendliche Dankbarkeit dafür, immer noch zu existieren ... ich wußte, daß alles im Universum seine Richtigkeit hat, daß der große Plan perfekt war. Was immer auch passierte, Kriege, Hungersnöte ... es hatte alles seine Richtigkeit.«[26]

Etwas später beschreibt sie das Treffen mit einem ihr unbekannten Wesen, das sich mit ihr unterhält. Sie sagte: »Ich weiß, was passiert ist. Ich weiß, daß ich gestorben bin.« Und es antwortete. »Ja, Aber deine Zeit ist noch nicht gekommen, deshalb wirst du nicht hierbleiben.« Worauf ich zu ihm sagte: »Hier ist alles so wunderschön, alles so perfekt, was ist mit meinen Sünden?« Und es erwiderte: »Es gibt keine Sünden. Jedenfalls nicht im herkömmlichen Sinn, wie ihr es euch auf der Erde vorstellt. Das einzige, was hier wichtig ist, ist deine Weise zu denken.«[27] Sie fragte das Wesen danach, wie das Leben funktioniere, und erinnerte sich daran, daß es ihr in zwei oder drei Sätzen darüber Auskunft erteilte. Leider erinnerte sie sich nicht an den Inhalt der Sätze.

Ein Teil der Nahtoderfahrung besteht aus einer Bestandsaufnahme des bisherigen Lebens, die für gewöhnlich einen starken Eindruck auf den Überlebenden hinterläßt und für Veränderungen in seinem Bewußtsein sorgt. Ein Mann berichtete »... mir wurde deutlich, daß sich jeder Mensch auf der Erde befindet, um etwas zu lernen und zu realisieren. Zum Beispiel anderen gegenüber mehr Liebe zum Ausdruck zu bringen. Das wichtigste im Leben sind die Beziehungen zu anderen Menschen und die Liebe und nicht materielle Angelegenheiten ... jene kleinen Dinge, die einem oft gar nicht auffallen, werden vom Bewußtsein aufgezeichnet und sind in Wirklichkeit von größter Wichtigkeit.«[28]

Diese Berichte zeugen vom Beginn eines neuen spirituellen Bewußtseins, das allmählich auch im alltäglichen Leben der Betroffenen sichtbar werden wird. Was die Evolution des Bewußtseins angeht, befinden sich diese Menschen eindeutig an vorderster Front. Ein anderer Mann erinnerte sich weniger an detaillierte Vorkommnisse als an einen emotionalen Zustand, der ihm vollkommen neu war ... »Mit eigenen Augen sah ich, wie der Kern dieses Gefühles Einfluß auf mein Leben nahm und wie mein Leben wiederum andere Menschen beeinflußte. Ein Gefühl unendlicher Liebe, das mich zu diesem Zeitpunkt umgab, diente mir als Vergleichsmöglichkeit gegenüber meinen sonstigen Empfindungen, und ich merkte, daß ich in meinem bisherigen

Leben schlechte Arbeit geleistet hatte. Gott! Das meine ich wirklich. Wenn man einmal erfährt, wieviel Liebe wir anderen zu geben haben, so hat dies zunächst einmal eine vernichtende Wirkung. Sechs Jahre sind jetzt seit meiner Nahtoderfahrung vergangen und ich bin immer noch nicht darüber hinweg.«[29]

> »Ich halte Gott jetzt für eine ungeheure Quelle der Energie, den Nukleus von etwas Riesigem. Wir alle sind Atome, die um diesen Nukleus kreisen. Ich denke, daß Gott in jedem von uns ist und wir Gott sind ...«[31]
>
> Sonja, *Heading Towards Omega*

Ein weiterer Bericht beschäftigt sich ausführlich mit dem wahren Wesen der menschlichen Natur. »Mir wurde klar, daß Bewußtsein Leben bedeutet. Im Laufe unseres Lebens erfahren wir einiges an Höhen und Tiefen, doch dieses Bewußtsein stellt eine Konstante hinter unserer Persönlichkeit dar und wird nach unserem Tod bestehen bleiben. Ich weiß jetzt, daß der Sinn des Lebens nichts mit meinem Ego zu tun hat; es hat seinen eigenen Sinn.«[30]

Dauerndes Blühen

Ring befragte über einhundertundfünfzig Überlebende von Nahtoderfahrungen und schloß daraus, daß eine der Hauptcharakteristiken dieser Erfahrungen in einer zunehmenden Beschäftigung mit spirituellen Dingen bestand, die nicht unbedingt religiöser Natur im traditionellen Sinn waren. Die Betreffenden schienen davon überzeugt, daß das Leben nach dem Ableben des Körpers weitergeht, und fühlten eine starke innere Verbindung zu Gott.

Das Ausschlaggebende bei einem derartigen spirituellen Erwachen besteht nicht allein in der Erfahrung eines Zustandes unverminderter Glückseligkeit, wichtiger ist noch, daß die Erfahrung als aktiv ordnendes Prinzip in die Evolution des Betreffenden eingreift. Diese Zustände kennzeichnen die Geburt einer inneren Instanz, die, durch Intuition gesteuert, beim Austausch von Energie behilflich ist. Die Langzeitwirkungen von Nahtoderfahrungen und anderen mystischen Erfahrungen äußern sich oftmals in erhöhter hellseherischer Sensibilität und dem vermehrten Auftreten von Fügungen.

> »Was Ihr getrunken habt«, erklärte Saint Germain, »stammt direkt aus der Quelle der universellen Energie und ist so rein und belebend wie das Leben selbst, es ist, um genau zu sein, Leben – omnipräsentes Leben –, denn es existiert überall um uns herum. Es unterliegt unserer bewußten Kontrolle und Leitung, willentlich und dienstbereit, solange wir genügend lieben, denn alles im Universum gehorcht dem Gebot der Liebe. Was ich mir wünsche, manifestiert sich, solange ich in Liebe gebiete.«[32]
>
> Godfre Ray King,
> *Unveiled Mysteries*

Tore zu einem höheren Bewußtsein

Ein höheres Bewußtsein ist das Erkennungsmerkmal einer mystischen Reise und nicht immer das Resultat einer spirituellen Disziplin oder einer Meditationspraxis. Wie wir bereits erfahren haben, kann es auch durch die Erfahrung der Nähe des Todes sowie das Erleben persönlicher Traumata oder durch einen bloßen Augenblick tieferer Einsicht in das Selbst gewonnen werden. Typisch für diesen Zustand sind:

a) der Anblick eines atemberaubenden Lichtes begleitet von starkem Glücksempfinden
b) das Gefühl bedingungsloser Geborgenheit und Liebe
c) ekstatische Wahrnehmungen
d) ein Gefühl der Leichtigkeit und Unbeschwertheit
e) ein intuitives Verständnis davon, wie das Universum funktioniert
f) der Verlust jeglicher Furcht vor dem Tod und die Erkenntnis, daß das Leben ein endloses Kontinuum darstellt

Bei dem erfolgreichen Bemühen um eine direkte Verbindung zur Quelle dieser Energie ist das wichtigste Merkmal ein ständiges Gefühl der Liebe (die nicht auf ein Objekt oder eine Person gerichtet ist) sowie eine Verbindung mit Ihrer inneren Weisheit. Sind Sie wahrhaftig mit der Quelle verbunden, so spüren Sie Liebe – ist dem nicht so, stehen Sie auch nicht mit Ihrer Quelle in Verbindung.

Der Wandel unseres Bewußtseins

Die Veränderungen im Leben derer, die mystischen Erfahrungen ausgesetzt waren, lassen sich wie folgt zusammenfassen:

a) ein Gefühl der Verbundenheit mit einer höheren Kraft
b) Verlagerung des Interesses an der Anhäufung materieller Dinge
c) höhere Wertschätzung von Schönheit und anderen Menschen
d) verstärkte Fähigkeiten und der Wunsch zu lernen
e) verstärkte sensorische Fähigkeiten
f) Bewußtsein vom Vorhandensein einer Mission
g) geringe oder keine Befangenheit
h) die Fähigkeit, andere zu inspirieren

Zusammenfassung der Fünften Erkenntnis

Die Fünfte Erkenntnis beschreibt das Erleben der inneren Verbindung mit der göttlichen Kraft. Indem wir diese Kraft in unserem Inneren auffinden und erforschen, treten wir mit einem mystischen Erlebensbereich in Verbindung. Bei unserer Suche nach diesem veränderten Bewußtseinszustand unterscheiden wir zwischen der intellektuellen Beschreibung dieses Zustandes und dem Zustand selbst. Um diese Unterscheidung zu treffen und festzustellen, ob wir wahrhaftig mit dieser Quelle verbunden sind, gibt es gewisse Kriterien. Spüren Sie zum Beispiel, daß Ihr Körper sich leichter anfühlt? Ist Ihr Gang leicht und unbeschwert? Sind Ihre Sinne geschärft und lebendig, nehmen Sie verstärkt die Intensität von Farben, Gerüchen, Geschmack, Geräuschen wahr und hat sich Ihr Sinn fürs Schöne verstärkt? Haben Sie den Eindruck, eins mit Ihrer Umwelt zu sein, fühlen Sie sich geborgen und aufgehoben? Und vor allen anderen Dingen: Ist Ihr Bewußtsein reine Liebe? Gemeint ist damit nicht die Liebe für etwas oder jemanden, sondern ein konstantes Gefühl, das alles andere in Ihrem Leben überstrahlt. Wir wollen ab jetzt nicht länger nur über mystisches Bewußtsein sprechen, sondern den Mut finden, diese Verbindung mit dem Göttlichen auch wirklich zu suchen. In dieser Verbindung mit der absoluten Energie löst sich jeglicher Konflikt, und wir benötigen keine Energie mehr von anderen Menschen.

Zur weiteren Lektüre empfohlen:

Marilyn Ferguson: *The Auquarian Conspiracy: Personal and Social Transformation in the 1980's.* 1980

Lama Anagarika Govinda: *Foundations of Tibetan Mysticism.* 1987

S. Abhayananda: *History of Mysticicsm.* 1987

Steven Foster/Meredith Little: *The Book Of the Vision Quest: Personal Transformation in the Wilderness.* 1988

Stuart Olson: *Cultivating the Ch'i: The Secrets of Energy and Vitality.* 1988

Brian Swimme und Thomas Berry: *The Universe Story: A Celebration of the Unfolding of the Cosmos.* 1992

Richard M. Bucke: *Cosmic Consciousness.* 1991

Allan Watts: *The Way of Zen.* 1965

Raymond Moody, Jr.: *Life After Life.* 1975

Theodore Roszak: *Person/Planet.* 1978

Peter Russell: *The Global Brain: Speculation on the Evolutionary Leap to Planetary Consciousness.* 1982

D. T. Suzuki: *Mysticism: Christian and Buddhist.* 1982

Einzelstudium zur Fünften Erkenntnis

Morgendliche Intention

Nehmen Sie sich jeden Morgen, bevor Sie das Bett verlassen, einige Minuten Zeit, um Ihr inneres Zentrum zu finden. Postulieren Sie Ihre Absicht für den kommenden Tag entweder laut oder leise für sich. Etwa: »Heute werde ich Freude bei der Arbeit haben und etwas Neues lernen.« Oder »Heute werde ich im Augenblick leben und mich dafür öffnen, was das Universum mir mitzuteilen hat.«

Visualisieren Sie mit geschlossenen Augen einen Lichtball in der Mitte Ihrer Stirn und lassen Sie ihn sich auf Ihren gesamten Körper und schließlich Ihre ganze Welt ausdehnen. Senden Sie dieses Licht in alle Bereiche Ihres Lebens und spüren Sie, daß Sie am Leben sind und Ihr Leben einen Sinn und einen Zweck hat.

Morgengeräusche

Sollten Sie allein leben, so können Sie diese Übung ohne Umstände nach dem Aufstehen machen. Sollten Sie einen oder mehrere Wohngenossen haben, machen Sie die folgende Übung unter der Dusche:

Beginnen Sie gleich nach dem Aufwachen damit, daß Sie jedem aus ihrer Kehle kommenden Geräusch freien Lauf lassen. Zunächst können diese Klänge »häßlich« oder guttural klingen, lassen Sie sich jedoch davon nicht abschrecken, sondern konzentrieren Sie sich auf das An- und Abschwellen der Töne. Allmählich werden die Geräusche klarer und stärker werden. Halten Sie diesen Status für eine Weile. Achten Sie darauf, ob sich Ihr Tagesablauf nach dieser Übung verändert.

Atemübung

Vergessen Sie nicht, daß Sie Teil eines Universums sind, das aus reiner Energie besteht. Diese Energie steht Ihnen zu jedem Zeitpunkt, selbst während eines wichtigen Treffens, unmittelbar zur Verfügung, solange es Ihnen gelingt, offen zu bleiben.

Achten Sie im Tagesverlauf so oft wie möglich auf die Signale Ihres Körpers und nutzen Sie jede Gelegenheit, um bewußt ein- und auszuatmen. Atmen Sie tief ein und füllen Sie Ihren ganzen Körper mit frischer Luft. Stellen sie sich vor, was für einen heilenden und energetisierenden Einfluß dieser Luftaustausch auf Ihre Lungen und Ihren Blutkreislauf hat. Stellen Sie sich vor, daß Sie die Energie des ganzen Universums in Ihren Körper aufnehmen. Fühlen Sie, wie Sie sich für diese Erfahrung zu öffnen beginnen und sich Ihre Wahrnehmung erweitert. Egal was passiert, bewußtes Ein- und Ausatmen wird Ihnen immer dabei helfen, Ihr inneres Zentrum zu finden.

Abendübung

Wenn Sie abends von der Arbeit nach Hause kommen, so nehmen Sie sich fünf oder zehn Minuten Zeit, um rhythmische Musik, Chanting oder andere Musik ohne Gesang zu hören, die stimulierend und gleichzeitig entspannungsfördernd auf Sie wirkt. Bewegen Sie sich zu dieser Musik und lassen Sie die Anspannungen des Tages aus Ihrem Körper weichen. Wenn Sie genügend Zeit haben, machen Sie ein paar Dehnübungen. Das ist das beste Mittel für den Abbau von Spannungen und ein sicherer Weg, um Sie für den Rest des Abends mit Energie zu versorgen. Beginnen Sie mit den Übungen an je einem Tag pro Woche und fügen Sie je nach Bedarf weitere Tage hinzu.

Nachtübung

Bevor Sie einschlafen, sollten Sie Ihre Aufmerksamkeit auf Ihr inneres Zentrum richten. Beglückwünschen Sie sich innerlich zu jedem auch noch so klein scheinenden Erfolg, den Sie während des Tages errungen haben, und verleihen Sie Ihrer Dankbarkeit darüber Ausdruck. Sollten Sie weiterer Klarheit oder der Hilfe bedürfen, bitten Sie um Hilfe durch Ihre Träume. Diese Übung sollten Sie jeden Abend vornehmen.

Weitere Übungen:

- Sollten Sie an besonderen Atemtechniken interessiert sein, die Ihnen unter anderem dabei behilflich sind, sich zu stärken, zu säubern und den Alterungsprozeß aufzuhalten, so stehen Ihnen eine ganze Bibliothek guter Bücher sowie viele ausgezeichnete Lehrer zur Auswahl, die sich mit Pranayama und Qui Gong beschäftigen. Schauen Sie in Ihrer Tageszeitung nach, ob bei Ihnen am Ort Yoga- oder Meditationsklassen angeboten werden. Besuchen Sie eine gute oder einschlägige Buchhandlung und stöbern Sie durch die Abteilung mit metaphysischer und östlicher Philosophie.

Arbeitsgruppe zur Fünften Erkenntnis

Session 9

Dauer: 2 Stunden 30 Minuten

Zweck: Meinungsaustausch über die Fünfte Erkenntnis und Diskussion der unterschiedlichen Methoden, Energie zu sammeln.

Vorbereitung: Eines der Gruppenmitglieder sollte einen Kassettenrecorder und eine Auswahl von Trommelmusik, Chanting, ethnischer Musik, Naturgeräuschen oder meditativer Musik zum Treffen mitbringen. Fordern Sie einzelne Gruppenmitglieder auf, ihre Lieblingsstücke vorzuspielen.

Einleitung:

Bitten Sie einen oder eine Freiwillige darum, die Zusammenfassung der Fünften Erkenntnis auf den Seiten 133 ff. bis zum Abschnitt »Die Erhöhung der Schwingung« laut vorzulesen. Wie verstehen die einzelnen Gruppenmitglieder die darin enthaltenen Informationen? Teilen Sie Ihre Ansichten den anderen Anwesenden mit.

Übung 1: Meditation auf einer Bergspitze

Dauer: Ungefähr 15 bis 20 Minuten für die Meditation und 20 bis 30 Minuten für die Diskussion bzw. so lange, bis die Gruppe sich einem anderen Thema zuwenden will.

Zweck: Die Erreichung einer höheren feinstofflichen Schwingung – wie in der Fünften Erkenntnis beschrieben.

Anweisungen: Ein Freiwilliger sollte die folgende Meditation anleiten:

Bitten Sie die Anwesenden darum, es sich bequem zu machen, und dämpfen Sie das Licht so, daß es nicht vollkommen dunkel ist. Legen Sie eines der mitgebrachten Bänder, vorzugsweise eines mit langsamer, meditativer Musik oder Naturgeräuschen ein und lesen Sie die folgenden Anweisungen laut vor:

1. Schließen Sie die Augen und werden Sie sich der Anwesenheit Ihres Körpers bewußt.
2. Lesen Sie die Entspannungsmeditation auf Seite 72 f. laut vor und gehen Sie dann zu Punkt 3 über.
3. Stellen Sie sich vor, daß Sie sich auf einer Bergspitze befinden. Schauen Sie sich um (lassen Sie zwei oder drei Minuten für die Visualisierung verstreichen) ... Was sind Ihre Gefühle dort oben auf dem Gipfel? ... Wie warm ist es dort? ... Was für ein Geruch liegt in der Luft? ... Lassen Sie Ihren Blick jetzt auf den entferntesten Horizont wandern ... spüren Sie, daß die Erde rund ist ... fühlen Sie den Raum ... stellen Sie sich die Erde als einen lebendigen, atmenden Organismus vor, der Ihnen ganz ähnlich ist ... geben Sie sich nun dem Eindruck hin, sich in den Raum zu erheben und in einem Raum zu schweben, der sich in alle Richtungen gleichermaßen erstreckt ... fühlen Sie, daß dieses Schweben durch Ihre innere Unbeschwertheit möglich gemacht wird ... stellen Sie sich vor, daß Sie mit Wasserstoff gefüllt und in der Lage sind, gerade eben über der Erdoberfläche schweben zu können ... bemerken Sie außerdem, daß Sie sich in perfekter und athletischer Körperverfassung befinden ... spüren Sie Ihre Koordinationsfähigkeit und ihre Schwerelosigkeit ... jede Einzelheit, die Sie von der Bergspitze aus

wahrnehmen, ist auch ein Teil von Ihnen ... lassen Sie Ihre Gedanken jetzt zurück in die Tage Ihrer Kindheit wandern ... und noch weiter zurück, bis in die Bauchhöhle Ihrer Mutter ... sehen Sie sich als Teil einer Kette von Lebewesen, die seit Anbeginn der menschlichen Rasse existieren ... stellen Sie sich diese Kette von Lebewesen als einen vor Leben vibrierenden Energiestrang vor ... Sie sind ein Teil dieser vibrierenden Energiekette ... stellen Sie sich vor, daß dieser Strang vibrierender Energie mit der Energie des gesamten Universums in Verbindung steht ... fühlen Sie, wie diese Energie sich in Ihrem Körper ausbreitet und sich zu unerwarteten, fügungshaften Ereignissen verdichtet ... jetzt bringen Sie Ihr Bewußtsein wieder zurück auf die Bergkuppe ... bringen Sie Ihr Bewußtsein allmählich wieder ins Zentrum Ihres Körpers, Ihres Seins ... bereiten Sie sich darauf vor, Ihr Bewußtsein wieder zurück in die Realität zu bringen ... atmen Sie einige Male tief durch ... und wenn Sie soweit sind, dann bringen Sie Ihr Bewußtsein zurück in den Raum und öffnen die Augen.

4. Geben Sie den Gruppenmitgliedern Zeit, um die Glieder zu strecken und sich wieder an den Alltag zu gewöhnen. Bitten Sie sodann Freiwillige darum, ihre aus der Meditation gewonnenen Gefühle, Bilder oder Informationen den anderen mitzuteilen.

Übung 2: Das Anheben der Energie

Dauer: Spielen Sie vier oder fünf unterschiedliche Musikstücke für die Dauer von etwa 2 bis 3 Minuten an. Seien Sie dabei flexibel und richten Sie sich nach der Energie der Gruppe und danach, wie die Gruppenmitglieder auf die Musik reagieren.

Zweck: Herauszufinden, inwieweit unterschiedliche Klänge Einfluß auf den Körper haben können.

Vorbereitung: Halten Sie einige unterschiedliche Musikstile bereit, die Sie für jeweils zwei bis drei Minuten anspielen. Wählen Sie schnelle und langsame Musik ohne Text (ausgenommen Chanting). Trommelmusik, Orgel, klassische Gitarre, ethnische Musik oder New-Age-Musik eignen sich ebenfalls hervorragend.

Anweisungen:
- Lassen Sie die Beleuchtung stark gedämpft.
- Erheben Sie sich und schließen Sie Ihre Augen.
- Bewegen Sie Ihren Körper zu der Musik. Achten Sie auf die unterschiedlichen Auswirkungen der Musik auf Ihren Körper.
- Nachdem Sie sich zu jedem Musikstück bewegt haben, teilen Sie der Gruppe Ihre Eindrücke darüber mit.

Weitere Studien:
- Wenn Sie Lust haben, können Sie einen weiteren Termin für die Fortführung oder Wiederholung der obigen Übung vereinbaren und eine Diskussion über Literatur, die sich mit außergewöhnlichen Bewußtseinszuständen beschäftigt, daran anschließen.
- Laden Sie jemanden zu Ihren Treffen ein, der Menschen in einer spirituelle Praktik unterrichtet, die für die Mehrzahl der Gruppenmitglieder von Interesse ist, z. B. Yoga, Meditation, Aikido, Tai Chi oder Qui Gong.

Abschluß:

Anfragen nach Hilfe. Übermittlung liebevoller Energie an die Gruppenteilnehmer.

Für die folgende Session:
Lesen Sie bis zum nächsten Treffen das folgende Kapitel 6.

Kapitel 6

Die Klärung der Vergangenheit – unsere Herkunft und Kontroll-Dramen

Während unser Held seine Reise in Begleitung von Vater Sanchez über die schmalen, gewundenen Bergpfade der Anden fortsetzt, hat er genügend Zeit, sich darüber Gedanken zu machen, wie er versucht, Energie an sich zu binden, indem er sich unnahbar gibt. Seine Begegnung mit zwei Menschen auf der Straße, denen er sich nicht zu erkennen gibt – wodurch ihm eine wertvolle Information zur Fortsetzung seines Weges verloren geht –, steht in direktem Zusammenhang mit diesem Verhaltensmuster. Niedergeschlagen erkundigt er sich bei seinem Mentor nach dem nächsten Schritt und erfährt, daß er den Sinn seines Lebens entdecken und die Lösung seiner Lebensaufgabe beschleunigen kann, indem er sich sowohl die Errungenschaften wie auch die Fehlleistungen und die Philosophie seiner Eltern verdeutlicht – Voraussetzung ist jedoch, daß er damit aufhört, sein Kontroll-Drama wieder und wieder zu inszenieren. Passenderweise trifft er inmitten der Ruinen von Machu Picchu auf Vater Carl, einen Priester, der ihm bei der Klärung seiner Vergangenheit behilflich ist. Unser Held beginnt zu begreifen, daß er sein ganzes Leben lang an einer Fragestellung gearbeitet hat, die sich bereits in seiner frühesten Kindheit formte.

Die Sechste Erkenntnis

Die Sechste Erkenntnis zeigte uns, daß jeder Mensch das nächste Glied einer Entwicklungskette ist, deren jeweils letzte Glieder die Eltern des Betreffenden sind. Indem wir anerkennen, was unsere Eltern geleistet haben und was nicht, findet sich automatisch ein höherer Grund für unsere Anwesenheit auf diesem Planeten. Sobald wir erkennen, was sie uns wirklich vermacht und was sie uns zur Weiterbearbeitung hinterlassen haben, erhalten wir ein deutlicheres Bild von unserem eigentlichen Wesen und von unserer Aufgabe auf dieser Welt.

Doch weshalb fühlen wir uns trotzdem unerfüllt und nicht völlig verwirklicht? Die Sechste Erkenntnis lehrt, daß wir unsere eigene Entwicklung hemmen, indem wir versuchen, durch einen als Kontroll-Drama bezeichneten Prozeß Energie an uns zu binden. Sobald dies geschieht, unterbrechen wir augenblicklich das Fortschreiten unserer Entwicklung und verwenden ein altes Muster, das wir seit der Kindheit zur Kontrolle unserer Umwelt benutzen, anstatt der Synchronizität zu gestatten, uns vorwärtszubewegen.

Im wesentlichen gibt es zwei aggressive und zwei passive Wege, um Energie zu kontrollieren, unterschiedliche Muster, die wir während unserer Kindheit gelernt haben. Indem wir unser spezifisches Kontroll-Drama identifizieren, beginnen wir auch damit, uns von diesen beschränkenden Verhaltensweisen zu lösen. Sind wir uns erst einmal darüber bewußt, auf welche Weise wir den Energieflow stoppen – der uns ja eigentlich zur Erfüllung unserer Lebensaufgabe leiten soll –, so beginnen wir auch mit dem Erkennen unseres wahren Selbst.

Zurück in die Vergangenheit

Im übertragenen Sinn hat unser Held bis zu diesem Punkt der Geschichte seine Reise mit verbundenen Augen unternommen. Er suchte Antworten, wußte jedoch nicht genau, was seine Fragen sind. Er fühlt sich abwechselnd ruhelos, aufgeregt, verwirrt, defensiv, erschöpft, euphorisch und fasziniert. Er hat keine Idee davon, in welche Richtung er sich eigentlich bewegt, und versteht gleichzeitig nicht, weshalb er dort noch nicht angekommen ist. Klingt das vertraut?

Bisher hat unser Held aus der Ersten Erkenntnis gelernt, daß die ihm begegnenden Fügungen eine tiefere Bedeutung haben und dazu geeignet sind, ihm zu verdeutlichen, daß etwas Mysteriöses in sein Leben eingetreten ist. Aus der Zweiten Erkenntnis erfuhr er, daß es sich bei seinem Bewußtsein um eine historisch signifikante Entität handelt – unser Held möchte Teil dieses spirituellen Erwachens sein. Die Dritte

Erkenntnis führt ihn zu der Einsicht, daß eine unsichtbare, auf seine Denkweise reagierende Energie existiert. Aus der Vierten Erkenntnis lernt er, daß er und andere sich verwickeln, indem sie versuchen, Energie voneinander zu stehlen, und sich als Folge davon erschöpft und unzufrieden fühlen. Die Fünfte Erkenntnis taucht auf, als unser Held auf einem Berggipfel eine spontane Verbindung mit der universellen Energie eingeht. Als er wieder in die gewohnte alltägliche Welt herabsteigt, ist er bereit, eine aktivere Rolle in der synchronistischen Entfaltung seines eigenen Schicksals zu übernehmen.

An diesem Punkt seiner Reise angekommen, weiß er, daß er sich bewußt mit der universellen Quelle verbinden kann, und er beginnt damit, sein Leben auf einer neuen Bewußtseinsstufe zu etablieren. Er ist bereit, die Frage seines Lebens zu stellen und seine Kontrollsucht aufzugeben.

Das Erbe der Eltern

Unser Held befindet sich nun an einem Punkt, von dem aus er überblicken kann, welches Erbe seine Eltern ihm hinterlassen haben. Ihm wird mitgeteilt, daß er seine wahre spirituelle Identität erfahren wird, sobald er lernt, sein gesamtes Leben als eine einheitliche, lange Geschichte zu begreifen. Er muß die Ereignisse seines Lebens, von der Geburt bis zur Gegenwart, nach ihrer höheren Bedeutung untersuchen und sich die Frage stellen: »Weshalb wurde ich ausgerechnet in meine Familie geboren?« Vater Carl drückt es wie folgt aus: »Jeder von uns muß in seine Kindheit und zu den Ereignissen in seiner Familie zurückkehren und sich darüber klarwerden, was dort geschehen ist. Sind wir uns einmal unseres Kontroll-Dramas bewußt, können wir uns um die höhere Wahrheit unserer Familie kümmern ... die unser Leben mit Energie erfüllt, denn die Wahrheit verrät uns, wer wir sind, auf welchem Weg wir gehen und was wir tun.«[1]

Die Einrichtung der Bühne in früher Kindheit

Ein Beispiel dafür, wie sehr bestimmte Familieneinflüsse für die Entwicklung einer Person verantwortlich sind, bietet das Leben des Schriftstellers und Nobelpreisträgers Albert Camus. Bis kurz vor seinem Tod, durch einen Autounfall im Jahr 1960, arbeitete er an einem Roman, der größtenteils autobiographischer Natur war. Dieses erst vor kurzem veröffentlichte Werk beschreibt Camus' frühe Kindheit als einen Lebensabschnitt, der im wesentlichen durch den Verlust seines im Ersten Weltkrieg gefallenen Vaters dominiert wurde.

Camus wuchs in einem weitgehend unkommunikativen Haushalt unter der Obhut seiner Mutter und seines Onkels auf, die beide Analphabeten und zudem fast völlig taub waren. Aus dieser Situation heraus schuf Camus ein Werk, das sich vordringlich mit der Entfremdung des Menschen beschäftigte und dessen stilistische Mittel sich wohl am besten mit den Worten schonungslos nüchtern bezeichnen lassen. Selbst die Titel seiner Romane »Der Fremde«, »Die Pest« und »Der Fall« lassen auf die Perspektive des Außenseiters schließen. Ein Feind jeglicher Ideologie, die sich Menschen zu Untertanen machte, wandte Camus sich gegen die damals unter Intellektuellen populäre linksgerichtete Ideologie und Philosophie. In seiner Ansprache zur Entgegennahme des Nobelpreises sprach Camus von einem tobenden, rebellierenden Drang danach, »für die Sprachlosen zu sprechen«. Es war Camus gelungen, die schwierigen Erfahrungen seiner frühen Kindheit in eine künstlerische Betrachtung über Entfremdung zu transformieren und einer ganzen Gesellschaft mitzuteilen.

Fallstudie

Ein weiteres Beispiel dafür, wie parentale Einflüsse einen fruchtbaren Boden für die Entwicklung des Kindes schaffen, stammt aus dem Leben von Penney Peirce, einer Intuitiv-Trainerin und Lebensberaterin, die uns das Erbe ihrer Eltern mitteilte. Peirce ist der Ansicht, daß sie bereits durch ihre Geburt einen Zweck erfüllte und sich ihre Eltern selbst gewählt hat, da nur diese dazu in der Lage gewesen seien, die geeigneten Konditionen für eine Manifestation ihrer Lebensaufgabe zu liefern. »Beide Eltern hatten das Kleinstadtleben hinter sich gelassen und anschließend das ganze Land bereist. Mein Großvater war von Beruf Priester, mein Vater hatte sich den spirituellen Aspekten des Lebens dagegen weitgehend verschlossen. Er war ein brillanter Ingenieur und später dann Management-Consultant, doch machte er sich nie einen bedeutenden Namen und erwarb keinen Titel, was ihm eigentlich hätte ein leichtes sein müssen. Er war ein guter Organisator und stand für Stabilität und Struktur, war jedoch ebenfalls ein frustrierter Philosoph. Meine Mutter war ebenfalls hochintelligent und wurde Architektin und Bildhauerin. Sie repräsentierte den künstlerischen Aspekt in unserer Familie, war allerdings gleichzeitig auch eine unerfüllte Schriftstellerin. Beide steckten voller Ambitionen und wollten etwas Bleibendes schaffen. Häufiges Umziehen in meiner Jugend sorgte dafür, daß ich frühzeitig mit allen möglichen Lebenssituationen konfrontiert wurde – Stadtleben, Landleben sowie Begegnungen mit unterschiedlichen Rassen machten mich zu einem regelrechten Synthesizer multi-kultureller und multi-dimensionaler Ansichten. Ich habe mir schließlich den von meinem Vater abgelehnten spirituellen Lebensaspekt angeeignet und berate gegenwärtig Geschäftsleute über eben diesen Aspekt bei ihrer Arbeit. Meine Schwester verfolgte eine akademische Laufbahn – etwas, was beide Eltern nicht erreicht haben, und sie hat mittlerweile promoviert. Als nächstes werde ich mein Buch über die Bedeutung der Intuition fertigstellen.«

Fallstudie

Jemand, der die Sechste Erkenntnis studiert hatte, beschrieb die Einflüsse seiner Eltern folgendermaßen: »Um die Ereignisse meiner frühen Kindheit aufzuarbeiten, habe ich viel Zeit in Therapie verbracht, bin aber jetzt zum ersten Mal in der Lage, meinen Eltern gegenüber Mitgefühl zu empfinden und sie als wirkliche Menschen wahrzunehmen. Bis dahin war es mir nicht gelungen, ihre Lebensgeschichten als etwas für mich Wertvolles zu betrachten. Mit einem Mal erkannte ich jedoch, wie ähnlich ich ihnen bin, besonders meinem Vater, den ich schärfstens zu kritisieren pflegte. Ich bin von Beruf Buchhalter und leite außerdem ein Aufklärungsprogramm für Alkoholiker. Mein Traum ist es, ein Aufklärungsvideo über die Alkohol- und

Drogenproblematik zu produzieren. Ich dachte immer, mein Vater sei mit einem goldenen Löffel im Mund zur Welt gekommen, doch wurde er aus dem Militär als Major verabschiedet und endete schließlich als Hausmeister. Ich erinnere mich daran, wie ich als Kind meine Mutter weinend vor dem Bügelbrett habe stehen sehen. Sie war eine intelligente und fähige Frau, allerdings hundertprozentig frustriert und voller Angst.

Ich bin mir darüber im klaren, daß ich es mir kaum leisten kann, mein Projekt nicht zu beenden. Die Frustration meiner Mutter zu sehen verdeutlicht mir, wie hoch der Preis dafür wäre, es nicht zu versuchen. Es wäre das Eingeständnis meines Versagens. Ich lerne gerade, daß ich meine Freiheit behalten und trotzdem verantwortlich handeln kann. Wenn ich Verantwortung übernehme, dann deshalb, weil es ein angenehmes Gefühl ist, und nicht etwa deshalb, weil ich andern damit gefallen will. Die Übungen aus der Sechsten Erkenntnis zu absolvieren, hat mein Urteil über meine Eltern revidiert, und, was noch viel wichtiger ist, ich bin bereit, meine Ängste zu überwinden und neue Risiken einzugehen.«

Fallstudie

Larry L. ist ein kalifornischer Geschäftsmann, der seinen eigenen Getränkebetrieb aufgemacht hat. Als gebürtiger Texaner hatte Larry einige Schwierigkeiten mit dem Konzept von Fügungen und der Aufgabe seiner Kontrollsucht: »Ich stand dem Konzept des Erbes der Eltern mit ziemlich gemischten Gefühlen gegenüber, weil ich bereits eine Menge Therapie über mich habe ergehen lassen und eigentlich der Ansicht war, meine Kindheit ausreichend aufgearbeitet zu haben. Die Absolvierung dieser Übung sorgte jedoch für eine grundlegende Veränderung in meinem Leben. Ich konzentrierte mich darauf, die guten Absichten hinter dem Einfluß meiner Eltern zu erkennen, und fühlte, daß meine Eltern die mir am verwandtesten Geister sind und daß sie mich auf mein Leben vorbereitet haben. Sie sind liebesfähige und erfolgreiche Menschen, allerdings fest entschlossen, jeden Aspekt ihres Lebens unter Kontrolle zu halten. Die Lektion, die ich von ihnen mit auf den Weg bekam, läßt sich mit den Worten: ›Du mußt lernen, dich unter Kontrolle zu bekommen!‹ zusammenfassen. Selbstverständlich habe ich mein ganzes Leben damit verbracht, mich außer Rand und Band aufzuführen. Ich bin jetzt der Überzeugung, daß ich dieses Extrembeispiel von Furcht und Kontrolle brauchte, um mich dem Universum leichter anvertrauen zu können. In meiner Kindheit hielt ich sogar die Natur für etwas Furchterregendes. Ich fühlte mich in der U-Bahn wohler als im Wald. Ich sehe jetzt, daß es sich bei meinen sogenannten Entscheidungen im Leben in Wirklichkeit um Reaktionen auf meine Herkunft handelte.

> »Einatmend beruhige ich
> meinen Körper,
> Ausatmend kann ich lächeln.
> Im Augenblick weilend
> weiß ich, daß er
> wunderbar ist!«[2]
> Thich Nhat Hanh

Ich war immer stolz auf meine skeptische und pessimistische Art und Weise, die Dinge zu betrachten, deshalb stellt dieser schmale Silberstreifen am Horizont meiner Kindheit bereits eine einschneidende Veränderung in meinem jetzigen Leben dar. Ich habe jetzt viel mehr Mitgefühl für meine Eltern, es ist, als sei etwas in mir geheilt worden, von dessen Existenz ich bis dahin noch nicht einmal gewußt habe.

Ich habe einige Arbeit an meiner Lebensproblematik absolviert und bin zu dem Entschluß gekommen, daß ich hier etwas zu erledigen habe, was noch niemand zuvor getan hat. Ich gehe davon aus, daß diese Information über Vertrauen das nächste fehlende Teil in meinem Puzzle ist.«

Interne Verschiebungen

In allen drei Fallstudien hat eine Verschiebung der Wahrnehmung stattgefunden. Alle drei Personen waren in der Lage, ihre Geschichte auf eine Weise zu betrachten, die es ihnen erlaubte, sich damit in positive Verbindung zu setzen. Ihre Berichte beweisen, daß interne Paradigmenwechsel möglich sind, und durch individuelle Veränderungen in der Betrachtungsweise der Welt verändert sich schließlich die Weltsicht einer ganzen Kultur.

Lebensfrage

»... [Buddha] hat uns gelehrt, daß soziale Institutionen mit und durch uns entstehen. Sie sind keine von unserem Innenleben unabhängigen Strukturen oder Leinwände, vor denen sich unsere Privatdramen abspielen oder vor denen wir unsere Tugenden und unser Mitleid zur Schau stellen ... Als institutionalisierte Formen unserer eigenen Ignoranz, unserer Ängste und unserer Gier, gewinnen sie ihre eigene Dynamik. Das Ego und die Gesellschaft stellen nicht nur gleichermaßen Realitäten dar, sondern bedingen einander.«[3]

Joanna Macy,
World as Lover, World as Self

Unserem Helden wird im Verlauf des Romans erzählt: »Sie sind hier, weil sich hier der Schlüssel zu Ihrer Weiterentwicklung befindet. Ihr ganzes Leben war nur ein langer vorbereitender Weg, der Sie direkt auf diesen Augenblick hingeführt hat.«[4] Genau wie unser Held, sind auch Sie jetzt bereit, sich bewußt weiterzuentwickeln. Legen Sie das Buch jetzt für einen Augenblick aus der Hand und denken Sie darüber nach, was diese Aussage für Sie persönlich bedeutet.

Erinnern Sie sich daran, wie Sie auf die *Prophezeiungen von Celestine* und auf andere Bücher über inneres Wachstum oder mit spirituellen Inhalten gestoßen sind. Können Sie erkennen, daß ihr gesamtes Leben Sie auf diesen Moment, auf das Lesen dieser Seite vorbereitet hat? All Ihre Erfolge, Interessen, Frustrationen und Wachstumsphasen dienten nur dazu, Sie auf diesen Augenblick vorzubereiten, in dem Sie die Erkenntnisse erforschen.

In dem nun folgenden Einzelstudium werden Sie Gelegenheit erhalten, den Einfluß Ihrer Eltern genau in Augenschein zu nehmen. Nachdem Sie verstanden haben, wie sehr Sie vom Leben Ihrer Eltern beeinflußt wurden, fahren Sie mit der in Kapitel 2 begonnenen Analyse Ihres eigenen Lebens und der Anfertigung Ihrer persönlichen Zeitspur fort. Das Studium Ihrer Eltern und ihres Einflusses auf Sie und Ihr Leben sowie das Studium Ihrer eigenen Geschichte sollen Ihnen bei der Enthüllung Ihrer Lebensproblematik behilflich sein.

Was sind Kontroll-Dramen?

Die Vierte Erkenntnis zeigte uns, daß Menschen miteinander um Energie wetteifern, weil sie durch die Energie des anderen einen psychologischen Aufschwung erfahren. Deshalb sind wir gewöhnlich der Ansicht, Aufmerksamkeit, Liebe, Anerkennung, Unterstützung – allesamt Energieformen – von anderen Menschen erhalten zu müssen. Ausgehend von den Interaktionen, die wir als Kinder mit unseren Eltern hatten, verfügen wir über mehr oder weniger perfektionierte Methoden, mit deren Hilfe wir Energie in unsere Richtung lenken.

Der erste Schritte auf dem Weg zu einem bewußten Umgang mit diesem Verhalten besteht darin, daß wir uns über unsere Muster der Vergangenheit, unsere Ängste, die Fehlinformationen sowie unsere Kontrollversuche gegenüber einem ungehinderten Energiefluß klarwerden. Bereits sehr frühzeitig und unbewußt haben wir damit begonnen, uns an unsere Umgebung zu gewöhnen und anzupassen. Die Art und Weise, wie unsere Eltern uns behandelten und wie wir uns in ihrer Gegenwart fühlten, bildete die Teststrecke für die Verhaltensmuster, die wir zur Lenkung von Energie auf unsere Person adaptierten oder entwickelten.

In den *Prophezeiungen von Celestine* erfahren wir: »In die eigene Vergangenheit zurückzukehren, zurück zu den Anfängen des Familienlebens ... Die Anfänge zu sehen, heißt auch, unsere Kontrollmechanismen verstehen zu lernen. Erinnere dich, daß die meisten unserer Familienmitglieder selbst Kontroll-Dramen entwickelt haben, um die Energie von uns Kindern abzuziehen. Deshalb haben wir überhaupt damit begonnen, Kontroll-Dramen zu entwickeln. Es war unsere einzige Chance, Energie zurückzugewinnen, und alle unse-

> »Während ihrer Schwangerschaft spielte meine Mutter beinahe ohne Unterlaß Klavier ... Ich habe nicht die leiseste Idee, wie mein Leben verlaufen wäre, wenn meine Eltern meinen Wunsch, Musik zu studieren, nicht unterstützt hätten.«[5]
>
> Glenn Gould, Pianist

re Dramen stehen grundsätzlich in bezug zu den Familienmitgliedern. Gelingt es uns jedoch, die energetische Dynamik unserer jeweiligen Familie zu erkennen, können wir hinter diese Kontrollstrategien schauen und einen Blick auf die wirklichen Abläufe werfen.«[6]

Im Manuskript ist von vier Hauptmöglichkeiten der Energiemanipulation die Rede, die in engem Zusammenhang miteinander stehen. Manche Menschen benutzen mehr als nur einen Weg, um Energie auf sich zu lenken, doch die meisten von uns haben ein vorherrschendes Kontroll-Drama, das sich bereits in der frühen Kindheit etabliert hat und häufig wiederholt wird.

Die unterschiedlichen Kontroll-Dramen

Der Einschüchterer

Diese Personen binden Aufmerksamkeit und damit Energie durch die Hilfe von Lautstärke, physischer Kraft, Drohungen sowie unvorhersehbaren Temperamentsausbrüchen an sich. Einschüchterer dominieren, indem sie ihr Gegenüber mit der ständigen Drohung eines verletzenden Kommentars, ihres Zornes und, in extremen Fällen, Wutausbrüchen in Schach halten. Der Einschüchterer steht immer im Mittelpunkt. In seiner Gegenwart fühlen Sie sich verängstigt oder unruhig.

Die Spannbreite des Verhaltens dieser Egozentriker reicht vom bloßen Herumkommandieren, unentwegtem Reden, autoritärem Verhalten, Unflexibilität und fortwährendem Sarkasmus bis hin zur Anwendung körperlicher Gewalt. Der Typus des Einschüchterers ist vermutlich am deutlichsten von der Zufuhr universeller Energie abgeschnitten. Anfänglich zieht er Menschen durch eine Aura der Macht in seinen Wirkungskreis.

Jedes der vier Kontroll-Dramen kreiert eine spezifische Dynamik, die auch als »Ergänzungs-Drama« bezeichnet wird. Das Ergänzungs-Drama des Einschüchterers besteht hauptsächlich im Drama des »Armen Ich« – eine energetisch extrem passive Dynamik. Das Arme Ich ist der

Meinung, durch den Einschüchterer in furchterregendem Ausmaße seiner Energie beraubt zu werden und bemüht sich deshalb, diesen bedrohlich erscheinenden Energiefluß durch das Einnehmen einer sich krümmenden, hilflosen Attitüde zu stoppen: »Schau mal, was du mir angetan hast. Tu mir nicht weh, ich bin zu schwach.« Das Arme Ich versucht, dem Einschüchterer Schuld einzuflößen, damit er seine Angriffe einstellt und sich der Flowzustand für das Arme Ich wieder einstellt. Die andere Möglichkeit für ein Ergänzungsdrama wäre ein Gegen-Einschüchterer. Dieses Drama ist häufig dann zu beobachten, wenn das Arme-Ich-Verhalten keine Wirkung zeigt oder, mit noch höherer Wahrscheinlichkeit, wenn die andere Person ebenfalls als aggressiv zu bezeichnen ist und sich gegen den Einschüchterer zur Wehr setzt. Wenn es sich bei einem Ihrer Elternteile um einen Einschüchterer gehandelt haben sollte, so ist die Wahrscheinlichkeit groß, daß es sich bei einem seiner Elternteile ebenfalls entweder um einen Einschüchterer oder ein Armes Ich gehandelt hat.

Der Vernehmungsbeamte

Obwohl körperlich weniger bedrohlich, sind diese Personen doch in der Lage, Willen und Geist durch ständiges Hinterfragen aller Aktivitäten und Motivationen zu zerbrechen. Als feindseliger Kritiker sucht der Vernehmungsbeamte andauernd nach einer Gelegenheit, um zu beweisen, daß andere unrecht haben. Je mehr diese Menschen an unseren Fehlern und Unzulänglichkeiten herumnörgeln, desto mehr Beachtung kommt ihnen zu, bis ihr Gegenüber schließlich auf jede ihrer Bewegungen reagiert. Während Sie damit beschäftigt sind, sich dem Vernehmungsbeamten gegenüber zu beweisen oder ihm Rede und Antwort zu stehen, erhält er Ihre Energie. Vermutlich wird alles, was Sie sagen, irgendwann gegen Sie verwandt werden, und Sie werden den Eindruck nicht los, unter permanenter Überwachung zu stehen.

Überwachsam, reicht ihr Verhaltensspektrum von zynisch, skeptisch, sarkastisch, stichelnd, perfektionistisch, selbstgerecht bis bösartig-manipulativ. Anfänglich scheinen sie durch ihren Witz, unschlagbare Logik, Faktenwissen und Intellekt zu bestechen.

Vernehmungsbeamte als Eltern sorgen für unnahbare Kinder, manchmal auch für Arme Ichs. Beide trachten danach, dem Bohren des Vernehmungsbeamten zu entkommen. Unnahbare wollen sich dem Zwang, antworten zu müssen und der ständig stichelnden Kritik entziehen (und damit dem Verlust ihrer Energie).

Der Unnahbare

Diese Personen sind in ihrer eigenen inneren Welt der ungelösten Konflikte, Ängste und Selbstzweifel gefangen. Unterbewußt sind sie der Ansicht, daß, wenn sie mysteriös oder über den Dingen stehend erscheinen, andere sie aus dieser Position erlösen werden. Oftmals einsam, sind sie auf Distanz bedacht, da sie fürchten, einen fremden Willen aufgedrängt zu bekommen oder in ihren Entscheidungen hinterfragt zu werden (so wie es die elterlichen Vernehmungsbeamten getan haben). Sie sind der Ansicht, alles selbst erledigen zu müssen, und bitten nicht um Hilfe. Sie beanspruchen viel »Freiraum« und vermeiden es oft, bindende Zugeständnisse zu machen. Als Kindern wurde ihnen häufig der Wunsch nach Unabhängigkeit und die Würdigung ihrer eigenen Identität verweigert.

Sie neigen dazu, sich auf der Seite des Armen Ichs anzusiedeln und realisieren oftmals nicht, daß ihre eigene Unnahbarkeit der Grund für die Unerfülltheit ihrer Wünsche (d. h. Geld, Liebe, Selbstwertgefühl) und für ihre Gefühle der Stagnation und Verwirrung ist. Ihre Hauptprobleme sehen sie häufig in der Abwesenheit von Dingen (Geld, Freunde, soziale Kontakte, Bildung).

Das Spektrum ihres Verhaltens reicht von desinteressiert, unzugänglich bis zu nicht hilfsbereit, herablassend, abweisend, widerspenstig und heimtückisch.

Erfahren im Umgang mit Distanz als Verteidigungswaffe, neigen sie dazu, ihre eigene Energie mit Begründungen wie »Ich bin anders als andere«, »Niemand versteht, was ich wirklich will«, »Ich bin verwirrt«, »Ich mache bei diesen Spielen nicht mit«, »Wenn ich nur ... hätte« abzuschneiden. Während sie alles und jeden zu Tode analysieren, gehen ihnen die besten Gelegenheiten durch die Lappen. Tauchen

Konflikte oder gar Konfrontationen am Horizont auf, so wird der Unnahbare unverbindlich und verschwindet buchstäblich (versteckt sich hinter dem Anrufbeantworter oder hält Verabredungen nicht ein). Zu Beginn wirken diese Personen durch ihre mysteriöse und verschlossene Art anziehend und interessant.

Unnahbare kreieren gewöhnlich Vernehmungsbeamte, können sich aber auch mit Einschüchterern und Armen Ichs auf ein Drama einlassen.

Das Arme Ich oder Opfer

Diese Personen meinen, unter Kräftemangel zu leiden, der es ihnen unmöglich macht, die Herausforderungen der Welt aktiv anzugehen. Deshalb versuchen sie durch das Erregen von Mitleid, Energie in ihre Richtung zu lenken. Häufig schweigend, ähneln sie dem Unnahbaren, doch stellt das Arme Ich für gewöhnlich sicher, daß sein Schweigen nicht sang- und klanglos untergeht.

Als eingeschworener Pessimist zieht das Arme Ich mit besorgtem Gesichtsausdruck, lautem Seufzen, Zittern, Weinen, In-die-Ferne-Gestarre, zögerlichen Antworten und dem Wiedererzählen wehmütig erinnerter Träume und Lebenskrisen die Aufmerksamkeit anderer auf sich. Arme Ichs lieben es, anderen den Vortritt zu lassen und sich den Wünschen anderer zu fügen. Ihre Lieblingsworte lauten: »Ja, aber ...«

Anfänglich bestechen die Armen Ichs durch Verletzlichkeit und Hilfsbedürftigkeit. Sie sind allerdings nicht an wirklichen Lösungen ihrer Probleme interessiert, denn dadurch würden sie die Quelle ihrer Energie verlieren. Sie neigen ebenfalls dazu, sich übermäßig entgegenkommend zu verhalten, was schließlich dazu führt, daß sie sich ausgenutzt fühlen und wieder ihre »Armes-Ich«-Methode zur Energiegewinnung zur Anwendung bringen können. Leisten sie Hilfe, so verfügen sie nur selten über die Fähigkeit, Grenzen zu setzen, sie sind defensiv, entschuldigend, geschwätzig und versuchen die Probleme anderer zu lösen. Sie lassen sich z. B. durch ihre Attraktivität oder das Gewähren sexueller Gefälligkeiten zu Objekten machen, beschweren sich anschließend jedoch darüber, daß man sie ausgenützt hätte.

Die Armen Ichs bestärken ihre Opferrolle, indem sie sich Partner suchen, von denen sie bedroht werden. In extremen Fällen häuslicher Gewaltanwendung involviert ein Einschüchterer das Arme Ich in zunehmend gewalttätiger werdende Episoden körperlichen und geistigen Mißbrauchs, bis die Zustände schließlich untragbar werden. Nach dem Erreichen dieses Höhepunktes zieht der Einschüchterer sich zurück und entschuldigt sich, wodurch er Energie an das Arme Ich leitet und es von neuem in den Zirkel lockt.

Referenztabelle: Positionen der Kontroll-Dramen

Aggressiv

Einschüchterer

Äußeres Verhalten	Innerer Kampf
Leugnen, Weigerung zuzuhören	Angst, kontrolliert zu werden.
Ärger	Angst, nicht genug zu bekommen.
Ich bekomme es, egal wie.	Jemand kommt mir zuvor.
Arroganz	Niemand beachtet mich.
Erst ich.	Niemand kümmert sich um mich.
Kontrolle	Ich muß es allein schaffen.
Wut	Keiner hat sich je um mich gekümmert.
Gewalt	Ich bin tot.

Wirkung beim anderen	**Ergänzendes Drama**
Furcht	Armes Ich: »Tu mir nicht weh. Ich tu dir ja auch nichts.«
Ärger	Einschüchterer: »Du kannst mir nicht weh tun. Ich wehre mich.«
Rachsüchtig	Vernehmungsbeamter: »Du bist nicht so mächtig wie du vorgibst zu sein. Wo liegen deine Schwächen?«
Verneinend	Unnahbarer: »Ich werde dich nicht konfrontieren.«

Vernehmungsbeamter

Äußeres Verhalten	Innerer Kampf
Wer glaubt du eigentlich zu sein?	Mangelnde Anerkennung als Kind.
Wohin gehst du?	Die Leute lassen mich allein zurück, und ich habe Angst.
Warum hast du nicht ...?	Ich brauche einen Beweis deiner Liebe.
Warum machst du nicht ...?	Du wirst mich verlassen.
Ich habe dir gesagt, daß ...	Du brauchst mich. Ich brauche dich.

Wirkung beim anderen	**Ergänzendes Drama**
Gefühl, überwacht zu werden	Unnahbarer: »Du hast keine Ahnung, was ich denke.«
Verneinend	Unnahbarer: »Du bist mächtiger als ich. Du bist mehr als ich.«
Falsch	Märtyrer/Armes Ich: »Irgendwann wirst du meinen wahren Wert erkennen.«

Passiv

Unnahbarer

Äußeres Verhalten	Innerer Kampf
Ich bin noch nicht soweit.	Ich weiß nicht, ob ich überleben kann.
Ich brauche mehr (Geld, Bildung, Zeit)	Ich traue mir selbst nicht, ich habe Angst.
Ich weiß nicht, ich bin mir nicht sicher. Vielleicht.	Ich stolpere in eine Falle, aus der ich nicht mehr herauskomme.
Ich gebe dir Bescheid.	Ich bin mir über meine Gefühle nicht im klaren.

Wirkung beim anderen	**Ergänzendes Drama**
Verunsicherung	Vernehmungsbeamter: »Bist du mir böse?«

Äußeres Verhalten	Innerer Kampf
Verdächtigung	Vernehmungsbeamter: »Was habe ich jetzt wieder falsch gemacht?«

Armes Ich

Ich bin müde.	Ich tue so viel, doch niemand nimmt mich zur Kenntnis.
So bin ich nun einmal.	Ich kenne keinen anderen Weg, um an Energie zu gelangen.
Ich versuche mein Bestes.	Wenn ich mich verändere, liebst du mich nicht mehr.
Mir geht's gut.	Ich bin dir egal.
Ich mache das schon.	Du brauchst mich. Ich brauche dich.
Mach dir keine Sorgen um mich.	Ich brauche Anerkennung.

Wirkung beim anderen	**Ergänzendes Drama**
Schuldig	Einschüchterer: »Du willst mich kontrollieren.« Vernehmungsbeamter: »Du denkst nur an dich.«

Zu Beginn ist es oftmals einfacher, diese Dramen bei anderen Personen zu beobachten. Eine Frau, die erst kürzlich die *Prophezeiungen von Celestine* gelesen hatte, berichtete folgende Geschichte: »Eine Mutter kam mit ihrer neunjährigen Tochter in ein Schuhgeschäft. Das gelangweilte kleine Mädchen fragte in einem fort: ›Mutti, Mutti. Welche Farbe haben die Schuhe, die du kaufen willst?‹ Die mit dem Absuchen der Schuhregale beschäftigte Mutter schenkte dem Kind jedoch keine Beachtung. Das Kind stellte die Frage daraufhin in einem immer weinerlicher werdenden Tonfall, auf den die Mutter ebenfalls nicht reagierte. Früher hätte ich das kleine Mädchen nur als Plage betrachtet, jetzt, nachdem ich weiß, was ein Kontroll-Drama ist, wäre ich beinahe zu der Mutter gegangen und hätte ihr gesagt, daß sie durch ihre Unnahbarkeit einen kleinen Vernehmungsbeamten heranzüchtet.«

Die Basis von Kontroll-Dramen ist Angst

Jeder der oben erwähnten Kontroll-Mechanismen beruht auf der ursprünglichen Furcht, daß wir ohne die Verbindung zu unseren Eltern nicht überlebensfähig sind. Tatsächlich sind unsere Eltern die Basis für unser Überleben, und wenn wir als Kinder Energie benötigten, um uns sicher zu fühlen, benutzten wir eines der Kontroll-Dramen, von dem wir wußten, daß es funktioniert.

Mit dem Wissen darüber, daß eine uns allen zugängliche universelle Energiequelle existiert, brauchen wir uns nun nicht länger mit unseren alten Kontroll- und Überlebensmustern zu identifizieren. Diese auf Angst basierenden Dramen zu transformieren, indem wir uns mit unserer inneren Quelle verbinden, ist gleichbedeutend damit, auf einer höheren feinstofflichen Ebene zu vibrieren. Werden diese Kontroll-Dramen ausreichend erhellt, so können sie in positive Attribute umgewandelt werden.

Eine einunddreißigjährige alleinstehende Mutter, die als Empfangsdame arbeitet, möchte mehr aus ihrem Leben machen. Sie hat einen Traum, den sie sich verwirklichen möchte, und Ihre Frage dazu lautet: Wie kann ich mich finanziell unabhängig machen? Im Verlauf ihrer Eltern-Analyse stieß sie auf folgende Familiengrundsätze, die von beiden Elternteilen geprägt wurden:

- »Manchmal mußt du auch Dinge gegen deinen Willen tun.«
- »Ausleben kannst du dich später.«
- »Sei in deinem Leben auf Tragödien vorbereitet.«
- »Ein Menschenleben reicht nicht aus, um alles zu tun.«
- »Wer rastet, der rostet.«
- »Es ist alles gut so, wie es ist, verändere bloß nichts.«

Bei ihren Eltern handelte es sich um hart arbeitende Menschen mit den besten Absichten, die jedoch weder Leidenschaft noch Freude in ihrem Leben hatten. Als sie versuchte, sich finanziell auf eigene Beine zu stellen und ortsunabhängig zu machen, bemerkte sie, daß ihre Familiengrundsätze sie an der Erfüllung ihres Traumes hinderten. Obwohl sie wußte, daß es wichtig sein kann, planvoll vorzugehen, erkannte sie am Beispiel ihrer Eltern, daß übermäßige Vorsicht nicht zu einem erfüllten Leben führt. Ihr fiel außerdem auf, daß sie besonders dazu neigte, den letzten der Grundsätze für sich zu wiederholen, sobald sie daran dachte, ihre augenblickliche Arbeit aufzugeben. Zusätzlich dazu lebte sie in einer ständigen Wartehaltung (»Ausleben kannst du dich später«) auf die Auszahlung eines gerichtlichen Vergleiches. So reflektierte ihr Leben auf subtile Weise die frühen Glaubenssätze ihrer Eltern.

Beantworten Sie die folgenden Fragen für sich:

- Wovor hatte Ihre Mutter Angst? Welches Verhalten hat sie dabei zur Schau gestellt?
- Wovor hatte Ihr Vater Angst? Welches Verhalten stellte er dabei zur Schau?
- Wovor haben Sie Angst? Wie verhalten Sie sich? Gibt es in Ihrem Verhalten Ähnlichkeiten mit dem ihrer Eltern?

Die Transformation von Kontroll-Dramen

Haben wir einmal unser inneres Zentrum gefunden, werden uns auch unsere Kontroll-Dramen bewußt, und wir erhalten die Möglichkeit, unsere alten Gewohnheiten in positive und stärkende Bestandteile unseres Lebens zu verwandeln:

Einschüchterer/Führungspersönlichkeit. Sobald der Einschüchterer mit seiner wahren Energiequelle in Verbindung tritt, gewinnt er zunehmend Selbstvertrauen, welches ihm Führungsqualitäten verleiht. Bestimmt, ohne dominant zu sein, selbstbewußt, aber nicht arrogant, fällt es ihm leichter, Herausforderungen anzunehmen und zu genießen sowie die Mitarbeit von anderen zu gewinnen.

Ein sechzigjähriger Management-Consultant und ehemaliger Fabrikbesitzer beschreibt sich selbst als ehemaligen »Schweinehund auf Rädern«, der fast keinen Streit verlor und sich seiner Illusion von Macht über andere von ganzem Herzen hingab. Bankrott und Scheidung erwiesen sich für ihn als gleichermaßen erniedrigend und führten ihm vor Augen, wie sehr sein Leben aus dem Gleichgewicht geraten war. Heute arbeitet er als Ausbilder von Führungskräften und hilft ihnen dabei, ihre wahre Quelle zu finden und ihre Entscheidungen dementsprechend zu fällen. Kontaktaufnahme mit seinen Gefühlen und daraus gewonnene Integrität beim Umgang mit sich und anderen befreite den Mann aus seinem selbstauferlegten Exil.

Vernehmungsbeamter/Berater. Ein transformierter Vernehmungsbeamter läßt seine Neugier und sein Interesse meistens in eine Forschungstätigkeit einfließen. Unterstützt durch seine weiterentwickelten Talente zur zwischenmenschlichen Kommunikation ist es ihm so ein leichtes, zum Lehrer, Lebensberater oder Anwalt zu werden.

Eine fünfundvierzigjährige Frau und ehemaliges Mitglied im leitenden Management eines internationalen Finanzunternehmens war vor allem für ihren unfehlbaren analytischen Verstand und ihr Gespür für das Auffinden von Fehlerquellen im Recherchenbereich bekannt. Die Tatsache, daß sie dort von allen respektiert wurde, reichte allerdings nicht aus, um ihre emotionale Leere zu füllen, die sich so sehr verstärkte, bis die Frau durch die Inhaltslosigkeit ihres Lebens so überwältigt wurde, daß sie körperlich schwer erkrankte. Ihre Krankheit zwang sie dazu, ihr bisheriges Leben zu überdenken, und sie begann ein Psychologiestudium. Mittlerweile führt sie ihre eigene Praxis.

Unnahbarer/Freier Denker. Haben sie sich einmal der Notwendigkeit entledigt, unbedingt Außenseiter sein zu müssen, so gelingt es den Unnahbaren oft, Kontakt mit ihrer Intuition aufzunehmen und Weisheit sowie Kreativität in ihr Lebenswerk zu integrieren. Häufig werden sie zu Priestern, üben Heilberufe aus oder werden Künstler.

Ein ehemaliger Priester, der sich buchstäblich hinter seiner Kanzel versteckte, unterzog sich durch einen Berufswechsel zum Hochschullehrer einer grundlegenden Wandlung. Obwohl er sich anfangs noch als »Prediger« verstand und damit für eine starke Trennung zwischen sich und seiner Gemeinde sorgte, schockierten ihn einige vernichtende Kritiken von seiten der Gemeindemitglieder und vermenschlichten ihn derartig, daß er seine strengen und ihn von anderen Menschen isolierenden Glaubensgrundsätze nicht länger aufrechterhalten konnte.

Armes Ich/Reformator. Sobald das Arme Ich wahre Zuwendung und Einheit erfahren hat, gelingt es ihm meist, in seiner eigenen Kraftquelle Ruhe zu finden und zu einem mitfühlenden Reformator oder Sozialarbeiter zu werden bzw. einen Heilberuf auszuüben.

Ein Inzestopfer, das im Alter von fünfzehn vergeblich versucht hatte, sich das Leben zu nehmen, verbrachte Jahre in therapeutischer Behandlung, um herauszufinden, was der Grund für ihre Depressionen war. Nach einigen Beziehungen mit Einschüchterern, Arbeitslosigkeit und Konfrontation mit der Tatsache, daß ihr Bruder AIDS hatte, blieb ihr nichts anderes übrig, als sich einem umfassenderen Verständnis ihres Schicksals zu unterwerfen. Ihre darauf folgende innere Genesung verlieh ihr die Fähigkeit, anderen bei der Suche nach der in ihrem Schmerz verborgenen Wahrheit behilflich zu sein.

In den meisten Fällen wurde die Transformation dieser Menschen durch eine Erfahrung katalysiert, die auf den ersten Blick wie ein negatives Ereignis aussieht – Scheidung, Konkurs oder Krankheit. Schmerz, Desillusionierung, Erniedrigung, Isolation und ein Gefühl des Versagens sind essentielle Elemente in der Einleitung dieses Heilprozesses, da die betreffenden Personen dadurch willens wurden, *Verantwortung für die Notwendigkeit ihres eigenen Lernprozesses zu übernehmen.*

Die Analyse der Kontroll-Dramen

Eine der häufigsten Fragen meiner Leser lautet: »Was kann ich tun, um aus meinem Kontroll-Drama auszusteigen? Was sind die ersten Schritte?«

Machen Sie sich Ihr eigenes Verhalten bewußt. Der erste Schritt auf dem Weg zur Brechung Ihres Musters besteht in der Bewußtmachung des Kontroll-Dramas, das Sie als Kind gelernt habe. Lesen Sie sich die oben aufgeführten Beschreibungen der jeweiligen Dramen noch einmal durch und fangen Sie an, auf Ihr eigenes Verhalten zu achten – insbesondere dann, wenn Sie unter Stress stehen oder unruhig werden.

Sind Sie streitlustig, ungeduldig, engstirnig, ärgerlich oder bedrohen und dominieren Sie andere Menschen? (Einschüchterer)

Verdächtigen Sie andere oder haben Sie den Eindruck, daß Sie nicht genügend Aufmerksamkeit von anderen erhalten? Sticheln Sie häufig, machen Sie anderen Vorwürfe oder verhören Sie andere Menschen? (Vernehmungsbeamter)

Wahren Sie Distanz und spielen schwer-zu-kriegen, gehen Sie Situationen aus dem Weg, in denen Sie etwas von sich zu erkennen geben müßten – aus Angst, man könnte sie dafür verurteilen? (Unnahbarer)

Beschweren Sie sich häufig und konzentrieren Sie sich auf bestimmte Probleme in der Hoffnung, andere werden zu ihrer Rettung herbeieilen? (Armes Ich)

Machen Sie sich bewußt, welchen Typus Sie anziehen. Hören Sie auf damit, ergänzende Dramen zu liefern. Achten Sie darauf, wie Sie im Alltag interagieren, und seien Sie willens, sich gegebenenfalls aus dem Spiel zurückzuziehen.

Haben Sie zum Beispiel verstärkt Begegnungen mit Einschüchterern? Wenn ja, so kommen Sie sich vermutlich schwach oder machtlos vor. Es könnte sein, daß Sie versuchen, Energie von Ihren Gegenspielern zu erhalten, indem Sie sich selbst als Einschüchterer aufführen (weil Sie an einen Energiemangel glauben und deshalb der Ansicht sind, mit anderen um Energie wetteifern zu müssen).

> »Die Bereitschaft, uns hinzugeben und an unseren Entwicklungsprozeß zu glauben, hilft uns dabei, den Willen unseres Egos abzulösen und gestattet dem Unterbewußten, die Führung zu übernehmen. Danach erst wird der Gedanke an eine höhere Kraft für uns akzeptabel. Wir verlagern unsere Aufmerksamkeit von einer Veränderung unseres Suchtverhaltens und fangen an zu verstehen, daß es sich beim Leben um einen fortschreitenden Prozeß handelt.«[7]
>
> *The Twelve Steps A Way Out: A Working Guide for Adult Children of Alcoholic & Other Dysfunctional Families*

Fühlen Sie sich als Opfer ihrer Handlungen, so könnte Ihre Reaktion darin liegen, daß Sie versuchen, Ihre Machtlosigkeit zu rechtfertigen, anstatt Verantwortung für Ihr eigenes Leben zu übernehmen. Werden Sie bedroht oder eingeschüchtert, fragen Sie sich am besten, an welchen Punkten Ihres Lebens Sie mit den eigenen Gefühlen von Wut und Ungerechtigkeit in Verbindung treten sollten. Auf welche Weise können Sie Ihr *eigenes* Leben in die Hand nehmen? Achten Sie auf defensive Aussagen aus Ihrem Mund, die darauf schließen lassen, daß Sie sich in den Status des Armen Ichs geflüchtet haben, um so Energie von anderen zu erhalten. Ein einundvierzigjähriger Klient von uns sagte: »Immer wenn ich meine Mutter (ein Einschüchterer-Typ) anrufe, eröffne ich die Unterhaltung mit der Schilderung eines mir widerfahrenen Mißgeschickes – sei es nun ein Malheur mit dem Wagen oder ein Geldproblem. Unterbewußt möchte ich ihr mitteilen, daß ich immer noch nicht ohne ihre Hilfe auskomme. Sobald ich etwas Gutes über mich sage, kritisiert sie mich, um mich auf diese Weise ›an meinem Platz zu halten‹.«

Stehen die Armen Ichs bei Ihnen Schlange, um ihre traurigen Geschichten bei Ihnen loszuwerden? Möglicherweise haben Sie selbst mittlerweile damit begonnen, mehr Verantwortung für sich zu übernehmen und werden jetzt daran erinnert, nicht wieder andere verantwortlich zu machen. Vielleicht sind Sie auch unsicher, deprimiert oder haben Angst, stehen jedoch mit diesen Gefühlen zur Zeit nicht in Verbindung. In diesem Fall haben Sie die Gefühle Ihres Armen Ichs nach außen projiziert. Es könnte sein, daß Sie sich Ihren Rat an ein befreundetes Armes Ich selbst zu Herzen nehmen sollten.

Spielt ein Vernehmungsbeamter in Ihrem Leben eine vordringliche Rolle? Dann verbergen Sie möglicherweise Ihre Gefühle und sagen zumindest in einem Bereich Ihres Lebens nicht die ganze Wahrheit. Fragen Sie sich selbst, ob Sie Energie von der betreffenden Person abziehen. Möchten Sie ihm oder ihr auf diesem Wege etwas mitteilen, was Sie nicht direkt ansprechen wollen? Kommen Sie sich ungenügend vor, versuchen aber so zu erscheinen, als hätten Sie alles fest im Griff? Wie haben Sie Ihre Verbindung zur universellen Quelle verloren?

Verhält sich Ihnen gegenüber jemand unnahbar, schwer zu erreichen, auf Distanz bedacht oder geheimniskrämerisch? Wünschen Sie sich ständigen Kontakt mit dieser Person und möchten Sie am liebsten jeden ihrer Gedanken kennen, jede Bewegung verfolgen und jedes ihrer Motive erfahren? Vielleicht tun Sie jener Person genau das an, was ihr als Kind durch einen Elternteil widerfahren ist – sie oder er wurde ständig befragt und überwacht. Vielleicht muß die betreffende Person sich so geheimniskrämerisch verhalten, um sich nicht in die Enge getrieben oder unter Handlungszwang zu fühlen.

- Rufen Sie sich ins Gedächtnis, daß Ihre Reaktionen aus den Unsicherheitsgefühlen Ihrer Kindheit resultieren und dort tiefe Wurzeln haben.
- Nehmen Sie Verbindung mit Ihrem Körper auf. Achten Sie darauf, ob Sie unter Kritik oder Befragung dazu neigen, sich zu versteifen. Steifheit, Kälte und Angstgefühle bestätigen den Verdacht, daß Sie sich im Wettstreit um Energie befinden und Ihr inneres Zentrum verloren haben.

Die Benennung des Dramas

In den *Prophezeiungen von Celestine* erklärt Julia dem Helden: »Letztlich sind alle Dramen nur verdeckte Bemühungen, an Energie zu gelangen ... solche Versuche funktionieren nicht mehr, sobald man sie zur Sprache oder ins Bewußtsein der jeweiligen Person bringt ... die Wahrheit wird sich in einem Gespräch schließlich immer durchsetzen. Danach muß dein Gegenüber aufrichtiger und ehrlicher sein.«[8]

Die Benennung des Dramas fördert den wahren Kern einer Begegnung ans Tageslicht. Ein Drama zu benennen bedeutet nicht unbedingt, daß jeder seine Begegnungen stillschweigend analysiert und permanent in der Lage ist zu sagen, ob er einen Vernehmungsbeamten vor sich hat, er sich gerade unnahbar gibt oder in einem fort mit psychologischen Erklärungen aufzuwarten. Das Drama zu benennen bedeutet, zu erkennen, *ob ein Kampf um Energie im Gange ist und ob man sich z. B. überrumpelt, festgefahren, unter Druck gesetzt oder machtlos fühlt.* Es bedeutet ebenfalls, die Wahrheit Ihrer eigenen Gefühle nicht zu verlassen und die notwendigen Schritte zu unternehmen, um sich aus einer derartigen Situation zu entwirren. Werden Sie wachsam, wenn Sie sich dabei ertappen, daß Sie jemanden zu überzeugen versuchen, wenn Sie sich verteidigen und sich bedroht oder schuldig fühlen, weil jemand Sie für seine Probleme verantwortlich macht. Fühlen Sie sich festgefahren, gefühlskalt und verwirrt, so befinden Sie sich in einem Machtkampf. Sich diese Tatsache bewußt zu machen, reicht meistens aus, um anschließend eine Entscheidung darüber zu treffen, ob Sie den Kampf um Energie fortsetzen oder der Situation eine andere Dynamik geben wollen.

Vergessen Sie allerdings nicht, daß die Benennung des Dramas sich schwieriger gestalten kann, wenn die Situation emotional aufgeladen oder Angst mit im Spiel ist. Wichtig ist, die Wahrheit an den Tag zu bringen. Projizieren Sie auf jeden Fall Liebe und Verständnis auf die andere Person und vertrauen Sie darauf, daß Ihre innere Stimme Ihnen raten wird, wann es angebracht ist zu sprechen. Experimentieren Sie mit unterschiedliche Herangehensweisen.

In Gegenwart eines Einschüchterers:
- »Weshalb bist du so verärgert?«
- »Mir scheint, als möchtest du, daß ich Angst vor dir habe.«

In Gegenwart eines Vernehmungsbeamten:
- »Ich mag dich, aber in deiner Gegenwart fühle ich mich kritisiert.«
- »Gibt es außer dem eben angesprochenen Thema noch etwas anderes, was dich stört?«

In Gegenwart von Unnahbaren:
- »Ich habe den Eindruck, daß du dich von mir zurückziehst und auf Distanz bedacht bist. Wie fühlst du dich?«

In Gegenwart von Armen Ichs:
- »Ich habe den Eindruck, daß du mich für die negativen Umstände in deinem Leben verantwortlich machst.«
- »Vielleicht beabsichtigst du es nicht, aber ich habe das Gefühl, daß du versuchst, mir Schuldgefühle einzuflößen.«

Machen Sie sich nichts daraus, wenn Sie am Anfang unbeholfen klingen. Sie sind im Begriff, ein altes Muster zu verändern, das Sie durch ihr ganzes bisheriges Leben begleitet hat, und es kann durchaus sein, daß Sie mit dieser Energie anfänglich nicht allzu geschickt umgehen. Oftmals ist der offensichtliche Gegenstand einer Auseinandersetzung nicht der wirkliche Grund für den Streit. Suchen Sie nach der Wahrheit hinter dem Offensichtlichen.

Schauen Sie hinter die Dramen, auf die wirklichen Personen. Bleiben Sie in Kontakt mit Ihrer eigenen inneren Quelle und vergessen Sie nicht, der anderen Person soviel Energie wie möglich zukommen zu lassen. Wie wir aus der Ersten Erkenntnis wissen, hat jede Person, die uns begegnet, eine Botschaft für uns und wir haben eine für sie. In einem aussichtslosen Kampf um Energie entgeht uns die Botschaft. Deshalb sollten Sie sich bemühen, die Person nach der Benennung des Dramas ohne vorgefaßte Meinungen oder Urteile wahrzunehmen und ihr freiwillig Energie zu überlassen, damit sie wiederum in der Lage ist, Energie aufzunehmen und an Sie abzugeben.

Achten Sie auf Indizien, die auf die wirklichen Vorgänge in Menschen schließen lassen. In der Hitze des Gefechtes rief ein Einschüchterer zum Beispiel: »Ich habe die Nase voll von diesen Leuten. Ich bin es satt, herumgeschubst zu werden. Seit meiner Kindheit werde ich herumgestoßen.« Diese Worte halfen der anderen Person, die gerade dabei war, in den Modus des Armen Ich zu schlüpfen, zu erkennen, daß die Probleme ihres Gegenübers eigentlich nichts mit ihr zu tun hatten, sondern älteren Ursprunges waren und weitaus tiefer reichten. Im folgenden Gesprächsverlauf gelang es ihr deshalb, vertraulicher und mitfühlender mit ihrem Gegenüber umzugehen. Da sie ihn recht gut kannte, gelang es ihr außerdem, Parallelen zwischen ihrer beider Kindheit zu ziehen.

Reflexionen in Ihrem Spiegel. Haben Sie einmal verstanden, in welches Kontroll-Drama sie involviert sind, so betrachten Sie sich und die andere Person so objektiv wie möglich. Wie ähnelt die andere Person Ihren Eltern? Reagieren Sie manchmal so, wie Sie als Kleinkind reagiert haben? Es kann hilfreich sein, Ihre Begegnungen und Ihre Gefühle dabei niederzuschreiben. Gestatten Sie sich, etwas aus jeder Situation zu lernen, und vermeiden Sie es, den Lauf der Dinge permanent zu bewerten und zu beurteilen.

Was uns an anderen stört, ist gewöhnlich genau das, worauf wir bei uns selbst schauen müssen; meistens sind wir jedoch nicht bereit, dies zu tun. Mit dem Finger auf andere zu zeigen, bedeutet andere zu beschämen, anstatt sie zu verstehen. Ein Organisations- und Entwicklungsberater sagte uns: »Ich war völlig frustriert, weil einer der Führungskräfte einige Angestellte der Dummheit bezichtigte, anstatt zu begreifen, daß die fragliche Situation aus einem Kommunikationsmangel entstanden war. Dann fiel mir auf, daß ich mit einem meiner Kollegen genau das gleiche machte – im stillen nannte ich ihn einen Idioten und scherte mich keinen Deut um den Hintergrund der ganzen Sache.« Mit dem Finger auf andere zu zeigen hilft nicht bei der Suche nach der Wahrheit. So verlieren alle Beteiligten an Energie, und als Resultat werden die Probleme immer ungelöst bleiben.

Stellen Sie sich folgende Fragen:
- Was können Sie aus Ihrem augenblicklichen Kontroll-Drama lernen?
- Neigen Sie dazu, Dinge persönlich zu nehmen, selbst wenn es dabei gar nicht um Sie geht?
- Versuchen Sie, sich die Schwächen anderer zunutze zu machen?

Seien Sie willens, sich aus einer Situation zurückzuziehen, sobald Sie den Eindruck gewinnen, sich festgefahren zu haben. Zum Beispiel neigen Arme Ichs dazu, sich an ihr Drama zu binden, indem sie dauernd bemüht sind, ihren Einschüchterern oder Vernehmungsbeamten etwas zu erklären, sie zu überzeugen oder sich vor ihnen zu verteidigen. Sollte dies bei Ihnen der Fall sein, so achten Sie einmal darauf, wieviel Zeit Ihres Lebens sie damit verbringen, Ihr Gegenüber obsessiv von etwas zu überzeugen. Sobald Sie Ihre Notwendigkeit, durch diese überkommenen Methoden Energie an sich zu binden, aufgeben, werden Sie auch in der Lage sein, der Versuchung, andere zu überzeugen, zu widerstehen.

Einschüchterer sind süchtig nach dem Adrenalinstoß, den sie nach der Überrumpelung eines anderen oder nach einer gewonnenen Auseinandersetzung empfinden. Sollten Sie zu den Einschüchterern gehören, so fragen Sie sich, was Sie sich am meisten wünschen. Müssen Sie es auf diese Weise erlangen? Treffen Sie eine bewußte Entscheidung, flexibler und offener zu sein; hören Sie auf damit, alles kontrollieren zu wollen. Eine Zusammenarbeit mit anderen könnte weitaus überzeugendere Resultat liefern als die Lösung, die Sie sich vorgestellt hatten.

Vernehmungsbeamte sind in der Illusion ihrer Selbstgerechtigkeit verhaftet. Sollten Sie zu diesen Menschen gehören, so versuchen Sie, die Situation von einem anderen Blickwinkel aus zu sehen. Was könnten Sie daraus lernen? Seien Sie willens, über Ihre wirklichen Gefühle zu sprechen, und unternehmen Sie selbst etwas, um Energie für sich zu gewinnen, anstatt jemanden zu verfolgen, der sich Ihnen entzieht.

Unnahbare versuchen ihre Ängste, Selbstzweifel und Verwirrung zu verbergen. Sollte dies bei Ihnen der Fall sein, so scheuen Sie sich nicht länger, andere um Hilfe zu bitten. Geben Sie zu, daß nicht alles so läuft, wie es könnte. Welche Form der Unterstützung benötigen Sie in Ihrer gegenwärtigen Position? Seien Sie willens, auf andere zuzugehen. Andere Menschen zu verlassen, ist in Ihrem Fall ein Weg der Schwäche.

Fallstudie

Als Jane, eine Haus- und Grundstücksmaklerin, in den *Prophezeiungen von Celestine* zum ersten Mal etwas über Kontroll-Dramen las, beschloß sie, ihre eigenen Verhaltensweisen zu ändern. Unmittelbar darauf zogen ihre Absicht und ihre Determination Gelegenheiten an, die ihr die Möglichkeiten gaben, ihre alten Muster zu durchbrechen. Innerhalb weniger Monate hatte sie zwei Begegnungen mit zwei ausgesprochen schwierigen Menschen, die sie beide an ihre dominante Mutter erinnerten. Ihr wurde immer deutlicher, daß sie versuchte, ihre Energie als selbstgerechtes Armes Ich zu gewinnen. Sie erkannte ebenfalls, daß diese Begegnungen ihr die Möglichkeit boten, sich von ihren alten Gewohnheiten zu befreien.

Im Verlauf einer für sie problematischen Begegnung fand sie sich in einer scheinbar ausweglosen Situation einem extrem bedrohlich scheinenden Kunden gegenüber, der sich weigerte, mit ihr über den Preis seines Hauses zu verhandeln. Obendrein wurde der Mann zunehmend streitlustiger, weil ihm der Verkauf nicht zügig genug vonstatten ging. Janes erste Reaktion bestand darin, sich zu verteidigen und dem

Kunden zu erklären, wie hart sie an dem Verkauf arbeitete (Armes Ich). Dadurch verschlimmerte sich die Situation. Bald konzentrierte sie sich nur noch darauf, wie sie ihr Gegenüber widerlegen und beweisen konnte, daß sie sich im Recht befand.

Zu diesem Zeitpunkt hatte Jane ihr Ziel – den Verkauf des Hauses – völlig aus den Augen verloren. Sie war in ihr Kindheitsmuster verfallen, nach welchem sie jedesmal, wenn sie sich durch jemanden mit einer dominierenden Persönlichkeit (wie die ihrer Mutter) kritisiert fühlte, ihr Armes Ich kreierte, um durch Rechtfertigungen an Energie zu gelangen.

Zunächst machte Jane sich Notizen darüber, wie erschöpft sie sich fühlte, und verwendete bald jeden Tag mehr Zeit darauf, ihre eigene Energie zu vermehren und zu stärken.

Zweitens erinnerte sie sich daran, daß der Weg aus einem Kontroll-Drama in der Benennung des Dramas besteht sowie darin, es ans Licht zu bringen. Entschlossen, ihre neue Verhaltensweise auszuprobieren, rief sie ihren Klienten an. Sie blieb in Verbindung mit ihren Gefühlen und erklärte ihm, daß sie nicht wußte, was sie als nächstes tun sollte, da sie sich und ihre Entscheidungen kritisiert sah. Sie erklärte ihm, daß sie ihr Bestes getan hatte, um das Haus zum geforderten Preis zu verkaufen, und verstand, daß er in seiner Forderung nicht nachgeben wollte. Die Tatsache, daß sie ihre Probleme offen auf den Tisch legte, schaffte ein Fundament, um andere Optionen für eine mögliche Fortsetzung der Zusammenarbeit zu diskutieren.

Sie gab zu, daß es ihr Schwierigkeiten bereitete, unter dem Beschuß seiner Vernehmungen einen klaren Kopf zu behalten und nicht in ihr Armes Ich zu verfallen, um sein Drama als Einschüchterer/Vernehmungsbeamter zu ergänzen. »Verstandesmäßig war mir klar, daß er unter einem starken Druck stand und sein Haus verkaufen mußte, und ebenso, daß er bemüht war, Kontrolle auszuüben. Trotzdem schien ich in seiner Gegenwart buchstäblich einzufrieren. Meine größte Sorge bestand darin, daß es an meinem Verhalten lag, ob sich das Haus verkaufte oder nicht. Ich dachte, es ging darum, ob ich etwas ›richtig‹ machte oder nicht. Ich hörte damit auf, mich für die Nichtlösung seiner ›Probleme‹ verantwortlich zu machen, und mir wurde klar, daß er auf diese Weise eine Lebensproblematik bearbeitete, die kaum etwas mit mir zu tun hatte. Was für eine Erleichterung.« Ihr Lösungsversuch seiner Probleme und ihr Versuch, ihn dadurch zu »retten«, war die direkte Erfüllung einer Rolle, die sie in ihrer Kindheit gespielt hatte, als sie sich um ihre unzurechnungsfähige Mutter kümmern mußte. In unserem Fall ließ sie das Bedürfnis, eine Situation, die sich außerhalb ihrer Kontrolle befand, zu kontrollieren, los und realisierte, daß ihre Karriere nicht allein vom Verkauf dieses Hauses abhing. Als Folge davon begann sie, sich vom Ausgang der Verhandlungen zu emanzipieren.

Was wir von unseren Dramen lernen können

Anhand von Janes Beispiel lassen sich die in Kontroll-Dramen wirkenden Grundsätze bestens nachverfolgen.

Beziehungen zu den Eltern spiegeln sich in anderen Beziehungen wieder. Die Reflexion der Beziehung zu ihren Eltern gab Jane Gelegenheit, sich über die in ihrem Leben ständig wiederholenden, alten Dramen Klarheit zu verschaffen. »Ich hatte das Erbe meiner Eltern zwar analysiert, doch erschien es mir ziemlich belanglos, bis ich anfing, das eigentliche Kontroll-Drama mit meinem Klienten durchzuspielen. Nachdem ich begriffen hatte, welcher Dynamik ich als Armes Ich folgte, verstand ich auch, wie meine Mutter auf mich wirkte. Zurückblickend kann ich sagen, daß sie eine ausgezeichnete Trainerin für meine spätere Maklertätigkeit war!«

Jede Situation birgt eine Botschaft. Durch ihre erhöhte Aufmerksamkeit war Jane bereit, eine für sie aktuelle Frage über den Einfluß ihrer Eltern auf ihr Leben zu klären. Durch eine Synchronizität traf Jane auf einen Kunden, der eine perfekte Spiegelung ihrer Glaubenssätze und ihres Urteils über sich selbst darstellte.

Der Körper gibt Hinweise. Jane erkannte, daß es wichtig ist, auf das Auftauchen von Intuitionen sowie auf körperliches Unbehagen zu achten. Drei Hinweise ihres Körpers ließen darauf schließen, daß sie dabei war, in ein reaktives Verhaltensmuster zu verfallen. Je mehr sie lernt, ihren eigenen Eindrücken zu vertrauen, desto früher wird sie in der Lage sein, ihr reaktives Verhalten zu stoppen.

Sie sagte die Wahrheit und hat überlebt. Ihr wurde klar, daß sie ihr Unbehagen zunächst sich selbst und dann auf angemessene Weise ihrem Gegenüber mitteilen mußte, obwohl sie nicht genau wußte, mit welchen Worten. Konfrontationen auszuhalten will ebenso gelernt sein, wie freundliches Feedback zu geben, beides ist notwendig, wenn wir nicht länger verdeckt agieren wollen.

Sie hat um Hilfe gebeten. Sie realisierte, daß sie die Situation nicht unbedingt allein auszustehen hatte. Indem sie den Sachverhalt offen zur Sprache brachte und bei ihrer inneren Wahrheit blieb, hatte sie die Möglichkeit, die andere Person in die Lösung des Problems miteinzubeziehen. Sie merkte außerdem, daß sie ausschließlich für sich selbst verantwortlich ist. Es liegt nicht an ihr, alle Antworten zu einer Frage zu liefern.

Sie nahm einen erweiterten Blickwinkel ein. Nachdem Jane das Erbe ihrer Eltern anylysiert hatte, gewann sie weitere Einsichten. Sie sagte: »Einige meiner Wahrnehmungen waren so tief vergraben, daß ich einige Zeit brauchte, um überhaupt etwas zu erkennen.«

Fortschritt statt Perfektion

Das Leben ist eine Reise und kein Endresultat, und es ist wichtig, uns und andere so zu akzeptieren, wie wir sind. Auch wenn wir andere nicht mögen und uns ihr Verhalten mißfällt, geht es im Leben letztlich darum, Erfahrungen zu machen und uns selbst in eine liebende Verbindung mit anderen zu bringen. Schuldzuweisungen, Verurteilungen sowie unseren Fortschritt oder unser Stadium der Erleuchtung mit dem anderer Menschen zu vergleichen, ist wenig hilfreich. Behalten Sie das in Erinnerung und verlieren Sie Ihren Humor nicht, während Sie daran arbeiten, ihr Kontroll-Drama loszuwerden. Wann immer Sie dazu Gelegenheit haben, sollten Sie versuchen, in Ihrem Inneren einen Zustand friedlicher Ganzheit herzustellen.

Haben Sie Nachsicht mit sich

Während Sie daran arbeiten, sich Ihre Kontroll-Dramen bewußt zu machen, vergessen Sie bitte nicht, daß die so gewonnenen Informationen Werkzeuge für Ihre Transformation sind und keine Waffen, die Sie zur »Erleuchtung« anderer oder um sich selbst zu frustrieren benutzen sollten. Seien Sie nachsichtig mit sich, wenn Sie diesen Prozeß beginnen. Vergessen Sie nicht, daß es immer einfacher ist, die Dramen bei anderen zu erkennen. Fühlen Sie sich wütend, selbstgerecht, verschlossen, deprimiert oder isoliert, dann haben Sie sich den Luxus gestattet, auf Ihre alte Weise nach Lösungen und nach Energie zu suchen.

> Das Bewußtsein ist ein Spiegel, der die vier Elemente spiegelt. Schönheit ist ein Herz das Liebe bringt und einen offenen Verstand.[9]
>
> Thich Nhat Hanh, *Present Moment Wonderful Moment*

Wenn Sie wirklich das Gefühl haben, Ihr Herz habe sich geöffnet und Sie in der Lage sind, Ihren jeweiligen Lebensumständen mit Frieden und Gelassenheit entgegenzusehen, dann sind Sie mit Ihrer eigenen Energie verbunden. Sollten Ihnen Zweifel kommen, so atmen Sie durch, suchen Sie nach dem Humor innerhalb des Geschehenen und unternehmen Sie etwas, um Ihr Energielevel anzuheben.

Zusammenfassung der Sechsten Erkenntnis

Die Sechste Erkenntnis beschäftigt sich mit dem Verlust unserer inneren Verbindung zur göttlichen Quelle. Geschieht dies, so versuchen wir uns oftmals zu retten, indem wir unbewußt darangehen, andere manipulativ um ihre Energie zu bringen. Diese Manipulationen sind gewöhnlich entweder passiver oder aggressiver Natur. Am passivsten ist dabei das auch als »Armes Ich« bekannte Opfer: Es stellt sämtliche Ereignisse in einen negativen Kontext, sucht Hilfe bei anderen und beschreibt Ereignisse vor allem mit der Absicht, anderen Schuld zu suggerieren (um sie auf diese Weise zur Abgabe von Aufmerksamkeit und Energie zu zwingen).

Weniger passiv ist die Distanzierung von anderen oder die Strategie des »Unnahbaren«: Ausweichende Antworten und lose Zusagen bringen andere Menschen dazu, ihn zu verfolgen, um ihn zu verstehen. Bemühen andere sich auf diese Weise herauszubekommen, was er im Schilde führen könnte, so gewinnt er Aufmerksamkeit und somit Energie.

Aggressiver als diese beiden Typen ist der Kritiker oder »Vernehmungsbeamte«: Er ist vor allem damit beschäftigt, Fehler im Verhalten anderer aufzufinden. Ertappt er die anderen bei einem Fehler, so werden sie unsicher, übervorsichtig und machen sich Sorgen darüber, was andere von ihnen halten. Ständig beobachten andere ihn aus den Augenwinkeln und lassen ihm auf diese Weise Aufmerksamkeit und Energie zukommen. Am aggressivsten ist der »Einschüchterer«-Typus: unberechenbar, explosiv, gefährlich und streitlustig. Ständig verfolgen andere diesen Typus mit ihrer Aufmerksamkeit und lassen ihm so Energie zukommen.

Da wir dazu neigen, diese Manipulationen mit jedem Menschen, der uns begegnet, zu wiederholen und unser Leben um diese Energie-Krükken herum zu strukturieren, kann man sie als Kontroll-Dramen begreifen – sich wiederholende Muster, die immer wieder die gleichen Lebenssituationen produzieren. Werden wir uns dieser Kontroll-Dramen bewußt und erkennen, in welchen Situationen wir uns ihrer bedienen, wird es auch einfacher, mit unserer inneren Energie in Verbindung zu bleiben. Eine Analyse der frühen Kindheit verdeutlicht, woher unsere Kontroll-Dramen stammen; ist der Grund für die Entstehung der Dramen einmal bearbeitet und vergeben, können wir auch den tieferen Grund für unsere Anwesenheit in unserer Familie erkennen. Anhand der Stärken unserer Eltern und aus bestimmten von ihnen unerledigt gelassenen Wachstumsfragen können wir unsere Lebensfrage sowie unsere Aufgabe oder »Mission« auf dieser Welt ableiten.

Zur weiteren Lektüre empfohlen:

Zusätzlich zu den ausgezeichneten Büchern im Quellenverzeichnis dieses Buches möchten wir Ihnen noch folgende Bücher empfehlen:
Ken Wilber: *The Spectrum of Consciousness.* 1977
Stephen Wolinsky: *Quantum Consciousness.* 1993.
Eric Berne und Claude M. Steiner: *Beyond Games and Scripts.* 1981
Marsha Sinetar: *Do What You Love and the Money Will Follow.* 1989
Melody Beattie: *Codependent No More: How to Stop Controlling Others and Start Caring for Yourself.* 1987
Joan Borysenko: *Fire in the Soul: ANew Psychology of Spiritual Optimism.* 1993

Einzelstudium zur Sechsten Erkenntnis

Das Erbe der Eltern

Zweck: Ziel dieser Übung ist es, ein Profil der Errungenschaften, Eigenschaften, Anschauungen, Schwächen und der unerledigt gebliebenen Angelegenheiten unserer Eltern zu erstellen, so wie *Sie* diese Dinge während Ihrer Kindheit wahrgenommen haben. Gelingt es Ihnen, die höhere Bedeutung im Leben Ihrer Eltern aufzufinden, so werden Sie es einfacher haben, zu verstehen, in welchem Maße das Leben Ihrer Eltern Sie auf Ihre Lebensaufgabe vorbereitete. Am besten nähern Sie sich dieser Übung, indem Sie annehmen, daß hinter den Umständen Ihrer frühen Entwicklung eine positive Intention stand.

Anweisungen: Unternehmen Sie die folgende Übung, wenn Sie ein oder zwei Stunden völlige Ruhe haben.

Lesen Sie die folgenden Fragen durch und schreiben Sie die Antworten in Ihr Tagebuch. Beantworten Sie die Fragen vom Standpunkt Ihrer frühen Kindheit aus.

A. Die Beobachtung des männlichen Lehrers (Ihr Vater)

Ihre Idee davon, wie maskuline Energie sich verhält, haben Sie von Ihrem Vater oder anderen signifikanten männlichen Rollenmodellen bezogen. Die Rolle des Vaters besteht darin, uns mit unserer Kraft und unseren Führungsfähigkeiten in Verbindung zu bringen. Zweck einer Vaterschaft ist, das Kind zu einem selbständigen Wesen auszubilden. Durch die männliche Seite unserer Natur sind wir in der Lage, unsere Ziele in die Tat umzusetzen.

Hatten Sie zu Ihrem Vater ein schlechtes oder gestörtes Verhältnis, so ist es möglich, daß Sie in Ihrem Leben Schwierigkeiten mit Autoritätspersonen wie auch mit Ihrer Identitätsfindung haben. In beiden Fällen haben Sie die Ihnen innewohnende Kraft und Macht nicht vollständig angenommen.

Leistungen bei der Arbeit

1. Was für einer Tätigkeit ging Ihr Vater nach, als Sie klein waren?
2. War er stolz auf das, was er tat?
3. Wodurch hat er sich dabei hervorgetan?

Positiver Selbstausdruck

4. Listen Sie die Worte auf, die Ihren Vater am besten positiv beschreiben (z. B. intelligent, abenteuerlustig, liebevoll, etc.).
5. Welche zwei Worte geben seine Persönlichkeit am treffendsten wieder?
6. Was war einzigartig an ihm?

Negativer Selbstausdruck

7. Listen Sie die Worte auf, die die negativen Eigenschaften Ihres Vaters beschreiben (z. B. kritisch, herrisch, voreingenommen, etc.).
8. Wodurch wurde sein negatives Verhalten ausgelöst?
9. Welche zwei Worte geben seine schlimmsten Eigenschaften am treffendsten wieder?

Die Kindheit des Vaters

10. Beschreiben Sie so gut es geht die Kindheit Ihres Vaters.
11. War er glücklich? Vernachlässigt? Mußte er von früher Kindheit an arbeiten? War er arm? Reich?

12. Welche Kontroll-Dramen verwandten seine Eltern Ihrer Meinung nach?
13. Wie hat seine Kindheit die Entscheidungen in seinem späteren Leben beeinflußt?

Die Philosophie des Vaters

14. Was war ihm am wichtigsten?
15. Welche Aussage oder welches Kredo kennzeichnet die Lebensphilosophie Ihres Vaters am treffendsten?

Fehlende Elemente

16. Listen Sie auf, was Ihrer Meinung nach im Leben Ihres Vaters fehlte.
17. Was hätte er mit seinem Leben gemacht, wenn er mehr Zeit, Geld oder Bildung gehabt hätte?

B. Energieanalyse des Maskulinen

Mit welchen Worten läßt sich die Haltung Ihres Vaters Ihnen gegenüber am besten beschreiben? Sollten es verschiedene Haltungsweisen sein, notieren Sie sie als prozentuale Anteile: (z. B. Armes Ich 60%; Unnahbar 40%):

___ *Einschüchterer:* Kurz vor dem Explodieren; bedrohlich; erteilte Befehle; unflexibel; ärgerlich; egoistisch; verbreitete Angst.

___ *Vernehmungsberater:* Forschte nach, was Sie taten; kritisch; unterminierend; sticheInd; unfehlbar logisch; sarkastisch; überwachend.

___ *Unnahbarer:* Wahrte Abstand; beschäftigt; oftmals abwesend; nicht sonderlich interessiert an Ihrem Leben; unzugänglich; geheimniskrämerisch; in Zeitnot.

___ *Armes Ich/Opfer:* Sah meistens nur das Negative; suchte förmlich nach Problemen; sprach dauernd davon, zuviel zu tun zu haben oder müde zu sein; machte Sie für seine ungelösten Probleme verantwortlich.

C. Ihre Reaktion auf das Maskuline

Wie reagierten Sie, wenn Ihr Vater sich innerhalb seines Kontroll-Dramas befand?

Wählen Sie eines jener Dramen, das am besten Ihre Reaktion als Kind beschreibt, oder geben Sie die prozentualen Anteile an, wenn es sich dabei um mehrere Dramen handeln sollte.

___ *Einschüchterer:* Haben Sie sich gegen Ihren Vater behauptet und ihm gegenüber eine rebellische oder unnachgiebige Position eingenommen?

___ *Vernehmungsbeamter:* Versuchten Sie durch Fragen seine Aufmerksamkeit zu gewinnen? Versuchten Sie zu beweisen, daß Sie schlauer als er waren, oder Schwachstellen in seiner Argumentation zu finden?

___ *Unnahbarer:* Haben Sie sich in sich selbst oder Ihr Zimmer zurückgezogen und sind dort Ihren eigenen Dingen nachgegangen? Haben Sie sich oft außerhalb des Elternhauses aufgehalten? Haben Sie Ihre wahren Gefühle verborgen?

___ *Armes Ich/Opfer:* Haben Sie Ihrem Vater signalisiert, daß Sie Hilfe, Geld, Unterstützung und Aufmerksamkeit von ihm brauchten, indem Sie ihm gegenüber den Schwerpunkt auf Ihre Schwierigkeiten legten, um seine Aufmerksamkeit zu gewinnen?

D. Analyse dessen, was Sie von Ihrem maskulinen Lehrer gelernt haben

Wie mein Vater

Ihre Beobachtungen zum Leben Ihres Vaters können sowohl als positive wie auch als negative Glaubenssätze in Ihnen weiterbestehen.

1. Vollenden Sie den folgenden Satz mit positiven Aspekten, die Sie von Ihrem Vater erhalten haben: Wie mein Vater, so bin auch ich ...
2. Vollenden Sie den folgenden Satz mit negativen Aspekten, die Sie

von Ihrem Vater erhalten haben: Wie mein Vater, so bin auch ich ...

3. Von Vater habe ich gelernt, daß ich, um Erfolg zu haben, folgendes tun sollte:
   a)
   b)
   c)

Diese Glaubenssätze und Wertvorstellungen haben viele Ihrer Entscheidungen im Leben entweder positiv oder negativ beeinflußt.

Auf eigene Art wachsen

4. Nach Betrachtung des Lebens meines Vaters möchte ich mehr
   a)
   b)
   c)
5. Wofür sind Sie Ihrem Vater dankbar?
6. Was würden Sie Ihrem Vater verzeihen?
7. Was von den Dingen, die Ihrem Vater fehlten, haben Sie beschlossen, für sich zu entwickeln?
   a)
   b)
   c)

Was Ihrem Vater im Leben fehlte, sind möglicherweise Dinge, an denen Sie bereits arbeiten oder die Sie für sich entwickeln möchten. Es ist sehr wahrscheinlich, daß diese Elemente Ihre Entscheidungen im Berufsleben, in Fragen des Lebensstils, in Beziehungen und in Ihrem Verhalten gegenüber Kindern sowie in spirituellen Fragen geprägt haben.

A. Die Beobachtung des weiblichen Lehrers (Ihre Mutter)

Ihre Ansichten darüber, wie weibliche Energie funktioniert, haben Sie von Ihrer Mutter oder einem anderen signifikanten weiblichen Rollenmodell erhalten. Weibliche Energie ist verantwortlich für die Kreation

Ihrer Zielvorstellungen und zeigt Ihnen, was in Ihrem Leben Herz und Bedeutung für Sie hat. Die Rolle des Weiblichen in unserem Leben besteht in der Lieferung eines Kommunikationsmodells mit anderen Menschen. Gewöhnlich, wenn auch nicht notwendigerweise, ist es unsere Mutter, die uns mit unseren Fähigkeiten, zu heilen, zu trösten und andere Menschen zu unterstützen, in Verbindung bringt. Hatten Sie zu Ihrer Mutter kein gutes Verhältnis, haben Sie vermutlich Probleme mit intimen Verhältnissen. Ein Gefühl der Deprivation in bezug auf Ihre Mutter kann Verhaltensweisen wie übermäßiges Geldausgeben oder mangelnde Einkünfte zur Folge habe.

Leistungen bei der Arbeit

1. Welchen Aktivitäten ging Ihre Mutter nach, als Sie klein waren?
2. Erfüllten ihre Aktivitäten sie?
3. Wie hat sie sich dabei hervorgetan?

Positiver Selbstausdruck

4. Führen Sie die Worte auf, die Ihre Mutter am besten positiv beschreiben (z. B. intelligent, kreativ, liebevoll, etc.).
5. Welche zwei Worte geben ihre Persönlichkeit am treffendsten wieder?
6. Was war einzigartig an ihr?

Negativer Selbstausdruck

7. Führen Sie die Worte auf, die die negativen Eigenschaften Ihrer Mutter beschreiben (z. B. streng, unsicher, voreingenommen, etc.).
8. Wodurch wurde ihr negatives Verhalten ausgelöst?
9. Welche zwei Worte geben ihre schlimmsten Eigenschaften am treffendsten wieder?

Die Kindheit der Mutter

10. Beschreiben Sie so gut es geht die Kindheit Ihrer Mutter.
11. War sie glücklich? Vernachlässigt? Mußte sie von früher Kindheit an arbeiten? War sie arm? Reich? Beschützt? Ambitioniert?
12. Welche Kontroll-Dramen verwandten ihre Eltern Ihrer Meinung nach?

13. Wie hat ihre Kindheit die Entscheidungen in ihrem späteren Leben beeinflußt?

Die Philosophie der Mutter

14. Was war ihr am wichtigsten?
15. Welche Aussage oder welches Kredo kennzeichnet die Lebensphilosophie Ihrer Mutter am treffendsten?

Fehlende Elemente

16. Listen Sie auf, was Ihrer Meinung nach im Leben Ihrer Mutter fehlte.
17. Was hätte sie mit ihrem Leben gemacht, wenn sie mehr Zeit, Geld oder Bildung gehabt hätte?

B. Energieanalyse des Femininen

Mit welchen Worten läßt sich die Haltung Ihrer Mutter Ihnen gegenüber am besten beschreiben? Sollten es verschiedene Haltungsweisen sein, notieren Sie sie als Prozente: (z. B. Armes Ich 60%; Unnahbar 40%):

___ *Einschüchterer:* Kurz vor dem Explodieren; bedrohlich; streng; erteilte Befehle; unflexibel; ärgerlich; egoistisch; verbreitete Angst.

___ *Vernehmungsbeamter:* Forschte nach, was Sie taten; kritisch; unterminierend; sticheInd; unfehlbar logisch; sarkastisch; überwachend.

___ *Unnahbarer:* Wahrte Abstand; beschäftigt; oftmals abwesend; nicht sonderlich interessiert an Ihrem Leben; unzugänglich; geheimniskrämerisch; in Zeitnot.

___ *Armes Ich/Opfer:* Sah meistens nur das Negative; suchte förmlich nach Problemen; sprach dauernd davon, zuviel zu tun haben oder müde zu sein; machte Sie für ihre ungelösten Probleme verantwortlich.

C. Ihre Reaktion auf das Feminine

Wie reagierten Sie, wenn Ihre Mutter sich innerhalb ihres Kontroll-Damas befand?

Wählen Sie eines jener Dramen, das am besten Ihre Reaktion als Kind beschreibt, oder geben Sie, für den Fall, daß es sich um mehrere Dramen handeln sollte, die prozentualen Anteile an.

___ *Einschüchterer:* Haben Sie sich gegen Ihre Mutter behauptet und ihr gegenüber eine rebellische oder unnachgiebige Position eingenommen?

___ *Vernehmungsbeamter:* Versuchten Sie durch dauerndes Fragen ihre Aufmerksamkeit zu gewinnen? Versuchten Sie zu beweisen, daß Sie schlauer waren als ihre Mutter, oder Schwachstellen in ihrer Argumentation zu finden?

___ *Unnahbarer:* Haben Sie sich in sich selbst oder in Ihr Zimmer zurückgezogen und sind dort Ihren eigenen Dingen nachgegangen? Haben Sie sich oft außerhalb des Elternhauses aufgehalten? Haben Sie Ihre wahren Gefühle verborgen?

___ *Armes Ich/Opfer:* Haben Sie Ihrer Mutter signalisiert, daß Sie Hilfe, Geld, Unterstützung und Aufmerksamkeit von ihr brauchten, indem Sie ihr gegenüber den Schwerpunkt auf Ihre Schwierigkeiten legten, um ihre Aufmerksamkeit zu gewinnen?

D. Analyse dessen, was Sie von Ihrem femininen Lehrer gelernt haben

Wie meine Mutter

Ihre Beobachtungen zum Leben Ihrer Mutter können sowohl als positive wie als negative Glaubenssätze in Ihnen weiterbestehen.

1. Vollenden Sie den folgenden Satz mit positiven Aspekten, die Sie von Ihrer Mutter erhalten haben: Wie meine Mutter, so bin auch ich …
2. Vollenden Sie den folgenden Satz mit negativen Aspekten, die Sie

von Ihrer Mutter erhalten haben: Wie meine Mutter, so bin auch ich …

3. Von Mutter habe ich gelernt, daß ich, um Erfolg zu haben, folgendes tun sollte:
   a)
   b)
   c)

Diese Glaubenssätze und Wertvorstellungen haben viele Ihrer Entscheidungen im Leben entweder positiv oder negativ beeinflußt.

Auf eigene Art wachsen

4. Nach Betrachtung des Lebens meiner Mutter möchte ich mehr
   a)
   b)
   c)
5. Wofür sind Sie Ihrer Mutter dankbar?
6. Was würden Sie Ihrer Mutter verzeihen?
7. Was von den Dingen, die Ihrer Mutter fehlten, haben Sie beschlossen, für sich zu entwickeln?
   a)
   b)
   c)

Was Ihrer Mutter im Leben fehlte, sind möglicherweise Dinge, an denen Sie bereits arbeiten oder die Sie für sich entwickeln möchten. Es ist sehr wahrscheinlich, daß diese Elemente Ihre Entscheidungen im Berufsleben, in Fragen des Lebensstils in Beziehungen und in Ihrem Verhalten gegenüber Kindern sowie in spirituellen Fragen geprägt haben.

Zusammenfügung

Als Produkt von zwei parentalen Linien wird es auf Ihrem Lebensweg unter anderem darum gehen, positive und negative Aspekte aufzuarbeiten, die sich während Ihrer Kindheit und frühen Jugend in Ihnen geformt haben.

Sie haben jetzt Gelegenheit, die Dinge, die Sie im Verlauf der bisherigen Analyse erfahren haben, noch einmal herauszukristallisieren.

VATER	MUTTER
Persönliches Kredo	Persönliches Kredo
Wertvorstellungen	Wertvorstellungen
Haupterrungenschaft	Haupterrungenschaft
Enttäuschung	Enttäuschung
Fehlende Elemente	Fehlende Elemente
Wie er mich verletzte –	Wie sie mich verletzte –
und was ich daraus gelernt habe	und was ich daraus gelernt habe
Wie er mich inspiriert hat	Wie sie mich inspiriert hat
Sein Geschenk an mich	Ihr Geschenk an mich

Vollenden Sie folgende Aussagen:

1. Die positive Intention hinter meiner frühen Kindheit und dem Einfluß meiner Eltern bestand darin, daß ...
2. Nach Berücksichtigung der Lebensläufe meiner Eltern (und möglicherweise Großeltern) erkenne ich jetzt, daß ihre Leben mich darauf vorbereitet haben, ...
3. Meine Lebensfrage steht im Zusammenhang ...

Klarstellung der Intention

Ich entwickle mich entsprechend den Bedürfnissen meiner Seele und integriere dabei alles, was ich von meiner Kindheit bis heute gelernt habe, in mein Leben.

Der Bezug frühester Einflüsse auf Ihre persönliche Zeitspur

Beantworten Sie auf jeden Fall Frage 3 über die Lebensaufgabe, die Sie von Ihren Eltern erhalten haben. Wenn Sie sich in diesem Punkt nicht völlig klar sein sollten, so schreiben Sie Ihre Vermutung nieder und beantworten Sie dann die folgenden Fragen in Ihrem Tagebuch:

- Wenn Sie leben könnten, wie Sie wollten, wie würde das aussehen? Beschreiben Sie Ihr Leben mit einigen Sätzen.
- Gehen Sie noch einmal durch die Liste mit den Wendepunkten in Ihrem Leben auf Seite 60. Welche Interessen, Aktivitäten, Jobs und Beziehungen auf Ihrer Zeitspur (Kapitel 2) weisen darauf hin, daß Sie die ganze Zeit an Ihrer Lebensfrage gearbeitet haben?
- An welchem Punkt Ihrer Reise befinden Sie sich zur Zeit?
- Was gefällt Ihnen an Ihrem Leben am besten?
- Was würden Sie an Ihrem Leben am liebsten ändern?
- Inwieweit haben Ihre Kontroll-Dramen Ihr Leben beeinflußt?
- Haben Sie Ihre höhere Intuition um Hinweise darauf gebeten, wie Sie ein erfüllteres Leben leben können?
- Auf welche Weise halten Sie Verbindung mit dem Gefühl von Liebe und friedlicher Einheit?
- Welche Fügungen sind in letzter Zeit aufgetreten?

Schlüsselpersonen in Ihrem Leben

Nennen Sie die Namen der wichtigsten Personen in Ihrem Leben auf der linken Seite der folgenden Tabelle. Kreuzen Sie die Energieform an, die Ihnen von diesen Menschen am häufigsten präsentiert wird. Was haben Sie von jedem dieser Menschen gelernt?

Name: Armes Ich/Reformer Unnahbarer/Lehrer

Vernehmungsbeamter/Berater Einschüchterer/Führungsperson

Arbeitsgruppe zur Sechsten Erkenntnis

Session 10

Dauer: 15 bis 20 Minuten

Zweck: Diese Übung gestattet den Gruppenmitgliedern, das Erbe ihrer Eltern und ihre jeweiligen Kontroll-Dramen innerhalb der Gruppe zu diskutieren.

Vorbereitung: Jeder bringt den komplettierten Überblick über das Erbe der Eltern (aus dem Einzelstudium) mit.

Anweisungen:
Schritt 1: Lesen Sie das Kapitel über die Sechste Erkenntnis auf Seite 164 ff. bis zum Abschnitt über Albert Camus laut vor.
Schritt 2: Teilen Sie Ihre Ansichten über die Sechste Erkenntnis der Gruppe mit. Folgende Fragen eigenen sich gut, um eine anschließende Diskussion einzuleiten:

- Wie viele in der Gruppe meinen zu wissen, was ihr Kontroll-Drama ist? (Handzeichen)
- Wie viele davon sind Einschüchterer, Vernehmungsbeamte, Unnahbare oder Arme Ichs? (Handzeichen)
- Wem ist es gelungen, durch die Beschäftigung mit seiner frühen Kindheit auf seine zentrale Lebensfrage zu stoßen?

Übung 1: Einen Sinn in den Ereignissen und Einflüssen der frühen Kindheit finden

Dauer: Entscheiden Sie selbst, wieviel Zeit Sie den Lebensgeschichten der einzelnen Gruppenmitglieder und wieviel Zeit Sie der Diskussion innerhalb der gesamten Gruppe widmen wollen.

Zweck: Diese Übung gibt jedem der Anwesenden die Chance, seine Kindheitseinflüsse mit anderen zu besprechen und somit weitere Einsichten in seine zentrale Lebensfrage zu gewinnen.

Anweisungen:
Besteht Ihre Gruppe aus vier bis acht Mitgliedern, so arbeiten Sie als eine Gruppe. Ist die Gruppe größer, kann es sich als sinnvoll erweisen, sie für die Dauer der Diskussion in Zweier- oder Verereinheiten aufzuteilen und die Erfahrungen gegen Ende mit der gesamten Gruppe zu besprechen.

Schritt 1: Sprechen Sie in den Einzelgruppen über die positiven Einflüsse, die Ihre Eltern auf Sie hatten, und auf welche Weise Ihr Schicksal dadurch geprägt wurde. Sie können direkt aus Ihren Eintragungen unter »Zusammenfügung« vorlesen.

Schritt 2: Nach den Gesprächen in den Einzelgruppen finden Sie sich wieder in der Hauptgruppe zusammen. Bitten Sie Freiwillige darum, ihre Erfahrungen – und was sie dort möglicherweise gelernt haben – mit den anderen Anwesenden zu teilen.

- Üben Sie sich darin, dem jeweils Sprechenden Ihre ungeteilte Aufmerksamkeit zukommen zu lassen.
- Teilen Sie Ihre Erkenntnisse und Einsichten den anderen mit, wenn Sie es für angebracht halten.

Abschluß:

Anfragen nach Hilfe. Übermittlung liebevoller Energie.

Für die folgende Session:
- Lesen Sie als Vorbereitung auf das nächste Treffen Kapitel 7.
- Jemand bringt rhythmische Musik und ein Abspielgerät mit sowie ausreichend unbeschriebenes Papier für alle Gruppenmitglieder.

Kapitel 7

Der Energiefluß tritt ein

In diesem Kapitel wird unser Held darin unterwiesen, seine Energie auf einem höheren Level zu halten, um sich auf diese Weise am Evolutionsfluß zu beteiligen und die für seine Entscheidungen wichtigen Informationen zu erhalten. Als er vor der Frage steht, wohin er als nächstes gehen soll, wird er davor gewarnt, nicht in sein Drama des Unnahbaren zurückzufallen, und gleichzeitig ermutigt, mit dem allem zugrunde liegenden Gefühl der Liebe in Verbindung zu bleiben. Er beginnt, empfänglich für Gedanken und Bilder zu werden, die just dann auftauchen, als er sich einsam und verloren fühlt. Seine wesentliche Frage besteht darin, wie er Marjorie wiederfinden soll und wie er die Suche nach den restlichen Erkenntnissen heil und sicher überstehen kann. Obwohl er an einer Wegkreuzung auf seine Intuition vertraut, wird er gefangengenommen. Was auf den ersten Blick aussieht wie eine Katastrophe, erweist sich jedoch als Chance, die den Schlüssel zu einigen seiner wichtigsten Fragen birgt. Ein junger indianischer Mithäftling ist ihm dabei behilflich, die in Träumen und Intuitionen enthaltenen Botschaften zu verstehen.

Die Siebte Erkenntnis

Durch die Siebte Erkenntnis erfahren wir, daß sich unsere Entwicklung bei vollem Bewußtsein vollziehen kann. Genauso wie der Mensch einer körperlichen Entwicklung unterworfen ist, entwickelt er sich auch psychologisch und spirituell. Die Siebte Erkenntnis verdeutlicht, wie wir diesen Prozeß unterstützen können, in dem wir aktiv am Fluß der Energie teilhaben. Vater Sanchez erklärt unserem Helden, daß der erste Schritt dazu in der Erhöhung der eigenen Energie besteht, der zweite darin, sich an die grundlegende Lebensfrage zu erinnern, und der dritte darin, auf im Augenblick anliegende, kleinere Fragen zu achten. Indem wir unseren Gedanken, unseren Tagträumen und unseren Träumen Beachtung schenken, stoßen wir auf Botschaften, die uns bei der Auffindung unserer Fragen helfen, sowie bei der Entscheidung dessen, was es als nächstes zu tun gilt.

Der Aufbau von Energie

Vater Sanchez erteilt unserem Helden klare Anweisungen darüber, wie er seine Energie auf einem maximalen Level halten kann. Bei täglicher Anwendung wird diese Methode auch Ihnen zur zweiten Natur werden. Besonders wichtig ist es, Energie aufzubauen, wenn Sie sich verängstigt, verwirrt oder überwältigt fühlen. Handeln Sie Ihre Gefühle jedoch auf keinen Fall oberflächlich ab. Es kann sein, daß Sie eine Zeit der Niedergeschlagenheit durchleben müssen, um Geschehenes zu integrieren und zu akzeptieren. Sobald Sie dies getan haben, verlagern Sie ihre Aufmerksamkeit von den negativen Gefühlen und beginnen mit der Ausführung der folgenden Schritte:

- Konzentrieren Sie sich auf ein schönes Objekt in Ihrer Umgebung.
- Erinnern Sie sich daran, wie die Dinge aussehen, wenn Sie energiegeladen sind.
- Suchen Sie nach Schönheit, einzigartigen Formen und Farben und einem Energiefeld, das Gegenstände und Pflanzen umgibt.
- Atmen Sie tief und bewußt durch und atmen Sie erst nach fünf Sekunden wieder aus.
- Atmen Sie die Schönheit Ihrer Umgebung so lange ein, bis Sie sich unbeschwerter fühlen.
- Stellen Sie sich vor, daß jeder Atemzug Sie wie einen Ballon anfüllt.
- Spüren Sie die aus Ihrem Atmen resultierende Leichtigkeit und den Zufluß von Energie.
- Überprüfen Sie, ob hinter Ihren Handlungen ein grundlegendes Gefühl der Liebe steht.
- Stellen Sie sich vor, daß Ihr Körper von einem vibrierenden Lichtkranz umgeben ist.

- Visualisieren Sie sich als strahlendes Wesen, das universelle Energie ein- und ausatmet.
- Nehmen Sie den Standpunkt des Beobachters ein und denken Sie daran, daß nichts ohne Grund geschieht.
- Achten Sie darauf, ob Ihre Gedanken andere Gefühle auslösen, wenn Sie sich in erhöhter feinstofflicher Schwingung befinden. Innerhalb eines Kontroll-Dramas kreisen die Gedanken um den Konflikt. Stehen Sie jedoch in Verbindung mit einer höheren Energie, so sind Sie offen für den Ausgang der Dinge.
- Wann immer Sie die Notwendigkeit dazu verspüren, sollten Sie sich Zeit nehmen, um Ihre Verbindung zur Energie wieder zu etablieren. »Hast du diesen Zustand einmal erreicht, kann nichts und niemand dir mehr Energie abziehen, als du imstande bist zu ersetzen. Um genau zu sein, schafft die Energie, die du abgibst, eine Art Strömung, die dafür sorgt, daß du ebensoviel Energie wieder aufnimmst.«[1]

Die richtige Frage

Im Verlauf seiner Reise gerät unser Held wiederholt an einen Punkt, an dem er nicht mehr weiß, was er als nächstes tun soll. Gewöhnlich tritt an diesem Punkt jemand in sein Leben, der ihm Fragen stellt wie: »Weshalb bist du hier? Was willst du wissen? Was ist deine Frage?« Dies verleiht ihm wieder inneres Gleichgewicht und hilft ihm dabei, sich auf seine wesentlichen Lebensfragen zu konzentrieren. Kurze Zeit später tauchen Botschaften für ihn auf. Als er zum Beispiel im Gefängnis sitzt, fragt sein Zellengenosse Pablo ihn: »Woran hast du gerade gedacht? Was geht gerade in deinem Leben vor?«

Bei einer dieser Gelegenheiten erklärt ihm Vater Sanchez, daß wir nur dann keinen Hinweis erhalten, wenn die von uns gestellte Frage nicht Teil der Evolution ist. Er sagt: »Du mußt verstehen, daß es im Leben nicht um Antworten geht. Es geht darum, die aktuellen Fragen zu erkennen. Hast du die richtige Frage erkannt, folgt auch immer die Antwort.«[2] Die Frage kann sich auf einen konkreten Vorfall in der Außenwelt beziehen, wie die Frage unseres Helden nach dem Aufenthaltsort von Marjorie und Wil, oder sie kann abstrakter Natur sein: »Weshalb haben die Priester etwas gegen das Manuskript?«

> Gefühle kommen und gehen
> wie Wolken im Wind
> Atmen mit Bewußtsein
> ist mein Anker.[3]
>
> Thich Nhat Hanh

Die Botschaften hinter Ihren Gefühlen

Achten Sie aufmerksam auf die Botschaften, die Sie durch eine Fügung erhalten können. Üben Sie sich darin, sie nach Bedeutungen zu untersuchen. Welche Ihrer Ideen werden dadurch miteinander verbunden? Weshalb erreicht Sie die Botschaft gerade zu diesem Zeitpunkt? Welches positive Resultat könnte sie enthalten, selbst wenn es sich dabei um eine Enttäuschung zu handeln scheint? Welche Handlung könnte folgen?

Ein sehr bekannter New Yorker Konzertpianist erhielt ein Angebot aus Europa. Obwohl es sich um eine lukrative Offerte handelte, war er sich nicht sicher, ob er annehmen sollte oder nicht. Er bewegte die Frage für eine Weile in seinem Kopf herum und begab sich schließlich zum Postamt, wo er von einem Mann bedient wurde, der zufällig aus dem gleichen Land stammte, aus dem er das Angebot erhalten hatte. Er erwähnte diese Zufälligkeit gegenüber dem Postbeamten, der darauf erwiderte: »Sie sollten dort sein, wo Ihre Freunde sind.« Dieser Kommentar schlug eine relevante Saite in dem Musiker an, und er realisierte, daß er sich in New York am wohlsten fühlte und nicht nach Europa umsiedeln wollte.

Wann es zu handeln gilt

Wenn Sie entschieden haben, daß eine Intuition aus der Quelle der universellen Intelligenz stammt, können Sie sich entscheiden zu handeln. Tut sie das nicht, so laufen Sie Gefahr, daß Ihre Handlung keine Früchte trägt. In ihrem Buch *Spiritual Growth* sagt Sanaya Roman:

> »Handeln Sie nur dann, wenn Sie sich offen, positiv und empfangsbereit fühlen. Dann stimmt ihre Handlung mit dem Höheren Willen überein. Um positive Resultate zu erzielen, werden Sie weniger Mühe aufzuwenden haben. Wenn Sie zum Beispiel Ihre Energiearbeit mit dem Ziel gemacht haben, ein bestimmtes Resultat zu schaffen, könnte es sein, daß Sie den Drang verspüren, jemanden anzurufen. Bevor Sie den Hörer abnehmen und zu wählen beginnen, warten Sie einen Augenblick schweigend und stellen sich vor, wie Sie anrufen. Ruft diese Vorstellung ein warmherziges, gutes und offenes Gefühl in Ihnen hervor, so tätigen Sie den Anruf. Spüren Sie Widerstände oder wie Ihr Energiehaushalt absackt oder tauchen andere negative Gefühle bei diesem Gedanken auf, so verschieben Sie den Anruf auf einen späteren Zeitpunkt.«[4]

Tun Sie, was Ihnen Freude macht

Ihre geheimsten Träume, Wünsche und Ziele sind Teil Ihrer Lebensfrage, die Sie im Laufe dieses Lebens lösen werden. Manchmal legen wir unsere Träume und Phantasien zur Seite, als handele es sich bei ihnen um verlockende, jedoch unmöglich zu verwirklichende Wunschvorstellungen. Vielleicht meinen wir, in Wirklichkeit kein Anrecht auf ein derartig gutes Leben zu haben.

Genau wie der Held in unserem Buch haben Sie bereits Ihren Weg zu den Erkenntnissen gefunden. Ihr Wunsch, sich aus dieser Welt der Konformität herauszuheben, steht in *enger Verbindung mit Ihren Talenten und den Ereignissen, die bis zum heutigen Tag einen Einfluß auf Ihr Leben hatten.* Je mehr Sie sich für die Bedeutung der Ihnen begegnenden

Fügungen öffnen, desto einfacher werden Sie es finden, die richtigen Handlungen aufzugreifen.

Carol Roghair, eine persönliche Beraterin aus Mill Valley, Kalifornien, berichtete folgende Geschichte: »Ich nahm gerade ein Bad in den Warmwasserquellen im Norden Kaliforniens, als ich zufällig hörte, wie eine Frau über die *Prophezeiungen von Celestine* und *The Right Use of Will* redete. Wir kamen ins Gespräch und gelangten zu dem Schluß, daß jeder von uns eine Botschaft für den anderen haben müßte. Ich erwähnte, daß ich schon immer ein Interesse daran gehabt hätte, anderen Menschen bei ihrer Selbstverwirklichung behilflich zu sein. Als sie mir erklärte, daß dies ihr Beruf sei, kamen mir Tränen, und ich bekam eine Gänsehaut. Ich hatte den Eindruck, eine starke Bewegung in meinem Inneren wahrzunehmen, und bemerkte erneut, wie wichtig mir mein Anliegen schon seit meiner Jugend war. Aus irgendeinem Grund hatte ich angenommen, eine derartige Aufgabe nicht meistern zu können. Bei meiner täglichen Meditation machte sich ebenfalls eine Veränderung bemerkbar. Ich fühle mich jetzt tiefer verbunden, weiß aber nicht genau, weshalb. Es ist kaum wahrnehmbar, und doch fühle ich mich lebendiger.«

> »Offenbarungen können einfacher oder komplexer Natur sein. Gewöhnlich bringen sie ein besonderes Gefühl mit sich; einige Menschen bekommen Gänsehaut, Kitzeln oder andere körperliche Empfindungen. Manchmal gibt es keine körperlichen Sensationen, sondern eine Art mentales ›Klick‹, als sei soeben etwas an seinen Platz gefallen. Offenbarungen können auf mehrere Arten empfangen werden – sie können in Form von Erkenntnissen im Verstand auftauchen, sie können das Resultat einer Channelingsession sein oder vom Lesen eines Buches bzw. vom bloßen Zuhören kommen.«[5]
>
> Sanaya Roman,
> *Spiritual Growth*

Vergessen Sie nicht, daß jeder Augenblick eine Gelegenheit bietet, um sich in der Gegenwart aufzuhalten, selbst wenn das bedeutet, durch körperlichen oder emotionalen Schmerz gehen zu müssen. So sehr wir uns auch abrackern, um zur Erleuchtung zu gelangen, wir werden immer wieder auf unsere menschlichsten Eigenschaften und Schwächen zurückgeworfen, um in ihnen auf unsere wahre Natur und unsere wahre Lebendigkeit zu stoßen. In seinem Buch *The Care of The Soul* schreibt Thomas Moore:

> »Das ›Ziel‹ auf dem Pfad der Seele ist, die Existenz zu fühlen, nicht die Widrigkeiten und Unsicherheiten des Leben zu meistern, sondern das Leben aus erster Hand zu erfahren, im Zusammenhang mit der restlichen Welt zu existieren ... Was es im Augenblick zu tun gilt, ist dort zu sein, wo Sie sich gerade aufhalten, und manchmal im hellen Licht des vollen Bewußtseins daraufzuschauen und ein anderes Mal behaglich in die tiefen Schatten des Mysteriösen und Unbekannten zurückzutreten ... Vermutlich ist der Ausdruck von einem Pfad der Seele nicht ganz zutreffend. Es handelt sich dabei eher um eine Bewegung des Wanderns und Mäanderns.«[6]

Der Unterschied zwischen impulsiven Wünschen und Intuition

Sie sind jetzt dabei, zwischen jenen Signalen und Botschaften zu unterscheiden, die ihre Wurzeln in Ihrer eigenen Unsicherheit haben, und jenen, die von Ihrem höheren Selbst stammen. Mit wachsendem Bewußtsein und zunehmendem Einklang mit Ihrem inneren Zentrum werden Sie lernen, zwischen impulsiven Wünschen und intuitivem Wissen zu unterscheiden. Beides kann verlockend wirken. Am Anfang sind Sie sich vielleicht nicht sicher, was was ist. Ärgern Sie sich deshalb nicht, wenn sie das eine mit dem anderen verwechseln. Eine der wichtigsten Faustregeln besteht darin, nicht aus einem plötzlichen inneren Drang heraus zu handeln. Der Autorin Nancy Rosanoff zufolge ist der Unterschied zwischen Impuls und Intuition folgender: »Ein Impuls fühlt sich an, als müsse ihm augenblicklich Folge geleistet werden; zögern Sie, so verfliegt die Gelegenheit. Ein Impuls setzt uns unter Handlungszwang. Handeln wir dementsprechend, fühlen wir uns hinterher leer und unbefriedigt. Unsere Probleme sind nicht gelöst. Wie das Wort schon nahelegt, handelt es sich bei einem Impuls um einen starken Ausbruch von Energie, dem allerdings kaum etwas folgt.«[7]

Gewöhnlich entfaltet sich inneres Wissen allmählich, mit der Zeit, und beginnt beinahe unmerklich damit, unsere Richtung zu ändern. Obwohl intuitive Gedanken ebenso verlockend erscheinen können wie impulsive, lassen sie einem jedoch immer genügend Zeit, sich zu besinnen. Rosanoff spricht von dem Universellen Gesetz der Drei:

> Aufmerksamkeit vor Wirksamkeit,
> Sanftes Fließen eher als hohe Geschwindigkeit.[9]
> Kazuaki Tanahashi, *Brush Mind*

»Kommt mir ein Gedanke dreimal in den Sinn, so sehe ich dies als Anlaß zu handeln. Intuitionen sind insistent und beständig. Was wichtig ist, vergessen wir nicht, gewöhnlich kehrt es zu uns zurück und verschafft sich Beachtung ... Mehrere meiner Schüler sind Börsenmakler, die das Gesetz der Drei sogar unter höchsten Anspannungen anwenden. In ihrem Geschäft müssen sie sich schnell entscheiden. Sie sind in der Lage, sich innerhalb weniger Minuten von einem Gedanken zu trennen und abzuwarten, ob er zu ihnen zurückkehrt. Taucht der Gedanke sofort wieder auf, lassen sie ihn erneut gehen. Auf diese Weise haben sie gelernt, zwischen einer Panikreaktion und Intuition zu unterscheiden. Gewöhnlich macht sich ihre Intuition direkt vor einem Umschwung an der Börse bemerkbar. Panik dagegen meldet sich, wenn der Wechsel bereits vollzogen ist.«[8]

Je mehr wir uns unserem inneren Zentrum widmen, desto häufiger bemerken wir Unterschiede in den verschiedenen Botschaften, die uns zum einen aus unserem Intellekt und zum anderen aus unserer Intuition erreichen:

Intellektgesteuerte Botschaften können u. a.
- auf Mangelgefühlen, Furcht sowie Schuld beruhen
- auf Schutzdenken beruhen

- verlockend wirken, jedoch keine Zeit zur Reflexion lassen
- vorschnelle Antworten sein, die Ihren Energiefluß unterbrechen
- erste unreflektierte Gedanken sein
- einer verzweifelten Not entstammen

Intuitionsgesteuerte Botschaften
- sind liebevoll und beruhigend
- sind beständig
- sind ermutigend und positiv
- verlangen gewöhnlich keine unmittelbaren Handlungen
- verlangen nur selten radikale Veränderungen, die ohne kleinere, allmählich Veränderung herbeiführende Schritte auftreten.

Der Umgang mit inneren Angstbildern

Der Held in unserem Roman erkundigt sich: »Aber was ist mit den negativen Gedanken? Der Furcht davor, daß etwas Schreckliches geschehen wird, jemand, der uns nahesteht, verletzt werden könnte oder wir nicht erreichen, was wir uns vorgenommen haben?«[10]

Darauf antwortet Pablo ihm: »Die Siebte Erkenntnis sagt, daß Bilder der Angst bei ihrem Auftauchen angehalten und durch etwas Positives ersetzt werden. Daraufhin wird es bald so gut wie keine negativen Bilder oder Gedanken mehr geben. Du wirst nur mehr Ahnungen von positiven Ereignissen haben. Sollten negative Bilder auftauchen, dann rät das Manuskript, sie unbedingt ernstzunehmen, sie jedoch nicht weiterzuverfolgen. Wenn du zum Beispiel ein Bild davon hast, wie du in einem Lastwagen verunglückst, und jemand bietet dir an, in seinem Wagen mitzufahren, so lehne das Angebot ab.«[11]

Angst ist ein natürlicher Bestandteil unseres Lebens und ein Verbündeter, wenn es darum geht, eine Gefahr zu erkennen und ihr aus dem Weg zu gehen. Die Rolle der Angst und ihre Funktion in unserem Leben zu verstehen, kann für unser Selbstverständnis von großer Bedeutung sein. Angst, zusammen mit ihren beiden Derivaten Besorgnis und Rastlosigkeit, steht unserer Entwicklung so lange im Wege, wie wir diese Empfindungen bestimmen lassen, auf welche Weise wir neue Informationen und Verhaltensmöglichkeiten einzustufen haben. Angst entfernt uns aus der Gegenwart, indem sie uns mit Erinnerungen an Vergangenes oder Zukünftiges oder mit im Augenblick irrelevanten Problemen belästigt. Die Siebte Erkenntnis rät uns dazu, den negativen Denkvorgang zu verändern, indem wir unsere Angstbilder durch andere Bilder ersetzen. Es ist auf jeden Fall wichtig, sich mit Angst auseinanderzusetzen, anstatt sie zu ignorieren oder ihr Vorhandensein zu leugnen.

Haben Sie jedoch die in ihrer Angst verborgene Botschaft einmal verstanden, dann üben Sie sich darin, diese negativen Gedanken zu verabschieden und sich einen positiven Ausgang vorzustellen. John, der für seine Lizenz als Bauunternehmer paukte, hatte z. B. große Angst vor der ihm bevorstehenden Prüfung. Er erinnerte sich an seine Zeit auf der Oberschule und seine damaligen Schwierigkeiten bei der Mathematikprüfung. Auf der anderen Seite motivierte ihn der Gedanke daran, bald als selbständiger Unternehmer arbeiten zu können, und er war fest entschlossen, sich so gut wie möglich auf seine Prüfung vorzubereiten. Dieser Entschluß veranlaßte ihn, nach einer neuen Möglichkeit im Umgang mit seiner Angst zu suchen. Jeden Tag reservierte er sich ein paar Minuten, um sich vor der Arbeit an seinem Examen zu entspannen. Er stellte sich vor, wie seine Lizenz mit der Post eintraf und wie stolz er dann sein würde. Packte ihn die Angst vor dem Versagen, erinnerte er sich daran, wie sein Vater die Talente und Fähigkeiten seines Sohnes regelmäßig heruntergespielt hatte und daß er jetzt ein fähiger Mann in der Erwachsenenwelt war, der darauf brannte, im Leben und im Beruf voranzukommen. »Die Menschheit braucht qualitativ gute und schöne Häuser, um darin zu leben, und du wirst sie ihnen verschaffen«, sagte er sich. Diese Übung half ihm dabei, nicht zu verzagen, und er bestand sein Examen.

Achten Sie darauf, in welchen Situationen Sie dazu neigen, furchtsam zu werden. Achten Sie darauf, bei welchen Tätigkeiten Ihre Energie absinkt. Dies könnte zum Beispiel der Fall sein, wenn Sie sich mit jemandem über ihre tragische Vergangenheit unterhalten oder sich über den Alltag oder Ihre Zukunftsängste beschweren.

Mit Angst und Zweifeln umgehen

- Mit zunehmender Fähigkeit, Energie wahrzunehmen, werden Sie ebenfalls in der Lage sein, zwischen selbstzerstörerischen Ängsten und tatsächlichen Gefahrenzeichen zu unterscheiden.
- Möglicherweise werden Sie anfänglich nicht allzu viel Vertrauen in die von Ihnen empfangenen Informationen haben. In diesem Fall bitten Sie um präzisere Angaben.
- Achten Sie darauf, ob Ihre Ängste möglicherweise etwas mit Ihrem Kontroll-Drama zu tun haben. Haben Sie zum Beispiel gelernt, als »Armes Ich« Energie an sich zu binden, so kann es sein, daß Sie unbewußt nach Schwierigkeiten suchen, um so in diesem Drama verharren zu können. Sind Ihre Ängste, überrannt zu werden, der Grund dafür, weshalb sie als Unnahbarer andere Menschen nicht um Hilfe bitten? Ist Ihre Angst, als Einschüchterer nicht ernstgenommen zu werden, verantwortlich dafür, daß Sie nach Widerständen suchen, wo es keine gibt? Fürchten Sie als Vernehmungsbeamter, daß Sie von allen verlassen werden, wenn Sie sie nicht andauernd überwachen?

Die Botschaft in der Angst finden

- Erkennen Sie die Angst als solche an.
- Lassen Sie Ihre Angst aufsteigen und wehren Sie sich nicht dagegen. Ein Schweregefühl ist gewöhnlich ein Indikator für Angst und Sorge. Rufen Sie sich diese Gefühle ins Bewußtsein. Bitten Sie um Hilfe.
- Schreiben Sie auf, wovor genau Sie Angst haben.
- Treten Sie mit Ihrer Angst in einen Dialog und finden Sie heraus, welche Botschaft Ihre Angst für Sie hat. Ist Ihre Angst realistisch?
- Achten Sie darauf, wie parallel zu Ihren Ängsten negative Gedanken zu Ihrem Wesen und Ihrer Person auftauchen: »Alles ist im Eimer. Ich bin erledigt. Ich wünschte, das hätte ich nie im Leben getan. Ich bin so lahm. Ich bin so dumm.« Ein negativer innerer

Dialog (»Selbstgespräch«) kehrt in Form von negativen Gefühlen und Ängsten sowie als negativer Ausgang zu Ihnen zurück.

- Übertreiben Sie Ihre Ängste. Gelingt es Ihnen, Humor darin zu finden?
- In welchen Bereichen Ihres Lebens finden Sie sich ungenügend?

Das Loslassen der Angst

- Konzentrieren Sie sich für einige Minuten nur auf Ihren Atem.
- Werden Sie so ruhig wie nur irgend möglich. Verbringen Sie ein paar Minuten ohne Gesellschaft.
- Hören Sie auf nachzudenken und entspannen Sie Ihren Verstand.
- Bitten Sie jetzt um jede mögliche Form der Unterstützung.
- Senden Sie Liebe aus. Umgeben Sie sich und andere mit Licht.
- Wenn Angst und Zweifel aufsteigen, so lassen Sie sie ins Licht weitergehen.
- Konzentrieren Sie sich auf das, was Sie wollen. Visualisieren Sie den von Ihnen gewünschten Ausgang.
- Erinnern Sie sich selbst daran, daß Sie immer verschiedene Optionen zur Auswahl haben und eine Wahl treffen können.
- Wenn Sie sich wieder etwas beruhigt haben, erinnern Sie sich an die leisen Signale, die Sie empfangen haben, kurz bevor die Angst mit aller Macht einsetzte. Erinnern Sie sich, daß überall nützliche Botschaften für Sie verborgen sind.
- Spüren Sie Angst, so verlagern Sie Ihre Aufmerksamkeit auf die Erfüllung Ihrer höchsten Aufgabe. Stellen Sie sich selbst in einer optimalen Situation, umgeben von Ihren Freunden, vor.

Kontrolle aufgeben

Solange Sie sich bemühen, darum kämpfen und sich überarbeiten, um zum Ziel zu kommen, folgen sie nicht dem Energiefluß des Universums.

> Das größte Hindernis bei der Problembewältigung ist, daß wir annehmen, es handele sich bei Problemen um etwas in unserer Außenwelt. In Wahrheit ist jedes Problem eine Manifestation unseres Bewußtseinszustandes in der Außenwelt. Ist unser Bewußtsein klar und friedlich, verschwindet das Problem.[12]
>
> Arnold Patent, *You Can Have It All*

Beginnen Sie damit, sich jedesmal, wenn Sie verwirrt sind, zu fragen: »Weshalb befinde ich mich gerade jetzt in dieser Situation?« und »Was passiert in diesem Augenblick in meinem Leben?« Verbringen Sie Zeit allein und in Ruhe. Was geschieht, wenn Sie die Kontrolle und Ihre Sorgen aufgeben?

Ein Geschäftsmann, der Jahre damit zugebracht hatte, ein Softwareprogramm zu entwickeln, verlagerte seinen Standort, weil er mit seinem Geschäft am alten Standort keinen Erfolg hatte. Zusätzlich tauchten Probleme mit seinen Angestellten auf, und das Marketing seines Produktes machte ebenfalls keinerlei Fortschritte. Wieder wechselte er mit seinem Geschäft den Standort, und nach einigen Monaten erneuter unterschiedlichster Rückschläge fragte er sich schließlich: »Weshalb bin ich hier? Ist dieses Geschäft wirklich mein Lebenszweck?«

Tief in seinem Herzen wußte er, daß er das Geschäft nur unterhielt, um ausreichend Geld zum Schreiben eines Buches zu beschaffen. So schmerzlich es für ihn war, zuzugeben, daß die Schwierigkeiten der letzten beiden Jahre ihn nicht zum Ziel geführt hatten, entschied er sich trotzdem, das Geschäft aufzugeben. Die darauffolgende Erleichterung war so stark, daß er sein Buch innerhalb der folgenden drei Monate beendete. In diesem Fall hatte er sich zu sehr auf sein Vorhaben fokussiert und war darüber aus dem Energiefluß geraten.

Manchmal verlangt Überwindung von Hindernissen Ausdauer, wenn Sie jedoch das Gefühl haben, eine längst verlorene Schlacht zu führen, so ist etwas nicht in Ordnung. Geben Sie Ihre Beschäftigung auf, besonders wenn Sie der Ansicht sind, keine andere Wahl zu haben. Fühlen Sie sich eingekesselt und hilflos, so befinden Sie sich aller Wahrscheinlichkeit nach in einem inneren Konflikt, der sich auch in

Ihrer Außenwelt manifestiert hat. Lassen Sie los. Bitten Sie um Hilfe. Seien Sie willens, für einige Zeit nichts zu unternehmen, seien Sie willens zuzugeben, daß Sie *im Augenblick nicht wissen, was die richtige Antwort ist.* Das beste ist jetzt, zuzuschauen und sich mit dem Schönen in Ihrer Umgebung zu verbinden, damit Sie für das Auftauchen von Fügungen und neuen Erkenntnissen bereit sind.

Was ist der fehlende Teil im Puzzle Ihres Lebens?

Sich im Energiefluß zu befinden, bedeutet, alles für den im Leben notwendigen nächsten Schritt zu erhalten. Nachdem Ihnen eine Gelegenheit präsentiert wird, müssen Sie die Arbeit verrichten. In Verbindung mit Ihren Hoffnungen, Träumen und Bedürfnissen zu bleiben, hilft Ihnen bei deren Verwirklichung. Judith O'Connor, eine Hypnotherapeutin in Richmond, Kalifornien, berichtete von folgendem Erlebnis:

»Obwohl ich dies sonst selten tue, nahm ich an einem Abendseminar teil, und eine der letzten Personen, mit denen ich an jenem Abend sprach, war eine Frau, die mich um meine Visitenkarte bat. Wir tauschten unsere Adressen und Telefonnummern aus, und zu meinem Erstaunen sah ich, daß sie von Beruf Augenärztin war. Aus irgendeinem Grund erzählte ich ihr, wie sehr es mich frustrierte, daß ich während der letzten fünfzehn Jahre nicht imstande gewesen war, ohne Schwierigkeiten zu lesen. Sie hielt mein Problem für heilbar und sagte, daß sie auf Fälle wie den meinen spezialisiert sei. Ich hatte den Eindruck, das Abendseminar nur besucht zu haben, um die Ärztin kennenzulernen. Später fiel mir auf, daß ihre Visitenkarte genau wie die meine als Kennzeichen ein Auge trug.

Meine Unfähigkeit, mich zu konzentrieren und zu lesen, war nicht nur hinderlich, sondern war mir sogar peinlich. Nachdem ich eine Weile mit der Ärztin gearbeitet hatte, stellte sich heraus, daß mein linkes Auge nicht funktionierte, weil es nicht ordentlich mit meinem Gehirn verbunden war, und daß dadurch die Funktionen der rechten

Gehirnhälfte herabgesetzt wurde. Die folgende Heilung schien mir wie der fehlende Teil im Puzzle meines Lebens.«

Was bereitet Ihnen im Augenblick die größten Probleme? Seien Sie bei Ihren Angaben so spezifisch wie möglich. Formulieren Sie eine Frage, die dazu geeignet ist, Ihnen bei der Lösung dieses Problemes behilflich zu sein. Stellen Sie diese Frage in der Vordergrund Ihres Bewußtseins und öffnen Sie sich für das Auftauchen eines spontanen Zeichens oder einer Botschaft.

Die Rechtsanwältin Jean Price Lewis hat zwei erwachsene Töchter und eine gutgehende Kanzlei in Marine County, Kalifornien. Sie besuchte ein Wochenendseminar bei Gary H. Craig, einem Performance-Berater. Der stellte ihr die Frage: »Was würden Sie tun, wenn Sie wüßten, daß Sie nicht versagen könnten?« »Diese Frage eröffnete mir mit einem Mal ein ganzes Reich neuer Möglichkeiten, über die ich zuvor nicht einmal nachgedacht hatte«, erzählte sie uns. »Ich fertigte eine Liste an, nach der ich Architektin, Staatssekretärin, Besitzerin einer Südseeinsel, Seniorenmodel, erfolgreiche Erfinderin, Besitzerin und Pilotin meines eigenen Flugzeuges und Weltreisende werden sowie gute Plätze bei der Oscarverleihung haben wollte!« Wie geht es ihr jetzt nach Anfertigung der Liste? »Ich denke, daß diese Liste eine Art unterbewußter Speisekarte war. Erst nachdem ich die *Prophezeiungen von Celestine* gelesen hatte, fielen mir mehr und mehr seltsame Fügungen auf, die als Resultat meiner Liste aufzutauchen schienen. So begegnete ich zum Beispiel einem Fluglehrer, und kurz darauf hatte ein anderer Bekannter ein Flugzeug zu verkaufen. Ich bin mir noch nicht sicher, ob ich mir wirklich schon jetzt eines kaufen möchte, aber die Liste scheint definitiv über ein Eigenleben zu verfügen.«

Traumstudie

Zu träumen bedeutet, auf der Innenseite, ohne die Beschränkungen von Zeit und Raum zu leben. Wie könnten wir dieser multidimensionalen, metamorphen inneren Realität zwischen zwei Buchdeckeln, geschweige denn auf einigen Seiten Rechnung tragen? Meistens erinnern wir uns beim Aufstehen kaum an die erstaunliche Nachtreise und an die Orte, an denen wir nie waren, Menschen, die vielleicht tatsächlich irgendwo existieren, uns freundlich gesonnen sind oder nicht und die nicht immer diejenigen sind, die sie vorgeben zu sein. Ab und an werden wir von tiefreichenden Gefühlen des Wunders, der Freude und verzehrender Liebe heimgesucht oder von unglaublicher Angst und anormalen Verlustgefühlen. Es ist uns unmöglich vorauszusagen, was in der uns bevorstehenden Nacht für uns anliegt. Ähnlich wie die Synchronizität kann dieser nächtliche Karneval der Bilder uns etwas über unser Leben mitteilen, wenn wir nur gründlich genug hinschauen.

Normalerweise analysieren wir unsere Träume nicht, es sei denn, die Botschaft ist so deutlich oder ungewöhnlich, daß wir den Traum nicht wieder vergessen können. Die Siebte Erkenntnis lehrt uns, daß unsere Gedanken, Tag- und Nachtträume uns bei dem intuitiven Erfassen unseres Weges helfen können und uns fehlende Informationen über unser Leben zu liefern imstande sind.

Träume als Botschafter

In der Erkenntnis wird gesagt, daß wir unsere Träume mit unserer Lebensgeschichte vergleichen sollen. Lassen Sie uns deshalb die augenblickliche Situation unseres Helden noch einmal betrachten und dabei in Augenschein nehmen, auf welche Weise sein Traum ein Ausdruck seiner momentanen Situation ist.

- Er suchte nach Antworten über das Manuskript.
- Er kam sich verloren vor.
- Er befand sich im Gefängnis und wurde trotz größter Mühe gefangengenommen.
- Er meinte, seine einzige Option bestände darin, jemanden darum zu bitten, ihn heimfliegen zu lassen.
- Er setzte sich gegen seine Verhaftung zur Wehr.

Im Traum:

- Er suchte im tiefsten Wald nach einem Schlüssel (seine Suche nach Antworten über das Manuskript; der Wald ist ein Symbol für Peru, Spiritualität und dafür, sich verloren vorzukommen).
- Er hatte sich verirrt und bat um Führung.
- Im Verlaufe eines Gewitterregens (ein Akt der Natur und von ihm ebenso unkontrollierbar wie die Tatsache seiner Verhaftung) wird er in eine tiefe Schlucht und in einen Fluß gespült, der in die falsche Richtung fließt und ihn zu vernichten droht (er war der Ansicht, gefangengenommen worden zu sein, weil er die falsche Straße gewählt hatte).
- All seine Anstrengungen, die Klippen zu umsteuern, schlagen fehl, es gibt keinen Ausweg mehr für ihn (er befindet sich im Gefängnis).
- Er merkt, daß der Fluß, gegen dessen Strömung er sich zur Wehr gesetzt hatte, aus dem Wald heraus fließt und ihn an einen wunderschönen Strand befördert, an dem er auf den gesuchten Schlüssel stößt (er begreift, daß alles, was er wissen muß, genau zur richtigen Zeit und am richtigen Ort war – in diesem Fall im Gefängnis).

Jetzt stellt Pablo ihm glücklicherweise die kritische Frage: »Wenn du den Traum noch einmal träumen könntest, was würdest du darin anders machen?« Worauf er antwortet: »Ich würde nicht mehr gegen das Wasser ankämpfen, obwohl es so aussah, als würde ich ertrinken. Diesmal wüßte ich es besser.«[13]

An dieser Stelle sollte vermerkt werden, daß sich unser Held nach dem Vergleich des Traumes mit seinem tatsächlichen Leben in freudiger Erregung befindet, ein sicheres Zeichen dafür, daß er mit der wahren Bedeutung seines Traumes in Verbindung getreten ist. Anstatt lediglich die einzelnen Bestandteile seines Traumes zu analysieren, vergleicht er sie mit den tatsächlichen Vorkommnissen in seinem Leben. Pablo ist ihm dabei behilflich und schlägt vor, von vorn zu beginnen und das Fortschreiten der Ereignisse zu beobachten, bevor sie sich dem Ende des Traumes zuwenden. Der Leser kann diese Methode übrigens selbst daheim anwenden, wenn er das nächste Mal erwacht und sich an einen Traum oder einen Teil davon erinnert. Genauere Angaben für diesen Traumvergleich finden Sie beim Einzelstudium ab Seite 229.

Fallstudie

Während wir dieses Kapitel schrieben, wurde uns folgender Traum mitgeteilt, der sich später erfüllte. Christy Roberts aus Kansas City, hatte am 4. April 1993 folgenden Traum: »Im Frühjahr 1993 wurde ich arbeitslos und versuchte eine neue Anstellung als Werbefrau in der Musikindustrie zu erhalten, als ich folgenden Traum hatte: Ich sah vier Delphine in einem Tank schwimmen, der dem in Marine World ähnelte, und sagte zu ihnen: ›Hey Jungs, kommt und küßt mich.‹ Einer nach dem anderen kam angeschwommen und küßte mich auf den Mund. Dann sah ich innerhalb des Traumes das Datum 19. Mai und dachte: ›Was kann das zu bedeuten haben? 19. Mai – aber in welchem Jahr?‹ Einige Tage nach diesem Traum wurde ich zufällig zu einer Abschiedsfeier bei der A&M-Schallplattenfirma eingeladen. Man munkelte, daß die dort verabschiedete Person nicht ersetzt werden sollte, intern hörte ich jedoch, daß Vorstellungsgespräche geführt wurden, woraufhin ich mich bewarb. Ich wurde schließlich von vier Personen interviewt und erhielt den Job am 19. Mai. Erst ein Jahr später fand ich heraus, daß der Firmengründer, Jerry Moss, sich sehr für die Rettung der Delphine eingesetzt hat und unter anderem dafür gesorgt hatte, daß zahlreiche Thunfischhersteller Warnaufkleber auf ihren Dosen anbrachten.«

Seit diesem Ereignis hat Roberts ihren Träumen vermehrt Aufmerksamkeit zukommen lassen und berichtete, daß ein weiterer Traum sie ein Jahr später mit einer wichtigen Information über ihr Verhalten in einer wichtigen Beziehung versorgt habe.

Fallstudie 2

Robert K., Besitzer von fünf Automobilniederlassungen in der Gegend von Fort Worth, erinnerte sich an einen Traum, den er in der Nacht vor dem Kauf seiner ersten Niederlassung hatte.

»Ich hatte eben meine Arbeit für eine Ladenkette niedergelegt und überlegte, ob ich mich selbständig machen sollte. Mein Vater und ich beschlossen, gemeinsam nach Texas zu reisen, um dort ein Geschäft in Augenschein zu nehmen, an dessen Aufbau ich vor einigen Jahren beteiligt war. In der Nacht davor träumte ich, daß er und ich über den Geschäftsabschluß sprachen und dabei auf die Veranda meines Elternhauses traten. Ein paar Blocks die Straße hinab sah ich, daß man die alte Kirche, die sonst dort gestanden hatte, durch einen Wal-Mart-Supermarkt ersetzt hatte. Ich dachte mir bei dem Traum nichts weiter, bis wir das Geschäft in Fort Worth besuchten und sich dort an genau der gleichen Stelle, an der ich in meinem Traum die Kirche gesehen hatte, ein neuer Wal-Mart befand. Ich war durch diese Fügung derartig erstaunt, daß ich sie als sicheres Zeichen dafür deutete, mein eigenes Geschäft zu eröffnen.«

In diesem Fall wurden in Roberts Traum parallele Motive verwandt (das Gespräch mit seinem Vater und die identischen Standorte der Supermärkte), um ihn in seiner Entscheidung zu bestätigen.

Checkliste für den Eintritt in den Energiefluß der Evolution

Um die Energie auf einem möglichst hohen Level zu halten, sollten Sie

- offen sein und sich der Liebe nicht verschließen.
- Schönheit genießen, um dadurch Energie zu gewinnen.
- so oft wie nötig Pause machen, um Energie zu gewinnen.
- sich so oft wie möglich in einem Zustand der Liebe aufhalten.

Die Bitte um Antwort

- Halten Sie sich im Jetzt und Hier auf.
- Erinnern Sie sich an Ihre wesentliche *Lebensfrage* (abgeleitet von Ihren Eltern).
- Formulieren Sie Ihre *gegenwärtigen* Fragen.
- Behalten Sie diese Fragen im Vordergrund Ihres Bewußtseins. Achten Sie auf Ihre Gedanken und Träume.

Wachsam bleiben

- Beziehen Sie die Position des Beobachters, während Sie zuschauen, wie sich das Geheimnis vor Ihren Augen entfaltet (dies hilft Ihnen dabei, Ihre Kontrollsucht zu beenden).
- Achten Sie darauf, ob schimmernde oder besonders farbenprächtige Gegenstände Ihnen als Signale bei Entscheidungen behilflich sind.
- Achten Sie ebenfalls auf Gedanken und Ahnungen (bei ihnen handelt es sich um dringend benötigte Informationen).

- Vergleichen Sie Ihre Träume mit Ihrer augenblicklichen Situation und stellen Sie fest, was sie Ihnen enthüllen.
- Sollten Sie die Ihnen zukommende Information nicht verstehen oder scheinbar keine erhalten, so sorgen Sie dafür, daß Sie die richtige Frage stellen. Stellen Sie eine neue Frage.

Stellen Sie die Fügungen auf die Probe
- Achten Sie darauf, ob das Auftauchen von Fügungen Ihren Energiehaushalt anhebt.
- Was genau ruft Ihnen die Fügung ins Bewußtsein?
- Sollten Sie mit der betreffenden Person in Zukunft weiterarbeiten?
- Wenn Sie eine Ahnung wegen etwas haben sollten oder ein Gedanke immer wieder auftaucht, so machen Sie sich auf das Auftauchen der nächsten Fügung oder Botschaft bereit. Für gewöhnlich hat sie direkt etwas mit Ihrer Ahnung oder Ihrem Gedanken zu tun.

Senden Sie Energie an andere
- Schenken Sie denen, die Sie persönlich treffen, Ihre volle Aufmerksamkeit und Energie, denn diese Menschen haben eine Botschaft für Sie und umgekehrt.
- Erinnern Sie sich daran, daß Sie zur Energiegewinnung nicht in Ihr Kontroll-Drama verfallen müssen.
- Erinnern Sie sich daran, daß Ihre Energie einen Sog bildet, sobald Sie sie freiwillig an andere abgeben, und daß Sie einen rückwirkenden Energiezufluß erfahren werden.

Zusammenfassung der Siebten Erkenntnis

Die Siebte Erkenntnis lehrt uns, daß Fügungen zur Erfüllung unserer Mission und Lebensfrage geführt haben. Wir wachsen, indem wir lernen, die kleineren Fragestellungen des Lebens zu verstehen und für uns zu beantworten. Sie stammen direkt von unserer Lebensfrage ab. Haben wir einmal die richtige Frage gestellt, so erscheinen uns oftmals auf mysteriöse Weise auch die Antworten. Jede Synchronizität, egal wie aufschlußreich, läßt uns stets mit einer weiteren wichtigen Frage zurück, so daß unser Leben und unser spiritueller Pfad sich durch eine Kette von Fragen und Antworten fortsetzt. Synchronistische Antworten können aus vielen unterschiedlichen Quellen stammen: Träume, Tagträume, Intuitionen und, vielleicht am häufigsten, von anderen Menschen, die sich inspiriert fühlen, uns eine Botschaft zu überbringen.

Zur weiteren Lektüre empfohlen:

Sanaya Roman: *Personal Power through Awareness.* 1986
James MacRitchie: *Chi Kung: Cultivating Personal Energy.* 1993
Richard Bach: *Illusions: The Adventures of A Reluctant Messiah.* 1977
Dan Millman: *The Way of the Peaceful Warrior.* 1984
Melody Beattie: *Codependent No More: Beyond Codependency.* 1989
Eric Berne: *What Do You Say After You Say Hello?* 1984
Ira Progoff: *At a Journal Workshop: Writing to Access the Power of the Unconscious and Evoke Creative Potential.* 1992

Einzelstudium zur Siebten Erkenntnis

Informationssammlung zur Fällung von Entscheidungen

Sollten Sie das nächste Mal vor einer Entscheidung wegen Ihrer Karriere, Ihrer Wohnungssituation, der Familie, persönlichem Wachstum oder Ihrer Beziehung stehen, so könnten sich folgende Punkte als hilfreich erweisen:

1. Gehen Sie noch einmal Ihre Checkliste zur Förderung des Energieflusses durch.
2. Formulieren Sie Ihre gegenwärtige Frage und schreiben Sie sie auf einer Karteikarte nieder. Bewahren Sie die Karte in Ihrer Tasche oder Handtasche auf. Schauen Sie während des Tages darauf.

3. Bitten Sie um die Übermittlung von Botschaften.
4. Verhalten Sie sich in den zweiundsiebzig Stunden nach dem Aufschreiben der Fragen besonders aufmerksam.
5. Vermerken Sie jede Botschaft und jedes ungewöhnliche Ereignis in Ihrem Tagebuch.
6. Achten Sie darauf, wenn Ihnen Gegenstände förmlich ins Gesicht springen, und darauf, wenn Dinge über einen besonderen Glanz oder eine besondere Leuchtkraft zu verfügen scheinen.
7. Üben Sie sich darin, Ihren Körper und Ihre Muskeln bei jeder Gelegenheit zu entspannen.
8. Senden Sie den Menschen, denen Sie begegnen oder mit denen Sie am Telephon sprechen, Energie.
9. Seien Sie willens, Ihre Fragen anderen Menschen mitzuteilen, sobald Ihnen Ihre Intuition dazu rät.
10. Achten Sie auf Ihre Gedanken und halten Sie sich an einmal getroffene Entscheidungen.
11. Sollten Sie sich überwältigt oder verwirrt fühlen, so hören Sie auf, über Ihre Probleme zu grübeln. Die richtige Frage lautet: »Was kann ich konkret in diesem Moment tun?«

Versuchsläufe bzw. Frage und Antwort – Lernen Sie, die Zeichen zu lesen

Sie können auch eine Versuchsentscheidung fällen und abwarten, welche Resonanz Sie darauf erhalten. Haben Sie zum Beispiel vor, die Arbeitsstelle zu wechseln, so erzählen Sie Ihren Freunden und Familienmitgliedern davon. Achten Sie darauf, was dann passiert. Werden Sie in Ihrer Entscheidung unterstützt? Läuft Ihr Leben einfacher? Taucht plötzlich etwas mit dieser Entscheidung in unmittelbarem Zusammenhang Stehendes in der Post auf? Erhalten Sie kleine Bestätigungen für die Richtigkeit Ihrer Entscheidung? Oder werden Sie plötzlich zum Opfer kleinerer »Unglücke«, stoßen Sie sich den großen Zeh, bekommen Strafzettel, verlieren Ihre Brieftasche, werden krank oder erfahren andere widrige Umstände, die auf ein »Nein« schließen lassen?

Ein gutes Beispiel dafür, wie synchronistische Zeichen auf ein bedeutendes Ereignis hindeuten können, stammt von einer Frau, die ihren eigenen Vertrieb für kosmetische Artikel hat. »Kurz vor meinem ersten Treffen mit einem wichtigen Kunden hörte ich mir daheim *Tristan und Isolde* an. Als ich im Haus meiner Klientin eintraf, spielte dort dieselbe Oper.«

Verleihen Sie den Ereignissen allerdings keine größere Bedeutung, als ihnen in Wirklichkeit zukommt. Synchronizität hat die Eigenschaft, uns augenblicklich mit innerem Wissen zu versehen. Verschwenden Sie keine Zeit und Energie darauf, jedem noch so kleinen Ereignis eine Bedeutung abzuringen. Wenn Sie wirklich eine Botschaft erhalten sollen, wird diese Ihnen erneut mitgeteilt werden. Wichtiger ist es, im Augenblick zu leben.

Zweckgerichtete Handlung

Mit vermehrter Integration der Erkenntnisse wird auch Ihre Spiritualität wachsen. Mit zunehmendem Bewußtsein wird es Ihnen zur zweiten Natur werden, einen umfassenderen Blick auf die Vorgänge und Ereignisse Ihres Lebens zu werfen. Die folgenden Fragen können Sie sich zu jedem Zeitpunkt Ihrer Entwicklung stellen:

- Welche Bedeutung oder Botschaft könnte sich noch hinter dieser Begebenheit verbergen?
- In welchem größeren Zusammenhang steht sie?
- Auf welche Weise helfe ich anderen?
- Lädt mich meine augenblickliche Tätigkeit mit Energie auf?
- Wie wichtig ist die Tätigkeit, der ich im Augenblick nachgehe, wirklich?

Je häufiger Sie sich auf diese reflektierende Art Informationen verschaffen, desto mehr werden Sie über den eigentlichen Sinn Ihres Lebens erfahren. Es könnte sich herausstellen, daß der Grund für Ihre Anwesenheit auf der Erde durch das Schild an Ihrer Bürotür nur unzureichend gekennzeichnet ist.

Dankbarkeit und Anerkennung

Sollten Sie einen kreativen Durchbruch erfahren, so zollen Sie sich für Ihren Anteil daran Anerkennung. Je mehr Sie an sich selbst als ganzes, einheitliches und kreatives Wesen glauben, desto eher werden Sie den Eindruck haben, der Erfüllung Ihrer Lebensaufgabe nachzugehen.

Dankbarkeit für die kleinen und großen Geschenke zu zeigen, die Ihnen jeder Tag bringt, hilft Ihnen dabei, in der Gegenwart zu leben und pessimistische Gedanken sowie alte Sorgen durch positive Gedanken zu ersetzen.

Vergebung

Wenn Sie sich einmal wirklich festgefahren fühlen oder in einen Machtkampf verstrickt sind, so treten Sie einen Schritt vom Geschehen zurück und versuchen Sie, das Gesamtbild ins Auge zu fassen.

Fragen Sie sich: Bin ich willens, den Beteiligten, inklusive mir, zu vergeben?

Nachdem Sie einmal entschieden haben zu vergeben, wird Ihnen auch klarwerden, wem Sie wie vergeben können.

Es endlich richtig machen

Manchmal meinen wir, daß eine einzige, umfassende Antwort oder das Erreichen eines einzigen, großen Zieles wahre Wunder bewirken und wir endlich am Ende unseres Weges ankommen werden. Trennen Sie sich von dieser Vorstellung – öffnen Sie sich statt dessen für die wundersamen wie auch die wunderbaren Dinge Ihres Lebens und lernen Sie, sich zu lieben und zu akzeptieren, wie Sie gerade sind – selbst wenn Sie nie eine der Übungen in diesem Buch absolviert haben, keinen Ihrer Träume analysiert oder je ein Tagebuch geführt haben!

Den Standpunkt des Beobachters einnehmen

Vergessen Sie nicht, daß Tagträume und Gedanken die Eigenschaft haben, uns anzuleiten. Gewöhnen Sie sich an, nach dem »Warum« zu fragen, sobald ein Gedanke auftaucht. Weshalb taucht ausgerechnet dieser Gedanke gerade jetzt auf? In welchem Zusammenhang steht er mit meiner augenblicklich vordringlichen Frage? *Den Standpunkt des Beobachters einzunehmen, befreit uns vom Zwang, alles und jeden kontrollieren zu müssen, und sichert uns einen Platz im Energiefluß der Evolution.*

Das Anziehen von Botschaften

Sobald wir auf einer Antwort bestehen oder uns unnahbar verhalten, kreieren wir einen Wettstreit zwischen uns und anderen, der andere an der Übermittlung einer Botschaft hindert. Um ungehinderten Zugang zu Botschaften zu erhalten, sollten Sie offen für Dinge sein, die im Augenblick passieren »wollen«. Ereignet sich eine Fügung, so fragen Sie sich anschließend: Was hat sich gerade eben zugetragen? In welchem Zusammenhang steht dieses Ereignis mit meiner augenblicklichen Frage? Sollte ich etwas daran näher in Augenschein nehmen?

Arbeit mit dem Silberstreifen

Das Auftreten eines Mißgeschickes bedeutet nicht zwangsläufig, daß wir aus dem Energiefluß geraten sind. Denken Sie bloß nicht, daß innerhalb des Energieflusses alles immer zum besten steht. Jedoch haben alle Ereignisse eine Ursache. Um im Energiefluß zu bleiben, ist es notwendig, auch jene Ereignisse genau in Augenschein zu nehmen, die uns auf den ersten Blick negativ erscheinen. Rückschläge, Enttäuschungen, Frustrationen, selbst Strafzettel können eine wichtige Botschaft beinhalten. Jedesmal, wenn Sie solch einer nervtötenden Situation ausgesetzt sind, sollten Sie sich die Zeit nehmen, Ihre Gedanken und Emotionen in Ihr Tagebuch einzutragen. Spielen Sie mit möglichen Silberstreifen am Horizont. Fragen Sie sich:

- Wie könnte dieser Verlust hilfreich für mich sein?
- In welchem Zusammenhang steht dieser Rückschlag mit meiner Lebensfrage?
- Kann ich die Situation auch von einem anderen Standpunkt aus betrachten?
- Worin besteht der positive Aspekt dieser Situation?
- Was möchte ich wirklich erreichen?

Sollten Sie völlig feststecken, so suchen Sie einen Freund auf und gehen Sie mit ihm noch einmal durch den Fragebogen mit selbstauferlegten Hindernissen auf Seite 120 ff. Lassen Sie sich ein paar neue Möglichkeiten einfallen – selbst wenn diese auf den ersten Blick lächerlich erscheinen mögen! *Brainstorming* hilft Ihnen dabei, die Angst zu lösen, und aktiviert Ihren Humor.

Traumarbeit

Stehen schwierige Entscheidungen an, so bemühen Sie sich vor dem Einschlafen um einen klärenden Traum. Um Ihr Unterbewußtsein zu einer Antwort zu ermutigen, halten Sie Tagebuch und Stift neben dem Bett bereit, um eventuelle aus Ihren Träumen resultierende Informationen aufzuzeichnen. Untersuchungen haben außerdem bewiesen, daß tägliche Meditation Ihnen bei der Erinnerung von Träumen behilflich sein kann.[14] Die im folgenden aufgeführte Methode zur Arbeit mit Träumen kann sich als nützlich erweisen – fühlen Sie sich jedoch frei, sie nach Belieben zu variieren. Die folgenden Fragen sollten Sie in Ihrem Tagebuch beantworten:

Vergleich von Traum und Leben

1. Was sind die Hauptbestandteile des Traumes?
2. Welche Einzelheiten sind bedeutungsvoll? Weshalb?
3. Betiteln Sie den Traum mit einem einzigen Satz.

4. Betiteln Sie den Traum mit einem einzigen Wort.
5. Was ereignete sich am Anfang des Traumes?
6. Welche Handlungen wurden unternommen?
7. Wer war in dem Traum anwesend?
8. Wären die im Traum anwesenden Personen Teile Ihrer selbst, was würden sie Ihnen zu sagen haben?
9. Wie ist die Grundstimmung Ihres Traumes?
10. Auf welche Weise fügt sich dieser Traum in Ihr augenblickliches Leben?
11. Könnte der Traum Ihnen etwas über Ihr Leben zu sagen haben, was Sie sonst möglicherweise übersehen würden?
12. Wie geht der Traum aus?
13. Wenn Sie den Traum in Ihrem wirklichen Leben leben würden, was würden Sie anders machen?

Oftmals erhalten wir durch Träume die gleichen Botschaften über einen längeren Zeitraum. Ähnlich den Intuitionen, sind auch Träume in ihrem Auftreten hartnäckig und beständig. Sollten Sie unter Stress stehen oder zusätzliche Informationen benötigen, so machen Sie es sich zur Angewohnheit, die Titel Ihrer Träume separat von den obigen Fragen auf eine Extraseite zu schreiben. Allein die Titel könnten Ihnen schon einen Hinweis auf das Bewußtsein geben, das dabei ist, sich hier Bahn zu brechen. Ein Beispiel:

Michael McCore arbeitet in der Computerbranche und ist gleichzeitig Romanautor. Durch einen Traum erhielt er kürzlich einen neuen Energieschub, der es ihm ermöglichte, seine Tätigkeit als Schriftsteller fortzusetzen. Dabei ging er wie folgt vor:

»Ich träumte, einen flatternden Kolibri in meinen Händen zu halten, der sich in ein flauschiges Tier verwandelte. In diesem Traum befand sich außerdem noch eine Frau, die mir Rat erteilte. Nach dem Erwachen war ich voller Hoffnung und fühlte mich freudig erregt.« Soweit seine Notizen.

1. Was sind die Hauptbestandteile seines Traumes? »Der Kolibri, das Tier, die Verwandlung und die Frau.«
2. Welche Einzelheiten scheinen bedeutungsvoll? Und weshalb? »Der Kolibri, weil ich ihn in einem meiner Romane als Symbol für die

Schönheit des Tages verwandt habe. In letzter Zeit sind mir tatsächlich vermehrt Kolibris aufgefallen.«

3. Der Inhalt des Traumes in einem einzigen Satz? »Ich fing einen Kolibri.«
4. Der Inhalt des Traumes zusammengefaßt in einem einzigen Wort? »Kolibri.«
5. Was ereignete sich am Anfang des Traumes? »Ich hielt einen zwischen meinen hohlen Händen flatternden Vogel.«
6. Welche Handlungen wurden unternommen? »Der Vogel verwandelte sich in ein flauschiges Tier.«
7. Wer war in dem Traum anwesend? »Ich, der Kolibri, ein flauschiges Tier, das mich an die Tribbles aus Raumschiff Enterprise erinnerte (ein Symbol zigfacher Vermehrung), sowie eine Frau, die mir Rat erteilte.«
8. Wären die im Traum anwesenden Personen Teile Ihrer selbst, was würden sie Ihnen zu sagen haben? »Daß eine Frau mir bei dieser Transformation behilflich ist; daß es mir durch meine Schriftstellerei gelungen ist, den Kolibri zu fangen; daß ich daran arbeite, meinen Erfolg in der Außenwelt zu manifestieren (das flauschige Tier), um meine Kunst in die Welt zu bringen.«
9. Wie ist die Grundstimmung Ihres Traumes? »Hoffnungsfroh, energiegeladen.«
10. Auf welche Weise fügt der Traum sich in Ihr augenblickliches Leben? »Ich habe meinen ersten Roman beendet und muß mich jetzt um seine Veröffentlichung kümmern. Ein Punkt, an dem ich schon länger feststecke. Ich könnte sagen, daß ich meiner »inneren Frau« oder weiblichen Muse gefolgt bin, obwohl meine Karriere zu jener Zeit starke Anforderungen an mich stellte, und daß ich mit meiner Arbeit ein lebendiges Symbol meines Geistes geschaffen habe (den Vogel), welches offensichtlich abheben wird.«
11. Könnte der Traum Ihnen etwas über Ihr Leben zu sagen haben, was Sie sonst möglicherweise übersehen würden? »Daß ich möglicherweise in der Lage bin, mit meiner Schriftstellerei Geld zu verdienen.«
12. Wie geht der Traum aus? »Erfolg beim Schreiben.«

13. Wenn Sie den Traum in Ihrem wirklichen Leben leben würden, was würden Sie anders machen? »Alles scheint so zu sein, wie es sein soll.«

Arbeitsgruppe zur Siebten Erkenntnis

Session 11

Dauer: 2 Stunden 30 Minuten

Zweck: Diskussion der Siebten Erkenntnis und Einübung der in diesem Kapitel beschriebenen Konzepte.

Vorbereitung: Rhythmische Musik und ein Abspielgerät sowie ausreichend unbeschriebenes Papier für jedes Gruppenmitglied.

Anfang: Zum Beginn des Treffens kann jeder kurz seinen augenblicklichen Gefühlen Ausdruck verleihen. An dieser kurzen Einleitung sollte jedes Gruppenmitglied teilhaben.

Übung 1: Anhebung der Energie

Dauer: Ungefähr 5 bis 10 Minuten

Anweisung: Entscheiden Sie sich zur Hebung der Energie entweder für die Meditation auf der Bergspitze auf Seite 161 f. oder hören Sie zehn Minuten Musik und bewegen Sie sich dazu auf der Stelle.

Übung 2: Allgemeine Diskussion der Siebten Erkennntnis

Dauer: Jeder der Anwesenden äußert kurz seine Einstellung zur Siebten Erkenntnis. Ist der Diskussionsstoff erschöpft, gehen Sie zur nächsten Übung über.

Anweisungen: Beginnen Sie damit, daß jemand die Kurzzusammenfassung der Siebten Erkenntnis von Seite 209 f. und die Checkliste zum Energiefluß am Ende dieses Kapitels vorliest. Vergessen Sie nicht, 1. fokussiert zu bleiben; 2. den jeweils Sprechenden Ihre volle Aufmerksamkeit zu widmen; 3. zu sprechen, wenn die Energie es gebietet. Die folgenden Fragen können bei der Eröffnung der Diskussion hilfreich sein:

- Was ist nach Meinung der Gruppenmitglieder das Besondere an der Erkenntnis?
- Hat in letzter Zeit jemand ein Flow-Erlebnis gehabt?
- Wenn jemand sich vom Flow abgeschnitten fühlt, so soll er nach einer Intention oder einem »Silberstreifen« innerhalb dieser Erfahrung suchen. Sind Sie wirklich abgeschnitten oder erhalten Sie gerade ein weiteres Teil zu ihrem Lebenspuzzle?
- Haben die Erkenntnisse bei den Anwesenden für Veränderungen gesorgt?
- Sind irgendwelche interessanten neuen Fügungen oder Träume aufgetreten? (Seien sie in Ihren Beschreibungen kurz und präzise!) Wenn Sie den Traum eines der Mitglieder zum Thema des Gespräches machen wollen, dann halten Sie sich an den entsprechenden Teil beim Einzelstudium, der sich mit dem Vergleich von Traum und Leben beschäftigt.

Übung 3: Ein Spiel mit der Intuition[15]

Dauer: 15 Minuten pro Person und ungefähr 20 Minuten für die Diskussion innerhalb der Gruppe

Zweck: Sich im Loslassen und der Aufgabe von Kontrolle zu üben; indem wir den mit unseren persönlichen Fragen in Verbindung stehenden Emotionen erlauben, an die Oberfläche zu dringen, verbinden wir uns mit unserer Intuition.

Anweisungen:

- Lesen Sie vor Beginn der Übung die folgenden Anweisungen vor, damit jeder weiß, worum es in dieser Übung geht. Limitieren Sie die Zeit auf 15 Minuten pro Person.
- *Schreiben Sie eine Frage auf.* Verteilen Sie Papier an die Anwesenden und bitten Sie jeden darum, eine Frage niederzuschreiben, diese aber niemandem zu zeigen. Die Frage sollte eine für die betreffende Person dringliche Angelegenheit behandeln, etwa wie: »Was kann ich tun, um die Beziehung zu meinem Ehemann zu verbessern?« Oder »Wie finde ich am besten einen neuen Arbeitsplatz?« Oder »Soll ich das Haus neu streichen oder es so verkaufen, wie es ist?« **Niemand außer Ihnen sollte diese Frage zu Gesicht bekommen.**
- *Wählen Sie einen Partner.* Folgen Sie dabei Ihrer Intuition.
- *Öffnen Sie sich für eine Botschaft.* Einer der beiden Partner (der Befragte) hält das Papier mit der Frage zusammengefaltet in der Hand und konzentriert sich für einige Minuten. Dabei gestattet er allen Gedanken, Gefühlen und Empfindungen, aufzutauchen, ohne sie mit dem Verstand oder dem Körper zu zensieren.
- *Geben Sie anderen Resonanz.* Lassen Sie den Frager augenblicklich wissen, welche Empfindungen und Eindrücke Ihnen kommen, selbst wenn Ihnen diese bedeutungslos erscheinen.
- *Machen Sie sich Notizen.* Derjenige, der die Informationen bekommt, kann sich Notizen machen, die ihm bei einer späteren Auswertung behilflich sein können. Der Frager kann auf die Botschaften antworten, wenn ihm danach ist.
- Jede Information wird mit dem Ziel erteilt, im Frager *ein inneres Wissen zu fördern.* Da der Befragte nicht einmal den Inhalt der Frage kennt, kann er nichts falsch oder richtig machen.
- *Verhalten Sie sich spielerisch.* Machen Sie aus dieser Übung ein Spiel, bei dem Sie sich amüsieren und gute Laune behalten.
- *Sprechen Sie leise.* Stören Sie die anderen nicht.
- Nach fünfzehn Minuten sollten sich die Partner auf ein vorher vereinbartes Signal hin abwechseln.
- Im Anschluß versammeln Sie sich wieder in der großen Gruppe und tauschen Ihre Eindrücke und Erfahrungen aus.

Abschluß:

Anfragen nach Hilfe. Übermittlung liebevoller Energie.

Für die folgende Session:
Als Vorbereitung auf das nächste Treffen sollte das folgende Kapitel gelesen werden.

Kapitel 8

Die interpersonelle Ethik: Eine neue Perspektive für Beziehungen

Im Verlauf dieses Kapitels gelingt es unserem Helden, Marjorie wiederzufinden und mit ihr in ein Haus zu flüchten, wo sie auf Karla treffen, die die beiden scheinbar schon erwartet hat. Während Karla damit beschäftigt ist, unsere beiden Abenteurer in Sicherheit zu bringen, erläutert sie ihnen die Achte Erkenntnis. Wurde dem Leser anhand der Siebten Erkenntnis noch verdeutlicht, wie er durch die Beachtung äußerer und innerer Botschaften mit dem Energiefluß in Kontakt kommen kann, so zeigt uns die Achte, wie wir diesen Fluß beschleunigen können, indem wir anderen Menschen – Kindern, Liebhabern, Freunden und Fremden – gegenüber eine neue Verhaltensweise an den Tag legen.

Unser Held lernt, wie er die Antworten auf seine augenblicklichen Lebensfragen von jenen erfahren kann, die seinen Weg kreuzen. Außerdem wird ihm zum ersten Mal die geheimnisvolle Macht bewußt, die Marjorie über sein Leben zu haben scheint, und er sieht, daß diese Macht imstande ist, seine Evolution zu stoppen.

Die Achte Erkenntnis

Das Manuskript sagte voraus, daß der Lauf der Evolution sich beschleunigen wird, da mehr und mehr Menschen sich der Energie bedienen, um mit anderen in Kontakt zu treten und Beziehungen zu anderen Menschen zu pflegen. Da uns Fügungen gewöhnlich in Gestalt anderer Menschen entgegentreten, weist die Achte Erkenntnis noch einmal ausdrücklich darauf hin, auf welche Weise wir die Intensität und Häufigkeit der Begegnungen mit anderen verstärken können, damit die in diesen Begegnungen enthaltenen Informationen für beide Seiten einfacher zugänglich werden. Während wir lernen, bewußtere Beziehungen zu unterhalten, wird unsere persönliche Entwicklung sowie die der folgenden Generation sich beschleunigen, weil wir zu funktionstüchtigeren und vollständigeren Menschen geworden sind. In der Achten Erkenntnis werden mehrere Beziehungsformen erwähnt, dazu gehören romantische, Kind/Eltern-Beziehungen und die Dynamiken innerhalb von Gruppen. Einige der wichtigsten Aussagen der Erkenntnis zum Thema Beziehungen sind:

- Indem wir unsere Energie freiwillig auf andere projizieren, können wir uns gegenseitig beim Geben und Empfangen von Botschaften behilflich sein. Auf diese Weise vermeiden wir den in der Vierten Erkenntnis beschriebenen Streit um Energie.
- Jeder Mensch, der uns begegnet, hat eine Botschaft für uns.
- Mit zunehmender spiritueller Entwicklung werden sich bewußt Gruppen bilden, innerhalb derer wir unser Bewußtsein sowie unsere feinstoffliche Schwingung erhöhen und vermehrten Zugang zu Weisheit und Heilungsmöglichkeiten finden.
- Romantische Liebe hemmt unsere Entwicklung, solange sie als Ersatz für unsere Verbindung mit der universellen Energie mißbraucht wird.
- Die Wurzeln unserer Sucht nach romantischen Beziehungen liegen in der nichterfolgten oder unvollständigen Integration unseres gegengeschlechtlichen Elternteiles.
- Platonische Beziehungen mit dem anderen Geschlecht können uns bei der Integration dieser Energie helfen, zu kompletten Personen zu werden.
- Ein vollständiger Kreis – eine komplette Person mit integrierter dominanter und rezeptiver Energie – zu werden, gestattet uns, universelle Energie zu empfangen, Energie, die es uns schließlich gestattet, die Kontrolle über unsere Partner aufzugeben.
- Es ist von großer Wichtigkeit, sich die benötigte Zeit zu nehmen, um die Verbindung mit der universellen Energie herzustellen.
- Wir werden lernen müssen, unseren co-abhängigen Umgang mit anderen zu erkennen und umzuformen.
- Die spirituelle Evolution verlangt, daß wir unsere Kinder zu kom-

pletten Personen heranwachsen lassen, indem wir ihnen konstante Liebe und Aufmerksamkeit schenken und auf diese Weise dabei helfen, eine eigenständige Verbindung mit der universellen Energie zu etablieren.

Wie wir einander bei unserer Entwicklung behilflich sein können

Sich gegenseitig beim Erreichen der Bestimmung behilflich zu sein, wird als die Fähigkeit beschrieben, in den uns gegenübertretenden Menschen mehr zu sehen als nur gewöhnliche Personen. Die Erkenntnis rät uns, auf die einzigartige Schönheit jedes uns begegnenden Menschen zu achten und so den tiefen Reichtum seines Wesens zu erkennen. Dadurch projizieren wir unsere Energie auf andere, und die betreffende Person wird durch diese Energiezufuhr in der Lage sein, ihr höheres Selbst zu erfahren. Durch die erhöhte feinstoffliche Schwingung wird unser Gegenüber vermehrt Klarheit über sich erhalten und einfacher imstande sein, seine Wahrheit anderen mitzuteilen. Auf diese Weise werden zwischen beiden Beteiligten Botschaften ausgetauscht, die beiden bei ihrer Entwicklung behilflich sind.

Im Roman wird unserem Helden mitgeteilt: »Nehmen [andere Menschen] deine Energie auf, erleichtert ihnen das, die Wahrheit zu erkennen. Diese Wahrheit können sie dann an dich weitergeben.«[1] Dieser gegenseitige Energieaustausch ist allerdings nur so lange möglich, wie es keine versteckten Absichten oder einen bereits geplanten Ausgang für das Ende der Begegnung der beiden Personen gibt.

Am besten ist es, diesen Vorgang anhand eigener Erfahrungen zu erlernen. Es gibt keine Regeln dafür, wie Begegnungen zu verlaufen haben oder auf welche Weise sie schließlich Früchte tragen. Sowie Sie sich angewöhnen, die in Ihrem Leben auftauchenden Menschen wertzuschätzen, werden Sie auch auf Veränderungen in Ihren zwischenmenschlichen Beziehungen und Ihrem Leben stoßen.

Jeder, der uns begegnet, hat eine Botschaft für uns

Im Manuskript wird behauptet, daß es keine zufälligen Begegnungen gibt. Jeder Mensch tritt aus einem besonderen Grund in unser Leben und hat uns etwas zu sagen. Es ist lebenswichtig für uns, aufmerksam zu bleiben und die Leute zu erkennen, mit denen wir in Verbindung treten sollten. Wir haben bereits gelernt, wie wichtig es ist, unseren Energielevel anzuheben und unsere Lebensfrage im Auge zu behalten. Nur so kann es uns gelingen, die für unsere Evolution notwendigen Fügungen anzuziehen.

Das Manuskript rät uns, besonders auf spontanen Augenkontakt zu achten und auf das Gefühl, jemand Bekanntem zu begegnen. Erinnert uns eine Person an jemanden, so sollte dies ein Anlaß sein, den Grund für die Begegnung herauszufinden. Wie kann die betreffende Person uns bei der Klärung unserer augenblicklichen Fragen behilflich sein?

Führen wir mit jemandem, der unseren Weg gekreuzt hat, eine Unterhaltung und stoßen dabei nicht auf eine für unsere Fragen relevante Antwort, so heißt dies allerdings nicht, daß keine Antwort vorhanden war, sondern lediglich, daß wir zu dem gegebenen Zeitpunkt nicht in der Lage waren, sie zu erkennen. Treten wiederholt Begegnungen mit ein und derselben Person auf, so müssen wir ebenfalls den Grund dafür herausfinden.

Während uns die in scheinbar zufälligen Begegnungen verborgenen Gelegenheiten bewußt werden, müssen wir uns gleichzeitig darin üben, Kontroll-Dramen zu vermeiden, um nicht durch Machtkämpfe am Erkennen der für uns be-

> »Doch das Göttliche, das er in sich selbst sieht, sieht er ebenso in anderen und als Geist, der allem gleichermaßen innewohnt. Deshalb ist die wachsende innere Einheit mit anderen eine Notwendigkeit seines Seins und die perfekte Einheit gleichzeitig Zeichen und Bedingung für ein perfektes Leben.«[2]
>
> Sri Aurobindo, *The Essential Aurobindo*

stimmten Botschaften gehindert zu werden. Nachdem wir gelernt haben, ein Drama zu erkennen und anzusprechen und vermehrt in der Gegenwart zu leben, werden wir immer weniger dazu neigen, ergänzende Kontroll-Dramen zu liefern. Indem wir der hinter dem Drama existierenden Person freiwillig so viel Energie wie möglich zukommen lassen, verstärken wir die Wahrscheinlichkeit, bedeutsame Botschaften zu erhalten.

Bewußte Gruppen

Mit zunehmender spiritueller Entwicklung werden wir dazu übergehen, Gruppen von Gleichgesinnten zu bilden. Einige von Ihnen tun dies bereits, indem sie in Gruppen an den Erkenntnissen arbeiten.

Hat jedes Mitglied einer Gruppe den Vorsatz, die anderen Mitglieder spirituell zu ermutigen, so können sich erstaunliche Dinge ereignen. Gemeinsame Arbeit erhöht die feinstoffliche Schwingung aller Beteiligten. Weisheit und heilende Kräfte werden verstärkt, da wir durch die Gruppe zu mehr werden, als zur bloßen Summe der versammelten Individuen.

Der Schlüssel zur Gruppenarbeit liegt darin, nicht befangen zu werden. Deshalb ist es wichtig, daß jedes Mitglied über eine klare, von Kontroll-Dramen freie Energie verfügt.

Es ist wichtig, daß sich die Gruppenmitglieder im Augenblick aufhalten und bereit sind, ihrem Drang, sich mitzuteilen, nachzugeben. Während der Zeit, in der Sie nicht sprechen, sollte Ihre Energie an denjenigen fließen, der gerade spricht oder sprechen will. Innerhalb einer bewußten Gruppe ist jedes Mitglied zu unterschiedlichen Zeitpunkten im Besitz eines Teiles der Wahrheit und weiß intuitiv, wann es an der Zeit ist, sie auszusprechen. Ideen werden zu gegebener Zeit eintreffen. Sie müssen weder auf ihr Eintreffen warten, noch müssen Sie sich anstrengen, Ideen zu produzieren.

Besteht das Gruppenziel darin, sich gegenseitig spirituell zu ermutigen, vermeidet die Gruppe meistens automatisch die überkommenen Formen zwischenmenschlichen Verhaltens: Die Mitglieder haben es nicht länger nötig, brillant zu klingen und sich auf ihre eigenen Gedanken zu konzentrieren, anstatt aktiv zuzuhören. Niemand braucht verlegen zu sein oder zu versuchen, die Gruppe zu kontrollieren. Statt dessen verfügen die Mitglieder über eine geschärfte Intuition und eine klarere Vision von sich selbst.

Die Verwendung von Gruppenenergie. Eine Gruppe, die es sich zum Ziel gesetzt hat, in ihren Mitgliedern das höhere Selbst zu fördern und anzusprechen, kann es zu außergewöhnlich hoher Kreativität und erstaunlichen Resultaten bringen. Jeder kann jedes beliebige Problem in den Gruppenzusammenhang einbringen und es dort zur Lösung oder Heilung unterbreiten. *Je genauer Sie Ihr Problem zu formulieren imstande sind, desto größer ist die Chance, daß Sie relevante Informationen erhalten werden.* Ein Mann, der seit fünfzehn Jahren von seiner Prostata geplagt wurde, stellte die Frage: »Was muß ich über die Heilung meiner Prostata wissen?« Die Mitglieder seiner Gruppe, die sich vorher kurz durch eine Meditation zentriert und auf sein Anliegen und seine Person konzentriert hatten, kamen mit folgenden Botschaften: »Du hast dich immer extrem um deine intellektuellen Fähigkeiten gekümmert. Dein Schmerz ist ein Zeichen deines Körpers, ihn zu akzeptieren und zu nützen und dich nicht nur auf deinen Verstand zu verlassen.« »Du hast dir nie gestattet, deinem Ärger außerhalb deiner Familie Ausdruck zu verleihen.« Und »Du hast dich von deinen Gefühlen, insbesondere von deiner Wut abgeschnitten und banalisierst alles durch deinen Sarkasmus.« Danach übermittelte ihm die Gruppe ihre vereinte heilende Energie zur freien Verfügung. Es sollte an dieser Stelle noch einmal darauf hingewiesen werden, daß Energie, wenn sie den höchsten Nutzen haben soll, immer als Geschenk übermittelt werden muß und nicht an einen spezifischen Zweck gebunden sein darf.

Ermuntern Sie die Mitglieder Ihrer Gruppe dazu, ihre jeweiligen Fragen und Probleme möglichst detailliert zum Ausdruck zu bringen. Begreifen Sie Schmerz als ein Licht, das auf in Ihrem Körper feststeckende Energie hindeutet und Ihnen eine Geschichte zu erzählen hat.

Selbstverständlich wollen wir damit nicht sagen, daß Ihre Gruppenarbeit Ersatz für qualifizierte medizinische Hilfe sein kann. Die oben beschriebene Methode kann jedoch den Heilungsprozeß verstärken und zusätzlich erhellende Informationen liefern.

Es existiert mehr Literatur und Forschungsmaterial über die Heilung durch Fokussierung und die Wirksamkeit von Gebeten, als in diesem Kapitel behandelt werden kann. Michael Murphy, *The Future of The Body*, Deepak Chopra, *Quantum Healing*, Leonard Laskow, *Holoenergetic Healing*, Richard Gerber, *Vibrational Medicine*, und Carl und Stephanie Simonton, *Getting Well Again*, sind nur einige Autoren und Werke, die dabei geholfen haben, diese Ideen in das Interesse der Öffentlichkeit zu rücken.

Probleme innerhalb von Gruppen. Vergessen Sie nicht, daß jede Gruppe aus einer Kombination von Menschen mit unterschiedlichen Neigungen zu Kontroll-Dramen besteht. Befinden sich Einschüchterer oder Arme Ichs in der Gruppe, die versuchen, die Energie der Gruppe an sich zu binden, wird die Energie gebrochen. Was tun? Selbst wenn die Gruppe einen Leiter hat, ist es für jedes Mitglied von großer Wichtigkeit, in Kontakt mit den eigenen Gefühlen zu bleiben. Redet jemand endlos lange oder bringt immer wieder Persönliches zu einem unpassenden Zeitpunkt in das Gespräch ein, so müssen die anderen bereit sein, denjenigen auf möglichst liebevolle Art darauf hinzuweisen, daß die Energie der Gruppe nicht mehr zu fließen scheint. Am vordringlichsten ist es, die Energie der Gruppe am Fließen zu halten, damit Botschaften ausgetauscht werden können. Erkundigen Sie sich bei den anderen Gruppenmitgliedern, ob die Energie sich weiter in die eine oder in eine andere Richtung bewegen sollte. Halten Sie die Situation so offen wie möglich und achten Sie besonders auf eine im »Problem« verborgene Botschaft. Personen mit einem Unnahbaren-Drama neigen dazu, in Gruppensituationen nicht zu sprechen. Die Arbeit in der Gruppe könnte deshalb eine gute Gelegenheit darstellen, um dieses Muster zu brechen und den eigenen Gedanken Ausdruck zu verleihen.

Wird jemand von der Gruppe nicht akzeptiert, neigen die anderen Gruppenmitglieder dazu, sich auf die negativen, die Gruppe irritierenden Eigenschaften dieser Person zu konzentrieren. Anstatt die tiefere Schönheit des Betreffenden zu erkennen – wodurch er eine Energiezufuhr erfahren würde –, wird ihm Energie entzogen und durch die

Identifikation mit seinen negativen Eigenschaften wird er verletzt. Sollte die betreffende Person eine besondere Eigenschaft oder ein besonders auffälliges Verhalten an den Tag legen, wie z. B. erhöhte Kritik gegenüber anderen, so befindet sie sich in der Gruppe, um die anderen auf den gleichen Zug in sich aufmerksam zu machen. Jeder Mensch trägt eine Botschaft für uns. Ist die Gruppe imstande, in Anwesenheit der betreffenden Person und auf mitfühlende Weise über die anliegende Problematik zu sprechen, ist dies eine Wachstumschance für alle Beteiligten. Sollte die betreffende Person jedoch fortfahren, den Energielevel der Gruppe abzusenken, kann die Gruppe ihn oder sie bitten, den Kreis zu verlassen.

Die Sucht nach der Energie aus romantischer Liebe

Bis zu diesem Punkt hat unser Held im Roman seine Fähigkeit, sich zu entwickeln, beständig zu steigern vermocht. Da er seine Verbindung zur universellen Energiequelle jedoch noch nicht vollständig stabilisiert hat, versucht er schließlich, sich Energie vom anderen Geschlecht – in diesem Fall Marjorie – zu holen. Er durchlebt unterschiedliche Stadien eines erweiterten Energiehaushaltes: »Ein leidenschaftliches Schaudern erfüllt meinen Körper.« »Immer wenn sie sich in meiner Nähe aufhielt, spürte ich, wie in mir eine Veränderung stattfand und ich mich energetischer fühlte.« »Mein Körper schien förmlich zu pulsieren.« »In ihrer Gegenwart und wenn sie mich berührte, schien ich über eine unglaubliche Menge von Energie zu verfügen.«

Wann haben Sie das letzte Mal derartige Gefühle gehabt?

Durch die Achte Erkenntnis werden wir daran erinnert, daß jeder von uns seine eigene Evolution behindern kann, indem er versucht, sich Energie durch eine andere Person statt durch die eigene Verbindung mit dem Göttlichen zu verschaffen. Verlieben wir uns, so fühlen wir uns z. B. aufgeladen, und mit einem Mal erscheinen uns alle Dinge als besonders – die Farben sind heller, wir fühlen uns intelligenter und attraktiver, das Leben scheint wieder vielversprechend. Um mehr von dieser leichten Energie zu besitzen und die Verbindung zu dem Gefühl nicht zu verlieren, beschließen wir, die magische Person, die dieses Gefühl ausgelöst hat, zu einem Bestandteil unseres Lebens zu machen. Limitieren wir unsere Energiezufuhr jedoch auf die betreffende Person, so unterbrechen wir die Verbindung mit der universellen Quelle und erwarten von der anderen Person die Befriedigung unserer Energiebedürfnisse. Früher oder später werden die beiden Partner durch diese Forderungen erschöpft: Der alte Energiewettstreit beginnt von neuem. Wie hungrige Kinder verlangen wir, daß unsere Bedürfnisse befriedigt werden. Wir identifizieren die andere Person fälschlich als Wurzel unseres Problems und benutzen Kontroll-Dramen, um an ihre Energie zu gelangen. Vorurteilsvoll und schuldzuweisend, gelangen wir schließlich zu der Ansicht, die falsche Person gewählt zu haben. Hätten wir nur einen besseren Partner gefunden, der unsere Bedürfnisse von sich aus erkennt und befriedigt, so würden auch unsere Probleme nicht existieren.

Wurzeln der magischen Romanze in der Kindheit

Archetypischerweise besteht ein Kind aus männlicher und weiblicher Energie. Idealerweise wird es von der Energie beider Elternteile gleichermaßen versorgt, bis es alt genug ist, seine Energie direkt aus der universellen Quelle zu beziehen, die bereits eine Einheit aus dem männlichen und dem weiblichen Prinzip bildet.

Gewöhnlich identifiziert sich ein Kind leichter mit der Energie des eigenen Geschlechtes, da diese für das Kind leichter zu integrieren ist. Ein junges Mädchen wird auf die femininen Qualitäten seiner Mutter ansprechen und sich instinktiv zu seinem Vater hingezogen fühlen, um so eine Entsprechung seines eigenen Geschlechtes zu finden und dadurch zu einem einheitlichen Wesen zu reifen. Dieser Prozeß verschafft dem kleinen Mädchen ein euphorisches Gefühl der Komplettheit. Umgekehrtes gilt für ein Kind mit maskulinen Geschlechtsmerkmalen.

Die Tochter erfährt ihren Vater zunächst als magisches, omnipotentes Wesen. Sie ist der Ansicht, seine Energie existiere außerhalb ihres Wesens, deshalb trachtet sie danach, ihn zu besitzen und diese wundervolle Energie zu dirigieren. Wächst sie heran, so wird sie mit Hilfe ihres Vaters lernen, diese kindliche Sichtweise hinter sich zu lassen und schließlich in der Lage sein, ihn inklusive all seiner Beschränkungen und Fähigkeiten wahrzunehmen. Durch ein wahrhaftiges Erkennen seiner Person wird es ihr schließlich möglich, diese Energie in sich selbst aufzufinden. In einer idealen Welt würde das Kind die Aufmerksamkeit und Energie beider Eltern erhalten, woraus es folgern könnte, daß ihm immer genügend Energie zur Verfügung steht und daß das Kind es somit nicht nötig hat, Kontroll-Dramen zu entwickeln. Die Erfahrung, zu jedem Zeitpunkt über ausreichend Energie zu verfügen, verleiht einem Kind das Gefühl, autark und für das eigene Leben verantwortlich zu sein. Durch diese Erfahrung fällt es dem Kind leichter, von der elterlichen Energiezufuhr zu der Versorgung aus der universellen Quelle überzugehen. Wie wir jedoch wissen, sind viele Familien nicht immer in der Lage, ausreichend Energie für die Kinder zur Verfügung zu stellen. In diesem Fall haben die Kinder keine andere Wahl, als um emotionale Energie zu konkurrieren. Wird ein Kind weiterhin vernachlässigt oder kritisiert, verstärkt sich die Erfahrung des Energiemangels ebenso wie der Kampf um Aufmerksamkeit und die Anwendung von Kontroll-Dramen.

Hat eine Tochter zum Beispiel einen häufig abwesenden oder einschüchternden Vater, wird es ihr kaum gelingen, ihre männliche Seite vollständig zu integrieren und diesen wichtigen psychologischen Prozeß bei der Menschwerdung abzuschließen. Fälschlicherweise wird sie annehmen, daß sie männliche Energie nur erhalten kann, indem sie sich diese sexuell zu eigen macht. So wird dieses fehlende Stück ihrer Persönlichkeit zum Magneten für eine suchthafte oder co-abhängige Beziehung zu Männern.

Das passende Gegenstück. In seinem Buch *Getting The Love You Want: A Guide for Couples* beschreibt der Psychologe Harville Hendrix die Suche nach dem idealen Partner als Suche nach einer bestimmten Mischung von Wesenszügen und Charaktermerkmalen, die er »Imago« nennt. Er behauptet, daß jeder von uns nach einer bekannten Mischung positiver und negativer Charakteristiken sucht, die denen unserer Bezugspersonen als Kinder entsprechen. Jede signifikante Einzelheit, wie man sich an uns wandte, wie wir berührt und belehrt wurden sowie alle physischen, emotionalen und mentalen Eigenschaften unserer Eltern sind in unserem Gehirn gespeichert. Unweigerlich sind wir von denen angezogen, die diesem frühen, unterbewußten Bild entsprechen.

Hendrix behauptet weiterhin:

»... egal, was die bewußten Intentionen sein mögen, die meisten Menschen werden von jenen angezogen, die die positiven und die negativen Züge ihrer Bezugspersonen tragen, typischerweise kommen dabei die negativen Wesenszüge verstärkt zur Geltung.«[3]

Die Verbindung zum Überleben. Interessanterweise sind die uns zugefügten Wunden und negativen Erfahrungen in unserem Bewußtsein am tiefsten verankert. Da dieses in unserer Kindheit zusammengesetzte Muster zu einem Zeitpunkt entstand, als wir ausschließlich auf unsere Eltern angewiesen waren, sind alle positiven und negativen Wesenszüge unweigerlich mit der Frage unseres Überlebens verbunden. Deshalb sind wir in jenem Augenblick, in dem wir einer für uns unwiderstehlichen Person begegnen, die unserem inneren Bild entspricht, auch der Ansicht, unser Leben hänge von dieser Person ab.

Die Leere füllen. Doch sind wir von einem Menschen nicht nur deshalb angezogen, weil er einer Bezugsperson aus unserer Kindheit entspricht, sondern auch, weil wir versuchen, die Leere zu füllen, die das Elternteil des jeweils anderen Geschlechtes in uns hinterlassen hat. Unser Drang danach, den fehlenden, aber notwendigen Teil unseres Selbst wiederzugewinnen, nährt diese suchthafte Beziehung. Nicht genug damit, daß wir die komplementäre sexuelle Hälfte aus der Kindheit suchen, wir neigen auch dazu, die uns fehlenden Wesenszüge in anderen Menschen anzuziehen. Jemand, der zum Beispiel übervorsichtig und methodisch durchs Lebens geht, kann sich von einem entscheidungsfreudigen und wettbewerbstüchtigen Menschen, der gern etwas riskiert, in den Bann schlagen lassen, weil er glaubt, so neue Optionen für die eigene Handlungsweise und Unterstützung bei Veränderungen zu erhalten. *Statt seine eigenen Fähigkeiten zu entwickeln, hängt er sich an jemand anderen an.* Hendrix zufolge beginnen Menschen eine Beziehung »... mit der unbewußten Annahme, daß unser zukünftiger Partner ein Ersatzelternteil wird, der uns für all die Entbehrungen unserer Kindheit entschädigt. Alles, was uns zur Heilung dieser Wunden fehlt, so meinen wir, ist eine enge, dauerhafte Beziehung.«[4]

Das Heilen der Wunden. Es ist kein großes Geheimnis, daß romantische Liebe ihre Wurzeln nicht im logischen Denken hat. Wäre dem so, würden wir nach Partnern suchen, die unseren Eltern möglichst unähnlich sind und uns somit für den uns zugefügten Schaden entschädigen könnten. Allerdings handelt es sich bei dem Drang nach Energiezufuhr und danach, zu einem vollständigen Menschen zu werden, nicht um eine bewußt getroffene Wahl, sondern vielmehr um ein unbewußtes Bedürfnis. Betrachten wir diesen Drang als einen Versuch, unsere alten Wunden zu heilen, ergibt unsere Anziehung vielleicht einen tieferen Sinn. Hendrix schreibt:

> »Der Teil unseres Hirns, der die Suche nach einem Partner dirigiert, ist nicht unser logisches und geordnet denkendes, neues Gehirn, sondern ein kurzsichtiges, auf die Vergangenheit beschränktes, altes Hirn, das versucht, die Konditionen unserer Kindheit wiederherzustellen, um sie bei dieser Gelegenheit zu korrigieren. Da wir genügend Zuwendung erfahren, um unser Überleben zu gewährleisten, nicht aber genügend, um befriedigt zu sein, versucht unser Hirn, an den Tatort unserer ursprünglichen Frustration zurückzukehren und den nicht zufriedenstellenden Vorgang zufriedenstellend ein für alle Mal zu beenden.«[5]

Platonische Beziehungen

Für den Fall, daß wir keine positiven Kindheitserfahrungen und Interaktionen mit gesunden Rollenmodellen hatten, schlägt die Achte Erkenntnis vor, daß wir unsere Beziehung zum anderen Geschlecht stärken, indem wir bewußt platonische Beziehungen eingehen. Ein Mitglied des anderen Geschlechtes kennenzulernen und herauszufinden, wie es denkt, hilft bei der Menschwerdung. Am besten funktio-

> »Je mehr Zeit zwischen zwei Beziehungen vergeht, desto ausgehungerter werden Sie nach Intimität. Je mehr Sie nach intimen Begegnungen trachten, desto anfälliger werden Sie für den Typus, der imstande ist, den Wunsch nach einer intimen Begegnung in Ihnen auszulösen.«[6]
>
> Terence T. Gorski, *Getting Love Right*

niert dies mit jemandem, der bereit ist, sich selbst in aller Ehrlichkeit zu zeigen, und der sich seiner eigenen Evolution bewußt ist. Auf diese Weise können wir unsere eigenen Projektionen darüber, was das andere Geschlecht sei, abbauen.

Die Entwicklung platonischer Beziehungen ist für Alleinstehende meistens weniger schwierig als für diejenigen, die sich gerade in einer festen Bindung befinden. Es ist von größter Wichtigkeit, daß Sie jede platonische Freundschaft mit Ihrem Ehepartner oder Lebensgefährten besprechen. In manchen Fällen wird die Arbeit mit dem Partner an der bereits bestehenden Beziehung den Vorrang haben müssen. Sollten Kommunikationsprobleme auftauchen, kann es sich für beide Partner als hilfreich erweisen, einen professionellen Eheberater aufzusuchen.

Haben Sie in Ihrem Leben zufriedenstellende Freundschaften mit Vertretern des anderen Geschlechtes? Oder sind Sie möglicherweise der Ansicht, diese seien weniger wichtig, weil sie nicht zu sexuellen Kontakten führen? Sind Ihre platonischen Freundschaften auf die Freunde Ihres Partners beschränkt?

Das Manuskript schlägt vor, daß wir der romantischen Versuchung zunächst widerstehen und die andere Person erst einmal ohne die sexuelle Komponente kennenlernen. Dadurch verlieren wir uns nicht so leicht im anderen, und es wird eher möglich, eine dauerhafte Beziehung zu schaffen.

Der vollendete Kreis

> »Bin ich allein, kann ich die Blumen wirklich sehen. Ich kann mich ihnen widmen und spüre ihre Anwesenheit.«[7]
>
> May Sarton, *Journal of a Solitude*

Anhand der Achten Erkenntnis erfahren wir ebenfalls, daß wir selbst allein in der Lage sein müssen, uns wohlzufühlen, ja selbst Euphorie zu empfinden. Durch die Fünfte Erkenntnis wissen wir bereits, wie unser Held sich fühlte, als er sich auf der Bergspitze mit der universellen Energie verband. Gelingt es uns, bewußt und aus eigener Kraft in Verbindung mit der universellen Energie zu treten, so ist die Vereinigung von männlicher und weiblicher Energie erreicht. Wir sind durch uns selbst zu einem kompletten Kreis geworden.

Wie fühlen Sie sich, wenn Sie allein sind? Was unternehmen Sie gewöhnlich, wenn Sie allein sind? Regenerieren Sie sich allein oder in Gesellschaft anderer? Wann haben Sie sich zum letzten Mal allein wirklich glücklich gefühlt?

Die Stabilisierung unserer Verbindung mit dem inneren Zentrum

Während der spirituellen Entwicklung wird uns automatisch die Energie des anderen Geschlechtes zugänglich. Allerdings müssen wir während dieser Zeit vorsichtig sein. Der Integrationsprozeß braucht Zeit, und taucht jemand auf, der diese Energie direkt anbietet, so kann es sein, daß wir unsere Aufmerksamkeit auf diese Person verlagern und wieder von unserem Zentrum abgeschnitten werden – wir verfallen in regressives Kontroll-Verhalten. Ist die Verbindung zu unserem inneren Zentrum einmal stabilisiert, geraten wir nicht mehr so leicht in Gefahr, die Verbindung zu unserer wirklichen Energiequelle aufzugeben.

»Wenn man einen Menschen liebt, so liebt man ihn nicht die ganze Zeit auf die gleiche Weise ... Wir haben so wenig Vertrauen in die Gezeiten unseres Lebens, unserer Liebe und unserer Beziehungen ... die einzige wirkliche Sicherheit liegt darin, jemanden nicht besitzen zu wollen, nichts zu verlangen oder zu erwarten, ja nicht einmal zu erhoffen.«[8]

Anne Morrow Lindbergh, *Gift From The Sea*

Haben Sie schon einmal für längere Zeit allein gelebt? Für wie lange? Haben Sie eine Methode, die es Ihnen erlaubt, in Ihrem inneren Zentrum zu bleiben? Menschen, die nähen, malen, schreiben, basteln, trainieren oder meditieren, wissen bereits, wie erholend und erfrischend allein verbrachte Zeit sein kann.

Die Stabilisierung der Verbindung erfordert Offenheit für Ihre innere Stimme und Ihre wahren Gefühle, sie steht in engem Zusammenhang mit Ihrem Selbstwertgefühl, Ihrer Selbstakzeptanz und dem Loslassen konstant negativer Gedankenmuster. Stabilisiert zu sein bedeutet, Kontroll-Dramen zu erkennen, bevor Sie sich darin verstricken, und nicht zu erwarten, daß jemand anders sich um Sie kümmert.

Was ist Co-Abhängigkeit?

Auf Kontrollverhalten und unbewußt ausagierten Trieben und Bedürfnissen beruhende Beziehungen stellen das Thema der Achten Erkenntnis dar. Um Personen zu beschreiben, die mit Alkoholikern lebten oder Beziehungen zu Alkoholikern unterhielten, tauchte in den siebziger Jahren das Wort co-abhängig auf. Damit waren Personen gemeint, die versuchten, einer zunehmend unkontrollierbar werdenden Situation Herr zu werden. Seitdem hat sich die Bedeutung des Wortes auf eine größere Gruppe menschlicher Beziehungen ausgedehnt, und wir können heute zu Recht behaupten, daß unsere gesamte Gesellschaft am Rande der Co-Abhängigkeit steht.

Viele fragen sich: »Wie erkenne ich, ob ich co-abhängig bin? Vielleicht mache ich mir lediglich Sorgen um jemanden oder möchte ihm helfen?«

Co-abhängiges Verhalten. Eines der Hauptmerkmale von Co-Abhängigkeit besteht darin, daß die betroffene Person größeres Gewicht auf die Handlungen und Gefühle anderer legt als auf die eigenen und das Bedürfnis hat, alle in ihrem unmittelbaren Umfeld auftretenden Umstände kontrollieren zu müssen. Sind die Gedanken einer Person durch die Aktionen anderer besetzt, so befindet sie sich nicht im Zentrum ihres eigenes Wachstums. Ist Ihr Energielevel abhängig von den Worten oder Handlungen anderer, so kann es sein, daß Sie co-abhängig sind. Sind Sie der Ansicht, alles in Ihrer unmittelbaren Umgebung überwachen zu müssen, damit ein reibungsloses Funktionieren gewährleistet ist, so könnte es ebenfalls sein, daß Sie co-abhängig sind.

Sowie Sie anfangen, um Kontrolle zu kämpfen, gestatten Sie den Synchronizitäten nicht länger, Ihnen bei Ihrer Entwicklung behilflich zu sein. Eine der von uns zu diesem Thema befragten Frauen erklärte: »Mein Ehemann war von Anfang an der leichtlebigere und hatte nie Zeit für die Erledigung alltäglicher Besorgungen und Haushaltspflichten. Ich war immer der Ansicht, es obliege mir, diese kleinen »unbedeutenden« Dinge zu erledigen, damit er dadurch nicht behindert würde. Es gab Zeiten, da meinte ich, mich nicht einmal mit meinen Freunden treffen zu können, weil er erwartete, daß ich daheim war, wenn er von der Arbeit zurückkehrte. Rückblickend erkenne ich jetzt, daß ich durch meine Handlungen verhindern wollte, daß er mich verläßt, und deshalb mein eigenes Leben praktisch aufgab. Ich wartete darauf, daß er eines Tages endlich zur Ruhe kommen würde, aber der Tag ist nie gekommen.«

Ein Mann, der fünf Jahre mit einer Frau zusammengelebt hatte, berichtete: »Ich war geradezu besessen von ihr und mußte genau wissen, was sie wann tat und wann genau sie nach Hause kommen würde. Ich konnte nicht ausstehen, daß sie die Abendschule besuchte, und habe sie regelrecht zur Schnecke gemacht, als sie zusätzlich auch noch Wochenendseminare belegte. War sie nicht bei mir, so fühlte ich mich einsam und verlassen, doch gab ich das nicht zu. Statt dessen gab ich ihr die Schuld an allem – bloß weil sie ihr Leben lebte.«

Eine Fünfundfünfzigjährige erklärte zu diesem Thema: »Meine Mutter nannte mich ihre beste Freundin, und von meinem siebten Lebensjahr an habe ich mich um sie gekümmert. Sie war launisch und trank sich jede Nacht in den Schlaf. Erst als sie endlich eingeschlafen war, fühlte ich mich frei genug, ein Buch zu lesen oder eine Freundin anzurufen. Selbst als ich in einer anderen Stadt die Universität besuchte, rief ich jeden Tag bei ihr an und machte mir später große Sorgen, da sich ihr Gesundheitszustand verschlechterte. Ich heiratete schließlich einen Mann, der ihr in fast allen Verhaltensweisen ähnelte, und hatte somit zwei Sorgenkinder. Mein ganzes Leben bin ich das Gefühl nicht losgeworden, daß mir jemand im Nacken sitzt. Ich wartete und wartete, damit mein Leben endlich beginnen möge. Der Gedanke, frei zu sein und tun und lassen zu können, was ich will, erscheint mir nun beinahe bedrohlich. Seit einem Jahr befinde ich mich in therapeutischer Behandlung, und in letzter Zeit deuten einige seltsame Zufälle darauf hin, daß ich meinen eigenen Haustierpflegeservice eröffnen sollte – was ich schon immer vorhatte.«

Anzeichen für Co-Abhängigkeit. Die oben erwähnten Geschichten illustrieren die Hauptelemente von Beziehungen, die aus dem Gleichgewicht geraten sind:

- Der Fokus liegt hauptsächlich auf den Handlungen des Partners.
- Es wird Energie vom Partner benötigt.
- Kontrollverhalten ist ein wesentlicher Teil der Beziehung.
- Das Leben des Co-Abhängigen scheint festgefahren.
- Der oder die Co-Abhängige hat die eigenen Ziele aus den Augen verloren.
- Die Beziehung verfügt über eine starre Rollenverteilung und ebenso starre Erwartungshaltungen.
- Häufig treten als Folge der Beziehung Erschöpfungszustände auf.

In der Achten Erkenntnis wird sehr deutlich gemacht, daß es zum Fortschreiten unserer Entwicklung notwendig ist, unsere Co-Abhängigkeiten zu erkennen und unsere Beziehung zu den betreffenden Personen zu verändern. Für weitere Informationen darüber, wie Sie Co-Abhängigkeit erkennen und innerhalb Ihrer Beziehungen bearbeiten können, lesen Sie bitte das Einzelstudium am Ende dieses Kapitels.

Echte romantische Liebe

Wie fühlt es sich an, wenn wir bereit für eine Liebesbeziehung sind? Wie in der Erkenntnis bereits erwähnt, gibt es keine Hoffnung auf eine Beziehung, die nicht früher oder später zu einem Machtkampf ausartet, solange wir unsere psychologische Grundarbeit nicht geleistet haben und unsere spirituelle Verbindung nicht gefestigt ist. Es wird um vieles einfacher für Sie sein, eine funktionierende Beziehung zu unterhalten, wenn Sie

- in der Lage sind, allein und glücklich leben zu können.
- nicht versuchen, sich an anderen Menschen aufzutanken.
- keine Notwendigkeit verspüren, die Handlungen Ihres Partners zu kontrollieren.
- wissen, wie Sie in Ihrer eigenen Energie ruhen können.
- sich über Ihre wahren Gefühle im klaren befinden.
- imstande sind, ohne Beschuldigungen und Manipulationen zu kommunizieren.
- nicht in Ihr Kontroll-Drama verfallen.
- imstande sind, sich von den Problemen Ihres Partners zu dissoziieren.
- für die aus den Fügungen resultierenden Botschaften empfänglich sind.
- sich beim Geben wie beim Nehmen gleichermaßen wohl fühlen können.
- in der Lage sind, an der Erreichung Ihrer eigenen Zielsetzungen zu arbeiten.

> »... der sicherste Weg, sich verrückt zu machen, besteht darin, sich in die Angelegenheiten, anderer einzumischen, und der schnellste Weg, gesund und glücklich zu werden, besteht darin, sich um seine eigenen Sachen zu kümmern.«[9]
>
> Melody Beattie, *Codependent No More*

Eltern

»Mensch, ich finde meinen Farbkasten wirklich dufte.« Ein Sechsjähriger.
»Und ich finde deine Schweinerei auf dem Tisch wirklich dufte. Mach, daß du auf dein Zimmer kommst, und bleib dort, bis ich es dir sage.« Mutter.

Das Bedürfnis nach bedingungslos erhältlicher Energie. In der Achten Erkenntnis wird betont, daß Kinder als Endpunkte der Evolution bedingungslos erhältliche Energie benötigen, um sich ungehindert entwickeln zu können. Es obliegt den Erwachsenen, Kinder körperlich, gefühlsmäßig und geistig zu ernähren. Wie die Erkenntnis weiterhin zeigt, führt das Abziehen kindlicher Energie während der Korrektur ihres Verhaltens zum Entstehen von Kontroll-Dramen. Um zu erfolgreichen Erwachsenen zu werden, brauchen Kinder Interaktionen mit Menschen, die sich selbst auf einem höheren Niveau des Erwachsenseins befinden. Kinder lernen nur dann, Vertrauen in die Welt und ihren eigenen Platz darin zu entwickeln, wenn mit ihnen ehrlich umgegangen

> »Eine gute Beziehung weist alle Eigenschaften eines Tanzes auf und basiert auf einigen der gleichen Grundregeln. Die Partner brauchen sich nicht aneinander festzuhalten, da sie sich beide freiwillig im gleichen Muster bewegen, froh, leichtfüßig und frei ... sich zu halten, hieße den Tanz in der Bewegung einzufrieren, um seine sich immerzu verändernde Schönheit zu überprüfen ... die Tanzenden wissen, daß sie Partner sind, die sich im gleichen Rhythmus wiegen und gemeinsam ein Muster kreieren, von dem sie auf kaum merkliche Weise gestützt werden.«[10]
>
> Anne Morrow Lindbergh, *Gift From the Sea*

wird und sie, entsprechend ihrem Entwicklungsstand, an Unterhaltungen und Entscheidungen beteiligt werden.

Die Probleme der Kinder unserer Zeit sind eine direkte Folge tiefgreifender Veränderungen im elterlichen Verhalten. Innerhalb der letzten sechs Jahrzehnte hat die zunehmende Verstädterung unserer Gesellschaft den Prozeß des Heranwachsens vollständig verändert. Bis in die dreißiger Jahre unseres Jahrhunderts hinein wurden Kinder vorwiegend in Familien mit einem breiten Altersspektrum erzogen – es gab Onkel, Tanten, Kusinen, Eltern und Großeltern, die bis zu drei bis vier Stunden täglich in Gesellschaft der Kinder verbrachten. Ungefähr siebzig Prozent der Kinder wuchsen auf dem Land heran, arbeiteten gemeinsam mit ihren Eltern und nahmen an den täglich anstehenden Entscheidungen teil. Heutzutage ist die Interaktion zwischen Eltern und Kindern auf kurze Zeiträume beschränkt, innerhalb derer vorwiegend Aufgaben zugeteilt oder ein negativer und beschuldigender Dialog geführt wird: »Wo kommst du her? Weshalb hast du deine Hausaufgaben nicht erledigt? Räum deine Kleider weg.« In vielen Fällen erfährt das Kind nicht nur keine bedingungslose Liebe oder Akzeptanz, sondern darf sich bestenfalls noch mit den entnervten Eltern um Aufmerksamkeit balgen.

In ihrem Buch *Raising Self-Reliant Children in a Self-Indulgent World* legen die Autoren H. Stephen Glenn und Jane Nelsen eine der Wurzeln unseres augenblicklichen Dilemmas bloß: »Jüngste Forschungen haben ergeben, daß die Basis für die Entwicklung von ethischen und moralischen Werten, kritischem Verstand, verantwortungsvollem Erwachsensein sowie Aufnahmefähigkeit durch Diskurs und Zusammenarbeit gelegt wird. Der Mangel an Diskurs zwischen entwickelten und weniger entwickelten Menschen bedroht den auf Nähe, Vertrauen, Menschenwürde und Respekt beruhenden Zusammenhalt unserer Gesellschaft.«[11]

Selbst-Wert. Nicht nur, daß Kinder oftmals mit der Arbeit ihrer Eltern um Aufmerksamkeit konkurrieren, durch einen Mangel an sinnvoller Beschäftigung wird ihr Selbstwertgefühl noch weiter in Frage gestellt. Früher erfüllten Jungen wie Mädchen sinnvolle Aufgaben, die der gesamten Familie zugute kamen. Gartenarbeit, Tierpflege, Kochen, Hüten der Geschwister und Heueinfahren waren ernstzunehmende

Aufgaben, deren Nichterfüllung ebenso ernstzunehmende Konsequenzen für die Familie hatte. Die Erfüllung dieser Aufgaben sorgte automatisch für Kompetenz und Durchhaltevermögen.

Heutzutage werden Kinder häufig passiv erzogen und haben wenig oder gar keine Möglichkeit, ihre Identität und ihre Talente zu finden, bevor sie in eine zunehmend spezialisiertere und technisiertere Gesellschaft entlassen werden. Durch Fernsehen, Kinofilme und Videospiele nehmen sie nur noch als Beobachter und Unterhaltungskonsumenten am Leben teil, deren Vorstellungen von Problembewältigung durch überlebensgroße Heldenfiguren geprägt werden, die sich, angetrieben von Arroganz, Gewalttätigkeit und Magie, durchs Leben schlagen.

Innerhalb der Großfamilie verfügten Kinder über bessere Gelegenheit, das andere Geschlecht kennenzulernen und beide Seiten ihres Wesens zu integrieren. Ohne diese Optionen wenden sich viele Kinder von ihren Eltern ab und ihren Altersgenossen zu, in deren Gesellschaft sie sich wichtig und energetisiert fühlen. Leider ist es ihnen unmöglich, von anderen Kindern zu lernen, was Erwachsensein bedeutet.

Oft scheint es, als ob sich die Gründe für Jugendkriminalität, Gewalt und geistigen Verfall auf beinahe mysteriöse Weise unserem Zugriff entziehen. Wären wir willens, die notwendige Zeit und Energie in unsere Kinder zu investieren und ihre Entwicklung zu ganzheitlichen menschlichen Wesen zu fördern, so würden wir schnell imstande sein, dieses gesellschaftliche Unbehagen zu lindern. Wir müssen unseren eigenen spirituellen Werdegang mit unseren Kindern teilen und ihnen unser Weltverständnis verständlich machen. Danach können wir sie ihrem eigenen Pfad überlassen. Selbst wenn sie manchmal zu scheinbar extremem Verhalten neigen, müssen wir darauf vertrauen, daß sie ihr eigenes Gleichgewicht und ihre eigenen Wertvorstellungen finden werden.

Im Manuskript werden wir noch einmal daran erinnert, daß wir im Begriff sind, eine neue spirituelle Generation in die Welt zu setzen, und unser Bewußtsein über die spirituellen Aspekte der Elternschaft stärken müssen. Es ist wichtig, dabei nicht zu vergessen, daß jedes Kind seine eigenen Lebensaufgaben mit in diese Welt bringt. Kinder werden nicht geboren, um durch die Einflüsse ihrer Eltern geformt zu werden.

Heutzutage Kinder zu haben, bedeutet die in unserer eigenen

Kindheit vermißten Lebensaspekte beizusteuern. Je mehr wir über die Arbeit mit Energie lernen und die Wirkungskraft der Fügungen zu akzeptieren bereit sind, desto schneller werden auch unsere Nachkommen diese Erkenntnisse verstehen, weil wir ihnen als Rollenmodell dienen können. Eine Mutter um die Vierzig berichtete dazu: »Ich habe mich seit den sechziger Jahren mit metaphysischen Dingen befaßt, und innerhalb unserer Familie wurde immer über die unterschiedlichen mit diesem Gebiet verbundenen Ideen gesprochen – besonders über positives Denken und Synchronizität. Mußte die Familie umziehen, so erstellten wir jedesmal eine Liste mit unseren Vorstellungen von unserem neuen Haus. Neulich rief mich mein zwanzigjähriger Sohn an und jubilierte über seine soeben bezogene neue Wohnung. Ich teilte seine Freude und erkundigte mich dann, wie er die Wohnung gefunden hatte. ›Ich habe einfach eine Liste gemacht‹, sagte er, ›und alles bekommen, was darauf stand, sogar die Katzentür.‹«

Den Ausbildern Glenn und Nelsen zufolge gibt es sieben signifikante Faktoren, die für das Heranwachsen erfolgreicher, produktiver und fähiger Kinder ausschlaggebend sind.[12]

Diese Attribute bestehen sowohl aus den *Fähigkeiten* wie auch den *Wahrnehmungen* eines Kindes:

Charakteristische Aussagen prächtig gedeihender Kinder:

1. »Ich bin fähig.«
2. »Ich bin in der Lage, Bedeutendes beizusteuern und werde wirklich gebraucht.«
3. »Ich kann beeinflussen, was mit mir geschieht.«
4. »Meine Gefühle sind wichtig, und ich werde aus meinen Fehlern lernen. Ich verfüge über Selbstkontrolle und Selbstdisziplin.«
5. »Ich bin in der Lage, Freundschaften zu schließen. Ich weiß, wie ich mich ausdrücken, zuhören, mitarbeiten, mit anderen teilen und meinen Standpunkt vertreten kann.«
6. »Andere können mir mir rechnen, und ich sage die Wahrheit. Es

kann sein, daß ich meinen Willen nicht durchsetze, doch wenn es notwendig ist, kann ich mich anpassen.«

7. »Ich versuche meine Probleme selbst zu lösen, aber wenn ich Hilfe brauche, bitte ich darum.«

Mit einer derartigen Selbsteinschätzung verfügt Ihr Kind über einen enormen Vorteil – es weiß, daß es ungeachtet aller äußeren Umstände die Kraft besitzt, anstehende Probleme auf kreative Weise zu lösen. Wenn Kinder ernsthaft der Ansicht sind, im Leben eine Wahl zu haben, lernen zu können, was sie wissen müssen, und ihr Leben selbst in die Hand nehmen, so werden sie auf ganz natürliche Weise in der Lage sein, sich mit dem Fluß der universellen Energie zu verbinden. Sobald sie merken, wie der Fluß der Energie in Zusammenhang mit ihren Absichten steht, werden sie vermehrt Fügungen anziehen und lernen, ihre Entscheidungen nach energetischen Gesichtspunkten zu treffen. Dies wird es ihnen entschieden leichter machen, ihre Lebensaufgabe zu finden und zu lösen.

Was Erwachsene heutzutage für Kinder tun können

Es ist nicht nötig, auf einen besonderen Tag zu warten, an dem wir mit diesem neuen Verhalten unseren Kindern gegenüber beginnen. Die folgenden Vorschläge richten sich insbesondere an Eltern, können jedoch von jedem befolgt werden. Sollten Sie selbst keine Kinder haben, so haben Sie sicher Freunde oder Verwandte mit Kindern.

Helfen Sie Kindern dabei, zu kompletten Erwachsenen zu werden

– Seien Sie für die Kinder da. Schaffen Sie sich nur die Anzahl Kinder an, die Sie auch konstant mit persönlicher Qualitätszeit versorgen können. Vergessen Sie nicht, daß Ihre Aufgabe darin besteht, den

Kindern ausreichend Energie zur Verfügung zu stellen, damit diese als Erwachsene in der Lage sind, den Übergang zu ganzheitlichen Wesen vollziehen zu können.

- Behandeln Sie diese kleinen Menschen als spirituelle Wesen, die eine Berufung zu erfüllen haben. Sie können ihnen beim Start behilflich sein, auf keinen Fall aber ihre Berufung kontrollieren.
- Zollen Sie ihnen Respekt. Adressieren Sie sie als menschliche Wesen mit einem höheren Selbst. »Hallo, Molly. Sieht so aus, als amüsiertest du dich. Wie geht's?«
- Erkennen Sie an, daß Kinder bestimmte Rechte haben: Das Recht, die Wahrheit zu erfahren, das Recht darauf, daß sich jemand um sie kümmert, daß man ihnen beibringt, was es heißt, ein Erwachsener zu sein.
- Bestehen Sie auf der Einhaltung von Verhaltensregeln, die im Interesse des Kindes, seiner Gesundheit und seiner Sicherheit sind. »Im Auto immer anschnallen.«
- Wenn Sie Kinder beaufsichtigen, so setzen Sie klare Grenzen. »Sollte irgend etwas Unerwartetes passieren, so ruft mich sofort an, ganz gleich, was es ist.«
- Machen Sie Ihren Standpunkt ganz klar. Zum Beispiel: »Ich denke, es ist wichtig, sich daran zu erinnern, daß andere Menschen ein Recht darauf haben zu leben, wie sie wollen, auch wenn sie anders als wir leben.«
- Kümmern Sie sich um die individuellen Bedürfnisse der Kinder. Vergessen Sie nicht, daß jedes von ihnen seine eigenen Aufgaben zu lösen hat. Obwohl Eltern den bei weitem größten Einfluß auf ein Kind darstellen, ist es nicht der einzige. Eine Mutter berichtete: »Die Kindergärtnerin von meinem Vierjährigen meint, mein Sohn braucht eine Sonderbehandlung, weil er verschlossen wirkt und nicht ohne weiteres mit anderen Kindern kommuniziert. Er ist noch verschlossener, als ich es in seinem Alter war. Meine Eltern haben mich unentwegt dazu gedrängt, mehr zu lachen und mehr nach außen zu gehen. Diesen Kreislauf möchte ich jedoch auf keinen Fall fortsetzen.«
- Lassen Sie Ihr Kind an Ihrem eigenen spirituellen Werdegang teilhaben, soweit dies dem Alter des Kindes angemessen erscheint.

»Mutti braucht jetzt fünfzehn Minuten Ruhe. Ich muß mich mit geschlossenen Augen hinsetzen und ein wenig entspannen.«

- Erklären Sie Ihre Handlungen, soweit es dem Alter der Kinder angemessen erscheint. Ein Beispiel: »Wir ziehen bald in eine andere Stadt um. Schauen wir mal auf der Landkarte, wo sie liegt und was wir dort in der Umgebung finden werden.«
- Seien Sie bereit, Ihre eigene Auffassung von Realität zu modifizieren – seien Sie bereit, von Ihren Kindern zu lernen.
- Diskutieren Sie Familienangelegenheiten oder Probleme, die alle angehen, in Anwesenheit der Kinder. Schwierigkeiten für sich zu behalten, beraubt Ihre Kinder der Wahrheit über die tatsächlichen Vorgänge und schließt sie von der Problemlösung aus. Eine derartige, an das Alter des Kindes angepaßte Diskussion, sollte jegliches »Armes Ich«-Verhalten vermeiden. Ein Beispiel: »Ich weiß, daß du neue Schuhe möchtest, wir haben im Augenblick aber nicht genügend Geld, weil wir es für den Haushalt brauchen. Wir können ja mal gemeinsam überlegen, auf welche Weise wir Geld für Schuhe sparen können, und sehen, wie lange das dauern würde. Was für Schuhe hast du dir denn ausgesucht?« Beziehen Sie Kinder in die Entscheidungen ein und geben Sie ihnen die Möglichkeit, an den Lösungen teilzuhaben.
- Betrauen Sie Kinder im Haushalt mit sinnvollen Aufgaben. Nehmen Sie ihnen nicht alle Arbeit ab. Untersuchungen haben ergeben, daß Kinder, die wichtige Aufgaben erfolgreich auszuführen imstande sind, gesünder sind und sich schneller entwickeln als andere Kinder.
- Greifen Sie nicht vorschnell ein. Kinder sind weitaus fähiger, als wir gemeinhin annehmen. Geben Sie Kindern Gelegenheit, aus ihren Fehlern zu lernen, ohne daß sie sich dabei dumm oder wertlos vorkommen müssen. Ermutigen Sie Ihre Kinder, eine Situation zu hinterfragen, zu realisieren, wie sie sich fühlten, was sie daraus gelernt haben und was sie das nächste Mal anders machen würden. Kritische Bemerkungen entziehen nur Energie. Stellen Sie klar, daß es im Leben unter anderem darum geht, Risiken einzugehen, und daß deshalb auch einiges schiefgehen wird. Erfahrung ist oft ein besserer Lehrer als autoritäre Erklärungen von seiten der Eltern.

- Vergessen Sie nicht, daß Menschen sich nur in einem der Entwicklung förderlichen Umfeld vorwärtsbewegen können. Jemanden lächerlich zu machen, ihn zu erniedrigen und körperlich zu bestrafen sind keine geeigneten Methoden zur Erziehung von Kindern.
- Seien Sie offen für die Sichtweise Ihres Kindes. Hören Sie aufmerksam zu. Setzen Sie nicht einfach voraus, daß Sie schon wüßten, worum es geht.

> »Jeden Tag werden in den Vereinigten Staaten 270 000 Schußwaffen von Schülern mit in die Schule gebracht; 1 200 000 Schlüsselkinder kehren täglich in Häuser zurück, in denen sich Schußwaffen befinden.«[14]
>
> *Children's Defense Fund; American Psychological Association*

- Fördern Sie Humor, der nicht auf der Herabsetzung anderer beruht.
- Ermutigen und loben Sie Ihr Kind so oft wie möglich. »Du bist wirklich zuverlässig. Ich finde es großartig, daß du jeden Morgen pünktlich in die Schule gehst und dir auch noch selbst das Mittagessen zubereitest.«
- Vergessen Sie nicht, daß Ihre Kinder Ihre eigenen Probleme und Sorgen spiegeln, achten sie darauf, ob das Verhalten Ihrer Kinder Ihnen etwas über Ihren eigenen Zustand mitteilt.
- Am wichtigsten ist es jedoch, den eigenen sowie den Kindern anderer wirklich zuzuhören, sie ernst zu nehmen und ihren Wert als Menschen schätzen zu lernen.

Die Schaffung von Elternhilfsgruppen

Der Mensch ist von jeher ein Stammeswesen, das sich zum Überleben in Gemeinschaften organisierte. Das Manuskript sagt voraus, daß unsere Entwicklung schneller vonstatten gehen wird, sobald wir uns mit Geistesverwandten, »die gewöhnlich die gleichen Interessen haben«, verbinden.[13] In den letzten Jahrzehnten hat sich das Modell der Kleinfamilie als zunehmend unpraktikabler erwiesen, und diese Tatsache hat in vielen Fällen zur Vereinzelung und Vereinsamung der Menschen geführt. Um sich wieder von der noch kleineren Familie der alleinerziehenden Eltern zu entfernen, scheint es notwendig, daß wir uns neue Gruppen wie elterliche Nachbarschaftshilfe und Elterngruppen schaffen, die uns dabei behilflich sind, die Erziehung unserer Kinder in die Hand zu nehmen.

Wie gut kennen Sie Ihre Nachbarn? Andere Eltern? Auf welche Weise könnten Sie Unterstützung für sich und Ihre Kinder erhalten und diese anderen gewähren? Wie verhalten Sie sich gegenüber den Kindern in Ihrer Nachbarschaft und Ihrer Familie?

Zusammenfassung der Achten Erkenntnis

Durch die Achte Erkenntnis erfahren wir, daß die meisten synchronistischen Ereignisse unseres Lebens durch andere Menschen an uns herangetragen werden sowie daß eine neue spirituelle Ethik im Umgang mit anderen Menschen diese Synchronizität noch verstärkt. Da wir nicht mehr miteinander um Energie wetteifern, sondern mit unserer inneren Energiequelle in Verbindung bleiben und uns auf die Schönheit im Gesicht eines anderen konzentrieren, gelingt es uns auch, das höhere Prinzip in unserem Gegenüber anzuerkennen. Dies wiederum hilft der anderen Person dabei, in Kontakt mit ihrem höheren Selbst zu treten, und erhöht die Wahrscheinlichkeit, daß sie eine für uns bestimmte und in diesem Augenblick wichtige Botschaft enthüllt. Anderen Energie zuteil werden zu lassen, ist besonders wichtig innerhalb von Gruppen, in denen einzelne intuitiv das Wort ergreifende Sprecher die Energiezufuhr aller Anwesenden erfahren. Ebenso wichtig ist die neue Ethik im Umgang mit Kindern. Auch in ihnen sollten wir immer das höhere Selbst adressieren und sie dementsprechend integer behandeln. Innerhalb romantischer Beziehungen muß besonders darauf geachtet werden, daß unsere Verbindung zu der inneren Quelle nicht durch euphorische Liebesgefühle ersetzt wird. Diese Gefühle haben gewöhnlich die Eigenschaft, zu Machtkämpfen zu degenerieren, da beide Partner süchtig nach der Energie des anderen geworden sind.

Zur weiteren Lektüre empfohlen:

Carol Adrienne: *The Numerology Kit*. 1988
Carol Adrienne: *Your Child's Destiny*. 1994
John Gray: *Men Are From Mars, Women Are From Venus*. 1992
Gay Hendricks, Ph.D., & Kathlyn Hendricks, Ph.D.: *Conscious Loving: The Journey to Co-Commitment*. 1990
Institut Neotischer Wissenschaften in Zusammenarbeit mit William Poole: *The Heart of Healing*. 1993
Walter Kaufman und S. G. Smith: *I & Thou*. 1978
Gerald Jampolsky: *Love Is Lettimg Go of Fear*. 1984
Larry Dossey: *Healing Words: The Power of Prayer and the Practice of Medicine*. 1993
Erich Fromm: *The Art of Loving*. 1989
Ram Dass und Paul Gorman: *How Can I Help?* 1985

Einzelstudium zur Achten Erkenntnis

Ein neuer Umgang mit Menschen

Sie können sich die Aussagen der Achten Erkenntnis augenblicklich zunutze machen, indem Sie die folgenden Punkte als Richtlinien für Ihren zukünftigen Umgang mit sich selbst und mit anderen Menschen verwenden:

Energieaufbau

- Beginnen Sie den Tag mit dem Vorsatz, offen für Botschaften zu sein.
- Finden Sie Ihre eigene Mitte, bevor Sie am Morgen das Haus verlassen, und konzentrieren Sie sich dazu fünf bis zehn Minuten auf Ihren Atem. Stellen Sie sich für ein bis zwei Minuten vor, daß

Sie von Licht erfüllt sind und Teil eines Kreises bilden, durch welchen ein ständiger Energiestrom fließt. Verbinden Sie sich während des restlichen Tages so häufig wie möglich mit der Schönheit in Ihrer Umgebung.

Energieaufbau bei anderen

- In der Begegnung und im Gespräch mit anderen Menschen sollten Sie hinter die Alltagsfassade Ihres Gegenübers schauen und versuchen, seine spirituelle Essenz und Schönheit zu erkennen.
- Konzentrieren Sie sich auf die einzigartigen Qualitäten in Ihrem Gegenüber.
- Schenken Sie ihm oder ihr Ihre ungeteilte Aufmerksamkeit.
- Projizieren Sie Energie auf den Sprecher.
- Vergessen Sie nicht, daß das höhere Selbst Ihres Gegenübers eine Botschaft für Sie hat und Sie bei der Übermittlung behilflich sein können, indem Sie Energie projizieren.

Das Erhalten von Botschaften

- Achten Sie auf innere Fragen oder Bemerkungen, die Sie in bezug auf andere stellen oder machen wollen ... Dies könnte zu einem wichtigen Informationsaustausch führen.
- Wenn Sie sich in der Gegenwart eines Menschen wohl und energetisiert fühlen, haben Sie aller Wahrscheinlichkeit nach eine wichtige Verbindung zu der Person.
- Fühlen Sie sich erschöpft und ausgelaugt, überdenken Sie die Beziehung in ihrer jetzigen Form. Lesen Sie noch einmal den Abschnitt über Co-Abhängigkeit.
- Achten Sie auf Ihre Gedanken nach einer Unterhaltung.
- Welche Veränderungen tauchen innerhalb Ihrer Beziehungen auf, wenn Sie die obigen Regeln beachten?

- Benutzt jemand Einschüchterungstaktiken im Umgang mit Ihnen, so brechen Sie den Umgang ab, sobald Sie sich bedroht fühlen. Unter diesen Umständen haben Sie kaum eine Chance, eine wahrhaftige Botschaft zu erfahren. Wenn es angemessen erscheint, können Sie Ihr Gegenüber fragen, weshalb er so ärgerlich ist, und ihn wissen lassen, daß er Sie ängstigt. Widmen Sie ihm oder ihr Ihre volle Aufmerksamkeit und suchen Sie auch hier nach der Schönheit hinter der Fassade. Gehen Sie nicht davon aus, daß Sie der Person in irgendeiner Weise behilflich sein müßten, sondern lassen Sie sich von Ihrer Intuition zur richtigen Handlung anleiten.
- Sobald jemand in das Drama des »Armen Ich« verfällt, erkennen Sie mit vollem Mitgefühl an, daß Ihr Gegenüber es scheinbar nicht gerade leicht zu haben scheint. Verleihen Sie Ihrem Gefühl darüber Ausdruck, daß Sie für die Situation eines anderen verantwortlich gemacht werden. Es ist nicht Ihre Aufgabe, die Probleme anderer zu lösen. Fragen Sie Ihr Gegenüber, was er oder sie für notwendig hält, um die Situation zu klären. Helfen Sie ihm oder ihr dabei, Antworten mit den *ihm oder ihr* zur Verfügung stehenden Mitteln zu finden. Weigern Sie sich, die Unterhaltung fortzuführen, wenn Ihre Energie dabei den Bach hinab geht!
- Sollte Sie jemand verhören, lassen Sie den oder diejenige wissen, daß Sie sich überwacht und kritisiert fühlen und es unter diesen Umständen schwierig für Sie ist, eine Unterhaltung zu führen. Erklären Sie, daß Sie die Unterhaltung fortsetzen wollen – nachdem sich der Ton oder etwas anderes an der Interaktion geändert hat. Vergessen Sie nicht, daß Ihr Gegenüber aufgrund eines tief verwurzelten Musters agiert und vermutlich meint, durch Ihr Verhalten Kontrolle entzogen zu bekommen. Falls Sie die Unterhaltung unter anderen Umständen fortsetzen wollen, so tun Sie das. Wenn nicht, verschieben Sie die Unterhaltung auf einen späteren Termin.
- Verhält sich jemand Ihnen gegenüber unnahbar, so wird es Ihnen nicht viel helfen, den Betreffenden zu verhören, um an Ihre Botschaft zu gelangen! Sie können Ihr Gegenüber jedoch wissen lassen, daß Sie ein Gespräch für wichtig halten (wenn es Ihnen das

ist), Sie jedoch den Eindruck haben, daß Ihnen der oder die Betreffende aus dem Weg geht. Verstehen Sie, daß die betreffende Person auf ihre unnahbare Weise Energie an sich binden möchte, und daß Sie, wenn Sie mit Ihrer inneren Quelle in Verbindung stehen, vermutlich in der Lage sein werden, eine Unterhaltung in Gang zu bringen und zu unterhalten. Falls nicht, müssen Sie die Unterhaltung gegebenenfalls auf einen späteren Zeitpunkt vertagen.

Bewußte Gruppen

Bereits bestehende Gruppen. Jeder, der mit den in der Achten Erkenntnis beschriebenen Techniken vertraut ist, wird in der Lage sein, sie in seine bestehende Gruppenpraxis zu integrieren. Es spielt dabei keine Rolle, ob es sich um Elterngruppen, Männer- oder Frauengruppen, Hausbesitzerversammlungen, Buchclubs oder sonstige Treffen handelt – wenn Sie es für richtig halten, können Sie auch, ohne diese Ideen zu propagieren, damit beginnen, Energie zu senden und zu empfangen. Vertrauen Sie auf Ihre Intuition, wenn es darum geht, herauszufinden, ob Sie mit einem Gruppenleiter über die Anwendung dieser neuen Ideen sprechen wollen. Jede Veränderung sollte sich so organisch wie möglich ergeben.

Neue Gruppen. Sollten Sie Ihre eigene Gruppe ins Leben rufen wollen, um sich in den Erkenntnissen aus dem achten Kapitel zu stärken, so lassen Sie Ihre Intuition sowie die auftretenden Fügungen dafür sorgen, die richtige Gruppe zusammenzustellen. Es gibt dabei kein vorgeschriebenes Format, doch kann es sich als hilfreich erweisen, einen festen Termin auszumachen, damit die Gruppenmitglieder sich auf die Treffen einrichten können. Sie können sich z. B. jedesmal in der Wohnung eines anderen Gruppenmitgliedes treffen und zu Beginn fünfzehn Minuten gemeinsam meditieren, um sich auf das Anheben der Energie zu konzentrieren, danach kann jeder der Anwesenden das Wort ergreifen und seine Probleme vortragen. Die anderen können durch Brainstorming bei der Lösung behilflich sein.

Romantische Beziehungen

Nach der Lektüre der Erkenntnisse werden Sie romantische Beziehungen in einem anderen Licht betrachten. Sollten Sie sich gerade verliebt haben oder kurz davor stehen, so vergessen Sie nicht, daß Sie den Kontakt mit Ihrer eigenen inneren Quelle nicht aufgeben dürfen. Genießen Sie den wunderbaren Austausch von Energie und lassen Sie Ihren Liebhaber wissen, daß Sie vorhaben, eine bewußtere Beziehung aufzubauen, als es bisher bei Ihnen der Fall war. Sobald Machtkämpfe auftreten, bleiben Sie in Verbindung mit Ihren eigenen Gefühlen und seien Sie willens, diesen in liebevoller Weise Ausdruck zu verleihen. Wenn Sie es mit der betreffenden Person ernst meinen, so zögern Sie nicht, persönliche Beratung zu suchen, um Ihre Schwierigkeiten so frühzeitig wie möglich zu behandeln. Achten Sie auf Botschaften und Fügungen, die Sie auf die nächsten notwendigen Schritte hinweisen könnten.

Platonische Beziehungen

Öffnen Sie sich für tiefere platonische Beziehungen. Verbringen Sie Zeit mit einem Mitglied des anderen Geschlechts und kultivieren Sie Freundschaften. Unternehmen Sie Ausflüge in die Natur, wo Sie Frieden und Schönheit miteinander teilen können. Sprechen Sie über Ihre Kindheitserfahrungen. Wenn Sie ein Tagebuch führen, so beschreiben Sie Ihre Gefühle der betreffenden Person gegenüber, zeichnen Sie die Botschaften auf, die Sie von Ihren Freunden erhalten haben, und was Sie daran überrascht hat.

Warnzeichen für Co-Abhängigkeit

Besonders zu Anfang Ihrer Entwicklung werden Sie dauernd darauf achten müssen, wo Sie Ihren Schwerpunkt setzen, um den Kontakt zu Ihrem inneren Zentrum nicht zu verlieren. Fragen Sie sich:

- Denke ich dauernd an eine andere Person?

- Beziehe ich erhöhtes Selbstwertgefühl aus der Tatsache, daß ich Probleme anderer löse?
- Ziehe ich bedürftige Menschen an?
- Ändere ich häufig meine Pläne?
- Vergewissere ich mich häufig der Tätigkeiten anderer?
- Veranlaßt mich das Verhalten anderer dazu, eine bestimmte Situation an mich zu reißen und das Verhalten anderer wieder »gutzumachen«?
- Fühle ich mich für die Handlungen anderer verantwortlich?
- Befinde ich mich in einem Machtkampf?
- Bin ich deprimiert, wenn ich allein bin, oder vermeide ich es, Zeit allein zu verbringen?
- Bin ich in der Lage, meine eigenen Ziele zu verfolgen?
- Tue ich meine Intuitionen und die in meinem Leben auftretenden Fügungen als unwichtig ab, weil ich mich in einer Beziehung befinde und den Status quo nicht gefährden möchte?

Wenn es um die Transformation eines Menschen geht, gibt es keine allgemeingültigen und keine einfachen Ratschläge. Wenn Sie den Eindruck haben, Ihre Beziehung zu einem Elternteil, Kind, Partner oder Freund dominiere Ihr Leben, so können Sie jederzeit und unabhängig davon, wie lange Ihre Beziehung bereits dauert, Veränderungen daran vornehmen. Einige dieser Veränderungen könnten darin bestehen,

- daß Sie einige der in diesem Ratgeber erwähnten Bücher über Beziehungen lesen.
- daß Sie Ihre Probleme nicht unter den Tisch kehren, sondern mit Ihren Gefühlen wie Verzweiflung, Furcht, Ärger und Ressentiments in Verbindung bleiben.
- daß Sie es in Betracht ziehen, Zeit allein zu verbringen, um sich selbst kennenzulernen. Wenn Sie bereits lange Zeit verheiratet sind, könnte dies allerdings zu einem heiklen Punkt in Ihrer Ehe werden. Oft hat sich einer der beiden Partner bereits in Einzelaktivitäten zurückgezogen, um sich vom jeweiligen Partner zu distanzieren. Da es sich bei der Co-Abhängigkeit um eine äußerst komplexe Ange-

legenheit handelt, ist es am besten, sich deswegen mit einem qualifizierten Therapeuten in Verbindung zu setzen.

- daß Sie sich darin üben, Ihre Energie voneinander zu trennen. Dies bedeutet nicht, daß Sie sich nicht mehr um einander kümmern oder einander nicht mehr lieben, Sie müssen sich jedoch zumindest für eine Weile unabhängig von Ihrem Partner empfinden. Vergessen Sie nicht, daß Sie nicht in der Lage sind, die Probleme Ihres Partners zu lösen oder dessen Leben zu leben.
- daß Sie sich darin üben, die in diesem Buch beschriebenen Aufgaben zur Anhebung Ihres Energiehaushaltes zu praktizieren.
- daß Sie auf jede Fügung achten, die Ihr neues Selbstverständnis unterstützt.
- daß Sie sich Ziele setzen. Fangen Sie klein an.

Die Co-Abhängigkeit zu beenden, beginnt mit ihrem Erkennen und dem Willen, sich über alte Limitationen hinwegzusetzen. Derartig tiefsitzende Muster zu brechen, geschieht allerdings am besten mit Hilfe eines qualifizierten Therapeuten oder Eheberaters. Zusätzliche Hilfe gibt es durch die auf dem Programm der Anonymen Alkoholiker beruhende Selbsthilfegruppen für Angehörige von Alkoholikern.

Der Umgang mit Kindern

Liebe und Respekt sind im Umgang mit Kindern ebenso wichtig, wie sie als gleichberechtigte Menschen zu behandeln und ihnen die Wahrheit zu sagen. Sollten Sie selbst keine Kinder haben, fragen Sie sich, ob Sie Spaß daran hätten, Zeit mit Kindern zu verbringen. Bestimmt gibt es in Ihrem Bekanntenkreis Freunde, die gern für ein Wochenende verreisen würden und ihre Kinder in guten Händen wissen möchten. Erkundigen Sie sich außerdem nach Organisationen, die Freiwillige zur Kinderpflege oder Betreuung akzeptieren.

Arbeitsgruppe zur Achten Erkenntnis

Session 12

Dauer: 2 Stunden 30 Minuten

Zweck: Die unterschiedlichen Aspekte der Achten Erkenntnis zu diskutieren und sich in der Anwendung der Gruppentechniken zu üben.

Anfang: Zu Beginn des Treffens sollte jeder der Anwesenden kurz seinen augenblickliches Zustand beschreiben.

Übung 1: Hebung der Energie

Dauer: 5 bis 10 Minuten

Anweisungen: Die Mehrheit sollte entscheiden, welche Übungen zur Anhebung der Energie ausgeführt werden: Die Meditation von der Bergspitze auf Seite 161 f. oder zehn Minuten Tanz auf der Stelle zu rhythmischer Musik.

Übung 2: Allgemeine Diskussion der Achten Erkenntnis

Dauer: Die verbleibende Zeit. Da es zur Achten Erkenntnis reichlich Diskussionsmaterial gibt, können Sie bei Interesse auch mehrere Treffen unter diesen thematischen Schwerpunkt stellen.

Zweck: Die Mitglieder sollten Gelegenheit bekommen, ihre Auffassungen über die Achte Erkenntnis auszutauschen und sich außerdem darin üben, *innerhalb einer Gruppe bewußt zu interagieren.*

- Lesen Sie den Abschnitt zur Achten Erkenntnis auf den Seiten 241 ff.
- Sprechen Sie, wenn Sie sich dazu inspiriert fühlen, und projizieren Sie Energie, wenn andere das Wort ergreifen.
- Im Verlauf dieser Session sollten Sie mit der Anwendung aller Erkenntnisse beginnen und dadurch eine starke und kohäsive

Gruppe bilden. Es wird deshalb notwendig sein, besonders darauf zu achten, was geschieht, wenn jemand die Gruppe dominieren will und der Energiefluß innerhalb der Gruppe blockiert wird. Verleihen Sie Ihrer Meinung darüber, wie es dazu gekommen ist, auf freundliche Weise Ausdruck, wenn Ihnen Ihre Intuition dazu rät. Sollte es zu einer Energieblockade kommen, so klären Sie innerhalb der Gruppe, wie es dazu gekommen ist. Zum Beispiel benutzte eine der Anwesenden in unserer Gruppe permanent ihr armes Ich, um ihre privaten Probleme mit ihrem Patenkind in aller Breite vorzutragen. Ihre Selbstbezichtigungen und die leidensvolle Darstellung ihrer übertriebenen Schuldgefühle waren eindeutige Versuche, Mitleid und Ratschläge von den anderen Anwesenden zu erhalten. Eines der Gruppenmitglieder sagte: »Entschuldige Vera, aber ich kann mich kaum darauf konzentrieren, was du sagst. Ich weiß, daß diese Situation sehr unangenehm für dich ist, aber ich würde gerne alle Anwesenden um ihre Meinung zu diesem Thema bitten und das Thema dann wechseln.« Einmal an die Öffentlichkeit gebracht, löste sich das Drama der Frau auf. In diesem Fall jedoch war das Bedürfnis der Frau nach Energie nicht so einfach zu stillen, und sie schmollte während des gesamten restlichen Treffens. Vergessen Sie deshalb nicht, daß andere Menschen auf ihrem spirituellen Weg ihrem eigenen Rhythmus folgen müssen.

- Sie werden innerhalb Ihrer Gruppe auf unterschiedliche Formen der Interaktion stoßen. Achten Sie möglichst darauf, anstehende Probleme offen auf den Tisch zu legen und mitfühlend sowie freundlich darüber zu sprechen. Etablieren Sie innerhalb Ihrer Gruppe feste Grenzen.
- Betrachten Sie alle innerhalb der Gruppe auftretenden Themen und Probleme als für Sie relevant.
- Ihre Gruppe wird Ähnlichkeit mit anderen Beziehungen in Ihrem Leben aufweisen und sogar einige alte Angelegenheiten aus Ihrer Kindheit wieder an den Tag bringen – so kann es zum Beispiel vorkommen, daß jemand aus der Gruppe die Energie eines Ihrer Elternteile trägt. Verärgerung über jemanden in der Gruppe kann ein Spiegel für die eigene Unzufriedenheit mit sich auf dem gleichen Gebiet sein.

Diskussion der Achten Erkenntnis

Besteht Ihre Gruppe aus mehr als zehn Mitgliedern, so teilen Sie sich in kleinere Gruppen zu zwei oder vier Personen auf und diskutieren Sie die für Sie vordringlichen Themen:

- Auf welche Weise sind romantische Beziehungen hinderlich für Ihre Entwicklung?
- Wie entwickle ich platonische Beziehungen? Einzelne Mitglieder können sich bei dieser Gelegenheit zu einem gemeinsamen »Abenteuer« verabreden.
- Was genau ist Co-Abhängigkeit? In welchen Bereichen bin ich co-abhängig?
- Auf welche Weise arbeite ich daran, ein ganzheitlicher Mensch zu werden, und daran, männliche und weibliche Energie zu integrieren?
- Wie kann ich mehr Bewußtsein an meinen Arbeitsplatz bringen?
- Augenblickliche Konflikte oder Probleme mit Eltern oder Kindern.

Vergessen Sie nicht, daß jeder in der Gruppe eine Botschaft für Sie hat. Unterstützen Sie die Gruppenmitglieder dabei, ihr höheres Selbst zu finden und ihnen so bei der Übermittlung einer für Sie bestimmten Botschaft behilflich zu sein. Welche für Sie relevanten und in bezug zu Ihren augenblicklichen Lebensproblematiken stehende Informationen haben Sie erhalten?

Die Gründung eines Heilkreises

Sollten Sie im Rahmen der obigen Session nicht genügend Zeit für die Arbeit mit einem Heilkreis finden, so vereinbaren Sie dafür einen Extratermin. Heilkreise können aus Ihrer Studiengruppe erwachsen und zu wertvollen und festen Bestandteilen Ihres Lebens werden.

Am wirkungsvollsten ist ein Heilkreis, wenn er nicht mehr als zwanzig und nicht weniger als vier Mitglieder zählt. Lassen Sie jeden der Anwesenden die folgenden Anweisungen lesen und beginnen Sie danach mit der Meditation.

- Zentrieren Sie sich durch eine fünfminütige schweigende Medita-

tion. Manchmal ist es einfacher, Intuitionen mit geschlossenen Augen zu empfangen.
- Bestätigen Sie, daß jede so gewonnene Information im Dienst des Wachstums der betreffenden Person steht.
- Wer sich inspiriert fühlt, beginnt zu sprechen.
- Tragen Sie Ihr Anliegen so detailliert vor, wie sie mögen. Je mehr Details Sie mitteilen, desto tiefer wird der folgende Diskurs innerhalb der Gruppe sein.
- Die Anwesenden konzentrieren sich auf den jeweiligen Sprecher und warten dann auf eine Inspiration, um selbst das Wort zu ergreifen und ihre Anliegen vorzutragen.

Ist der intuitive Fluß von sich aus verebbt, senden Sie an die betreffende Person neutrale und heilende Energie. Wird um die Heilung eines körperlichen Gebrechens oder einer Krankheit gebeten, so visualisieren Sie den fraglichen Körperteil des Betreffenden und senden Sie Licht dorthin.

Ist dieser Vorgang beendet, ergreift der nächste das Wort.

Abschluß:

Anfragen nach Hilfe. Liebevolle Übermittlung von Energie.

Für die folgende Session:
- Lesen Sie das Kapitel über die Neunte Erkennntnis.
- *Freiwillig:* Verabreden Sie sich zu platonischen Abenteuern. Verbringen Sie Zeit mit Kindern von Bekannten oder finden Sie heraus, wie Sie dies am besten tun können. Tragen Sie alle in dieser Session erhaltenen Botschaften in Ihr Tagebuch ein. Untersuchen Sie eventuell aufgetretene Fügungen.

Kapitel 9

Das Auftauchen einer Kultur

Im letzten Kapitel der Prophezeiungen von Celestine *wird die Neunte Erkenntnis des alten Manuskriptes in den Ruinen der Tempelanlage von Celestine gefunden und fällt in die Hände des unnachgiebigen Kardinals Sebastian. Für kurze Zeit wird unser Held mit Dobson, Phil und Vater Sanchez wiedervereint und mit dem Inhalt der Neunten Erkenntnis vertraut gemacht. Dort wird beschrieben, wie sich die menschliche Kultur im Verlauf des nächsten Jahrtausends aufgrund einer bewußt herbeigeführten Evolution verändern wird. Die Spannung steigt, da das wichtige Dokument kurz vor seiner Zerstörung steht und unser Held sowie Vater Sanchez schließlich auf den Kardinal stoßen. Es gelingt Sanchez nicht, Sebastian von der wahren Qualität des Manuskriptes zu überzeugen. Kurze Zeit später stoßen die beiden inmitten der Ruinen von Celestine auf Julia und Wil, und es gelingt der Gruppe, ihre feinstofflichen Schwingungen so weit anzuheben, daß sie für einen Kader peruanischer Soldaten unsichtbar werden. Außer Wil bekommen es jedoch schließlich alle mit der Angst zu tun, verlieren die höhere Schwingung und werden gefangengenommen. Obwohl die beiden Abenteurer wieder freikommen, wird unser Held kurz darauf erneut verhaftet und bleibt im Gefängnis, wo er schließlich ein letztes Mal auf Vater Carl trifft, der ihn dazu drängt, die Botschaft des Manuskriptes in seinem Land zu verbreiten, da die letzte Kopie der Schrift nun anscheinend zerstört ist. In diesem Augenblick wird unser Held freigelassen. Er erhält einen Flugschein zurück in die Vereinigten Staaten, jedoch mit der Auflage, nie wieder Fuß auf peruanischen Boden zu setzen.*

Die Neunte Erkenntnis

Sie umreißt in groben Zügen die Entwicklung der menschlichen Rasse über den Zeitraum der nächsten tausend Jahre – eine Vision, die auf der Voraussetzung beruht, daß sich die acht Erkenntnisse mittelbar zu einer bewußten Lebensweise verdichtet haben. Die Aufgabe der Neunten Erkenntnis besteht darin, uns auf unserem Pfad zu spiritueller Evolution verstärkt Vertrauen und Kraft zu spenden.

Durch die Neunte Erkenntnis wird noch einmal bestärkt, daß unsere Entwicklung in engem Zusammenhang mit unserem Sinn für das Schöne steht sowie der Entwicklung unserer Fähigkeit, Energie wahrzunehmen. Je weiter unsere Entwicklung fortschreitet, desto mehr werden uns eine erweiterte Wahrnehmungsfähigkeit und die erhöhte feinstoffliche Schwingung unserer physischen Präsenz gestatten, die Grenze zu einer Welt zwischen unserer körperlichen Welt und jener unsichtbaren, aus der wir stammen und in die wir nach dem Tod unseres Körpers zurückkehren, zu überschreiten. Die Neunte Erkenntnis inspiriert uns für den Fall, daß uns auf unserem Weg dorthin Zweifel kommen oder wir unseren Fortschritt aus den Augen verlieren. Sie bestätigt, daß wir uns auf den Tag zubewegen, an dem wir Zugang zu einem feinstofflichen Refugium haben werden, das bereits im Jetzt und Hier existiert.

Wie wir dorthin gelangen. Durch das Beachten aller acht Erkenntnisse wird sich unser Leben in der Zukunft verändern. Die Erste Erkenntnis demonstrierte, daß *das Universum uns auf mysteriöse Weise mit fügungshaften Gelegenheiten konfrontiert, die dazu dienen, uns unserer Bestimmung zuzuführen.* Die Zweite Erkenntnis erlaubt es uns, in die Vergangenheit zu schauen und zu erkennen, daß *wir uns kollektiv unserer essentiell spirituellen Natur bewußt werden.* Die Dritte Erkenntnis zeigt uns, daß *das Universum aus purer Energie besteht, die auf unsere Intentionen reagiert.* Die Vierte Erkenntnis demonstrierte, daß Menschen *irrtümlich der Ansicht sind, miteinander um Energie wetteifern zu müssen*, ein Vorgang, der zu einem Gefühl von Mangel, zu Wettbewerb und Kampf führt. In der Fünften Erkenntnis wird beschrieben, wie sich *die mystische Verbindung mit der universellen Energie anfühlt und wie sie unsere Lebensperspek-*

tive erweitert und uns ein unbeschwertes Lebensgefühl, Überschwang sowie das Gefühl bedingungsloser Sicherheit vermittelt. Die Sechste Erkenntnis hilft uns bei der Befreiung von unseren Kontroll-Dramen sowie dabei, unsere augenblickliche Lebensthematik zu entdecken, indem wir das Erbe unserer Eltern analysieren und *uns unserer Herkunft bewußt werden*. Die Siebte Erkenntnis zeigt uns, wie wir durch das *Stellen der richtigen Fragen und die Annahme von Intuitionen Antworten erhalten*, die uns zu unserem wahren Selbst führen. Die Achte Erkenntnis zeigt uns, wie wir das Geheimnis nähren und Antworten erhalten, indem wir *in anderen das Beste hervorbringen*. Sind die Erkenntnisse einmal im menschlichen Bewußtsein verankert, verspürt der oder die Betreffende vor allem eine erhöhte Aufmerksamkeit und Erwartungshaltung, die beide typisch dafür sind, daß sich jemand seiner wahren Bestimmung nähert. Die neun Erkenntnisse verbinden uns wieder mit dem Mysterium unseres Lebens.

Wo wir im nächsten Jahrtausend stehen werden

Durch die Integration der Erkenntnisse in unser alltägliches Leben wird unsere Kultur in Zukunft durch eine spirituelle Verbindung definiert und sich dadurch rapide transformieren. Zu den Höhepunkten der in der Neunten Erkenntnis präsentierten kulturellen Evolution gehören unter anderem:

Die erste große Verschiebung

- Die erste grundlegende Veränderung unseres Denkens besteht in unserem neuerwachten Verständnis darüber, daß wir uns auf der Erde befinden, um uns spirituell zu entwickeln und zu verstehen, was die *Veränderungen unserer feinstofflichen Schwingungen zu bedeuten haben*.
- Unsere *Wahrheitssuche* wird uns zu einem neuen Leben führen.

- Sobald die kritische Masse derer erreicht ist, die die Erkenntnisse verstehen, *wird die Aufklärung auf globaler Ebene stattfinden.*
- Es wird eine Periode intensiver *Innenschau* geben.
- Wir haben bereits damit begonnen, die *Schönheit und den wahren Wert unser Welt* zu begreifen. Unser Verständnis ihrer spirituellen Essenz wird wachsen und dazu führen, daß wir Wälder, Seen, Flüsse und heilige Stätten schützen.
- *Wirtschaftliche Tätigkeiten,* die geeignet sind, unsere Natur und unsere Schätze zu bedrohen, werden nicht länger geduldet.

Die Entfaltung unserer Bestimmung

- Unsere Sehnsucht nach einem *erfüllten und sinnvollen* Leben findet durch die Begegnung mit Fügungen und Intuitionen ihre Erfüllung.
- Um jede neue Erkenntnis wirklich zu verstehen, *verlangsamen wir unser Tempo* und achten auf jede bedeutende Begegnung in unserem Leben.
- Jedesmal wenn wir jemandem begegnen, *tauschen wir unsere Fragen aus* und erhalten neuen Rat und Einsichten.
- Sobald wir durch unsere Intuition erfahren haben, wer wir wirklich sind, werden wir damit beginnen, *Beschäftigungen aufzugeben und unsere Berufe zu wechseln,* um unserem inneren Wachstum Priorität einzuräumen. Es kann sein, daß Menschen im Laufe eines Lebens vielen unterschiedlichen Beschäftigungen nachgehen werden.
- *Natürliche Lösungen für soziale und ökologische Probleme* werden im gleiche Maße auftreten, wie das Individuum seiner eigentlichen Bestimmung entgegensteuert.

Leben auf der Erde

- Nachdem wir es nicht mehr nötig haben, uns die Natur untertan zu machen, werden wir die *natürlichen Energiequellen* in Gebirgen, Wüsten, Wäldern, Seen und Flüssen zu schätzen lernen. Im Verlauf der nächsten fünfhundert Jahre werden wir immer mehr Wälder wachsen und altern lassen und immer größere Flächen unter Naturschutz stellen.

- Jeder einzelne wird so nahe wie möglich an einer heiligen Stätte wohnen wie auch in Reichweite eines städtischen Zentrums *grüner Technologie,* von wo aus wir mit lebensnotwendigen Gütern wie Nahrung, Kleidung und Verkehrsmitteln versorgt werden.
- Gärten werden sorgfältig kultiviert, *um Pflanzen mit Energie zu versorgen.*
- *Angeleitet durch unsere Intuition*, wird jeder wissen, was wann zu tun ist, und seine Aktionen werden sich mit denen anderer ergänzen.

Die nächste große Verschiebung

- Im nächsten Jahrtausend werden wir die *Überbevölkerung freiwillig einschränken.*
- Mit zunehmendem Verständnis der universellen Dynamik werden wir auch verstehen lernen, daß es sich bei dem Akt des Gebens um einen für jeden Menschen auf der Welt förderlichen Vorgang handelt. Wir werden verstehen, *daß es sich bei Geld nur um eine weitere Form von Energie handelt.* Wir wissen, daß durch vermehrtes Geben ein leerer Raum entsteht, der von außen wieder gefüllt wird, genauso wie die freiwillige Energieprojektion auf andere zu einem Überfluß an Energie führt. Je mehr Menschen sich an dieser spirituellen Ökonomie beteiligen, desto näher kommen wir der bevorstehenden großen Verschiebung im nächsten Millennium. Eventuell werden wir auf Geld als Währung verzichten können.
- Durch die *automatisierte Herstellung von Gebrauchsgütern* werden alle Bedürfnisse ohne Austausch von Zahlungsmitteln und ohne daß es dabei zu Ausschweifungen oder Faulheit kommt, vollständig befriedigt.
- Haben wir *unsere Furcht vor Mangel und unsere Kontrollsucht einmal losgelassen*, werden wir auch in der Lage sein, an andere zu verteilen, die Umwelt zu retten, die Armen zu versorgen und den Planeten zu demokratisieren.
- Durch die Automatisierung wird der einzelne über *mehr Freizeit*

verfügen und die Möglichkeit haben, sich neuen Aufgabenfeldern zuzuwenden. Die Arbeitszeit wird weiter herabgesetzt werden. Zwei oder drei Menschen werden sich einen Arbeitsplatz teilen.

- Da es weder Besitz- noch Kontrollsucht gibt, wird niemand mehr *exzessiv konsumieren*, um sein Sicherheitsbedürfnis zu befriedigen.
- Je bereitwilliger wir Energie aufnehmen, desto *schneller wird sich unser Evolutionsvorgang abwickeln*, und unsere feinstoffliche Schwingungen werden sich anheben.

Die Evolution einer spirituellen Doktrin

- *Unsere gesamte Evolution wird auf spirituellen Prinzipien beruhen*, doch wird sich unsere Auffassung von Religion ändern müssen, um der Evolution des Individuums Rechnung tragen zu können.
- Bis heute haben sich alle Religionen damit befaßt, die Verbindung zwischen der Menschheit und einer höheren Kraft zu finden. Alle Religionen sprechen von *einer Wahrnehmung Gottes im Inneren*, eine Wahrnehmung, die uns erfüllt und uns zu mehr macht, als wir vor dieser Wahrnehmung zu sein schienen.
- Als die einzelnen Religionen mit der Erklärung der Religion beauftragte Führer abstellten, korrumpierten die Religionen zu Unternehmen, anstatt den Menschen zu zeigen, auf welche Weise sie *diesen Weg in sich selbst* finden können.
- In der Neunten Erkenntnis wird erwähnt, daß ein einzelnes Individuum in der Lage ist, sich direkt mit der göttlichen Energiequelle zu verbinden, und so zum stehenden Beispiel für die Möglichkeit dieser Verbindung wird. Christus war so jemand und öffnete sich so sehr, daß die Energie ihm ermöglichte, auf einer Wasseroberfläche zu gehen. *Er transzendierte den körperlichen* Tod und war der erste Mensch, der den Bereich der physikalischen Welt öffentlich in den spirituellen Bereich ausdehnte.
- Wir sind in der Lage, *uns mit der gleichen Quelle zu verbinden* wie er und den gleichen Weg zu gehen.
- Während die Menschen ihre Schwingungen erhöhen und schließlich zu einer immer feiner werdenden, rein geistigen Ebene gelan-

gen, werden *ganze Gruppen von Menschen unsichtbar* für jene werden, die sich auf einer grobstofflicheren Ebene befinden. Für diese wird es so aussehen, als hätten sich die anderen einfach in Luft aufgelöst, die unsichtbare Gruppe befindet sich jedoch noch an ihrem Platz, allerdings in einer leichteren und geistigeren Form.

- Unsere Fähigkeit, die Frequenz der Schwingung so zu erhöhen, daß wir unsichtbar werden, bedeutet, *daß wir die Grenze zwischen diesem Leben und der anderen Welt, aus der wir stammen und in die wir nach dem Sterben unseres Körpers zurückkehren, überqueren.*
- *Den Himmel auf Erden* zu erreichen (die Frequenz der Schwingung zu erhöhen) ist der Zweck der menschlichen Existenz und ihrer Geschichte.

Was für einen evolutionären Sprung spricht

Unser augenblickliches Bewußtsein und unsere gegenwärtige Existenz sind Teil einer Brücke in die Zukunft. Teil unserer Aufgabe als Brücke besteht darin, jene Fähigkeiten und Kapazitäten des menschlichen Körpers zu re-examinieren, die er bereits unter Beweis gestellt hat, sowie uns für eine Beschleunigung der folgenden Entwicklung bereitzuhalten. Der moderne Unglauben in alle nichtphysikalischen Aspekte des Lebens hat unsere Betrachtungsweise und unsere Entwicklung transzendentaler Kapazitäten limitiert und behindert.

Gegen Ende seines Buches *Die Zukunft des Körpers* hat Michael Murphy einige Synopsen eines breiten Spektrums menschlicher Fähigkeiten zusammengestellt. Abgesehen von den bereits dokumentierten Fällen, ist Murphy der Ansicht, daß Menschen über eine große Anzahl paranormaler Fähigkeiten verfügen, die, einmal von vielen Individuen entwickelt, eine neue Lebensform auf diesem Planeten schaffen und unser bekanntes Leben transzendieren werden. Dieser Gedanke steht ebenfalls im Zentrum von evolutionären Visionären wie Pierre Teilhard de Chardin und Sri Aurobindo, um nur zwei der bekanntesten zu nennen.

Murphy rückt zwei epochale Ereignisse in den Mittelpunkt unserer

Aufmerksamkeit, die beide geeignet sind, die urzeitliche Entstehung organischer Materie zu transzendieren. Eines davon ist das Auftauchen von Leben auf diesem Planeten überhaupt. Das zweite ist die Geburt der Menschheit mit ihren psychosozialen Charakteristiken. Er schreibt dazu:

> »Anorganische Materie, Tier- und Pflanzenarten, wie auch die menschliche Natur existieren in drei unterschiedlichen Formen, von denen jede nach ihren eigenen Prinzipien organisiert ist. Diese drei Formen bilden eine Evolutionstriade, innerhalb derer sich die ersten beiden Elemente bereits transzendiert haben – anorganische Materie produzierte Leben und aus der animalischen Form gingen menschliche Wesen hervor ... jede dieser Formen produzierte eine neu organisierte Form physischer und spiritueller Existenz.«[1]

Basierend auf ausführlich dokumentierten Belegen für die transformativen Fähigkeiten der menschlichen Rasse sowie den Evolutionstherorien von G. Ledyard Stebbins, folgerte Murphy, daß eine neue Existenzform augenblicklich im Begriff ist, sich auf der Erde zu manifestieren.

Zwölf Attribute, die eine evolutionäre Veränderung bei Menschen anzeigen

Murphy zufolge gibt es zwölf unterschiedliche menschliche Eigenschaften, die für das Auftauchen dieser neuen Entwicklungsstufe charakteristisch sind:

1. Außergewöhnliche Wahrnehmungsfähigkeiten, einschließlich der Wahrnehmung außergewöhnlicher Schönheit in alltäglichen und vertrauten Gegenständen, Hellsichtigkeit und Kontakt mit Wesenheiten und Ereignissen, die für die gewöhnlichen Sinne nicht zugänglich sind.
2. Außergewöhnliches somatisches Bewußtsein und Selbstkontrolle.
3. Außergewöhnliche Kommunikationsfähigkeiten.
4. Superbe Vitalität.

5. Außergewöhnliche Bewegungsfähigkeiten.
6. Außergewöhnliche Fähigkeiten zur Veränderung der Umwelt.
7. Freude am Selbst aus dem Selbst.
8. Intellektuelle Ideen werden tout ensemble (mit einem Mal) verstanden.
9. Außergewöhnliche Willenskraft.
10. Gleichzeitige Transzendierung und Erfüllung des gewöhnlichen Begriffes vom Selbst und Enthüllung einer fundamentalen Einheit mit anderen.
11. Liebe aus einem Gefühl fundamentaler Einheit.
12. Veränderungen im Körperbau, inneren Zuständen sowie Vorgänge und Prozesse, welche oben beschriebene Fähigkeiten und Erlebnisse unterstützen.

Zahlreiche Menschen haben diese Zustände und Fähigkeiten bereits im alltäglichen Leben erfahren, oftmals unfreiwillig und ausgelöst durch persönliche Lebenskrisen. Dem Manuskript zufolge wird eine wachsende Anzahl von Menschen in der Lage sein, diese außergewöhnlichen Zustände willentlich herbeizuführen, wodurch die menschliche Lebensform sich drastisch verändern wird – insbesondere durch das Überwinden bestimmter Verhaltensmuster, wie Konflikt- und Kontrollsucht, aber auch durch Selbstbeherrschung. Seit geraumer Zeit bereits wächst die Gruppe spiritueller Adepten mit metanormalen Fähigkeiten, die sie durch Anwendung von Meditation, Schamanismus, östliche Kampfsportarten, Bewegungs- und Atemtechniken und andere Formen der Selbsterforschung erreicht haben.

Wüstenmystiker, Heilige und Schamanen

Seit biblischen Zeiten wird uns ein faszinierendes Repertoire menschlicher Fähigkeiten und Möglichkeiten geschildert, das von den Heilwundern des Jesus von Nazareth bis zu seinem Wiederauftauchen nach der Kreuzigung und den Erscheinungen anderer religiöser Figuren nach seinem Tode reicht: die Stigmata christlicher Mystiker, ihre leuchtenden Auren, jahrelanges Hungern, das Absondern von heiligen Aromen und Heilflüssigkeiten, Berichte von Telekinese oder der Fähigkeit, Gegenstände zu bewegen, ohne sie zu berühren. In zahlreichen Lebensgeschichten von Zen-Meistern, Sufis, Yogis und Schamanen sind Berichte von Prophezeiungen, Telepathie und Hellsichtigkeit verbürgt.

In den sechziger Jahren ging der Anthropologe Carlos Castaneda daran, anhand der Lehren des Schamanen Don Juan die Grenzen der Wahrnehmung unserer materiellen Welt zu erkunden. Berichte von schamanistischen Reisen in die Unterwelt, Heilungen, Weissagungen und Veränderungen von physikalischen Formen zwangen uns dazu, die scheinbar endlosen Möglichkeiten menschlicher Existenz näher in Augenschein zu nehmen. Wiederholt haben Ethnologen von Schamanen berichtet, die rituelle Operationen am eigenen Körper vornehmen – ohne sichtbare Anzeichen von Schmerz oder Vernarbung. Doch wird die wahre Natur dieser uralten Heilmethoden erst hinter diesen Phänomenen sichtbar.

Das wachsende Interesse am Schamanismus korrespondiert mit einer Voraussage des Manuskriptes, derzufolge der menschliche Hunger nach persönlicher Erfahrung außergewöhnlicher Bewußtseinszustände sowie der Wunsch, sich selbst aus der göttlichen Quelle zu versorgen, ein wesentliches Geburtsmerkmal der menschlichen Rasse darstellen. Schamanismus bedeutet die direkte Erfahrung einer spirituellen Kommunikation mit der Erde und verbindet den Menschen mit der Weisheit der Natur. Der Ethnologe Michael Harner, eine der führenden Kapazitäten auf dem Gebiet des Schamanismus, führt dazu aus: »Einige seit ewigen Zeiten in schamanistischen Zusammenhängen verwandte Techniken, wie Bewußtseinsveränderungen, Stress-Reduzierung, Visualisierungen, positives Denken und Zuhilfenahme übersinnlicher oder außergewöhnlicher Heilquellen, haben mittlerweile starke Verbreitung, besonders in der Anwendung holistischer Heilmethoden gefunden.«[3] In seinem Buch *The Way of The Shaman* beschreibt Harner schamanistische Heilmethoden, die von jedem Interessierten erlernt werden können und somit nicht länger einigen auserwählten Eingeweihten vorbehalten sind. Durch die direkte Erfahrung von Wissen lernt der Betreffende, persönliche Kraft zu generieren und sich durch Anwendung des Willens zwischen verschiedenen Bewußtseinszuständen hin- und herzubewegen. Derlei uralte, auf der ganzen Welt verbreitete spirituelle Praktiken könnten sich bei der Wiederherstellung des Naturgleichgewichtes als außerordentlich hilfreich erweisen.

Erstaunlicherweise tauchen verblüffend ähnliche Phänomene in vollkommen unterschiedlichen Disziplinen auf. Zum Beispiel haben katholische Heilige, tibetische Lamas sowie Eskimoschamanen in eiskaltem Meerwasser oder Temperaturen weit unter dem Gefrierpunkt gleichermaßen die Fähigkeit bewiesen, hohe Körpertemperaturen zu generieren. Taoistische Meister sowie die Adepten unterschiedlicher indischer Religionen sind vor Augenzeugen senkrecht in die Höhe gefahren oder in der Lage, frei über dem Boden zu schweben – wiewohl es bisher keine wissenschaftlichen Aufzeichnungen über diese Schwebezustände gibt. Heilige der Hindureligion haben, in katatonischen Zuständen, lange Zeit unter der Erde begraben überlebt. Die physischen Körper anderer religiöser Figuren wie Yogananda Paramahansa und die Leichname vieler katholischer Heiliger sind nach ihrem Ableben weder verrottet noch zerfallen. Einige Meister sind zur gleichen Zeit an zwei verschiedenen Orten gesichtet worden (Bi-Location). Telepathische Kommunikation mit australischen Eingeborenen und Amazonas-Indianern, die keine Sprache außer ihrer eigenen beherrschten, sind gleichzeitig von mehreren englischsprachigen Forschern berichtet worden.[4,5]

In der Vergangenheit hat die katholische Kirche im Rahmen der Heiligsprechung außergewöhnliche Sorgfalt auf die Untersuchung und Dokumentation metanormaler Fähigkeiten und Ereignisse bei ihren Glaubensangehörigen verwandt. Seit Beginn dieses Jahrhunderts existieren außerdem umfangreiche wissenschaftliche Untersuchungen über körperliche Auswirkungen von spirituellen Praktiken, metanormalen Fähigkeiten und Zuständen. Eine umfangreiche Untersuchung derartiger Studien ist an dieser Stelle leider nicht möglich, für die Interessierten gibt es jedoch kein besseres Nachschlagewerk als *Die Zukunft des Körpers* von Michael Murphy sowie die darin enthaltenen Quellen- und Literaturangaben. Die dort vorgestellten und weiterverfolgten Fakten, Philosophien und Theorien stimmen mit der Aussage des Manuskriptes überein, daß wir von einer Kraft jenseits unseres gewöhnlichen Seins beeinflußt und energetisiert werden und daß unsere intuitiven Fähigkeiten »eine Zukunft projizieren, in der der Mensch möglicherweise zu einer ausgesprochen außergewöhnlichen Lebensform auf dieser Erde werden wird«.[6]

Supergeist und das spirituelle Zeitalter

Eine der Hauptfiguren bei der Verschmelzung östlicher und westlicher Methoden und Prinzipien, der politische Aktivist und spirituelle Führer Sri Aurobindo, beweist ein umfassendes Verständnis der Spannbreite menschlicher Evolution: »Der Mensch ist ein in der Wandlung begriffenes Wesen; keinesfalls handelt es sich bei ihm um ein Endprodukt ... Der Mensch selbst ist kaum mehr als ein ambitioniertes Nichts.«[7]

Er beschreibt den psychospirituellen Aufstieg der Menschheit als den sich erweiternden Ausdruck eines sich immer reichhaltiger, feiner und komplexer entfaltenden göttlichen Funkens. Aurobindo ist der Ansicht, daß die evolutionäre Entwicklung von Natur aus angelegt ist und sich durch einzelne Geister entfaltet, die das latente und unbewußte kollektive Denken in Bewußtsein verwandeln und dadurch neue Formen psychologischer und sozialer Organisation schaffen. Nach seinem Verständnis ist das Individuum ganz eindeutig ein Werkzeug des Geistes. »Alle weitgreifenden Veränderungen finden ihren Niederschlag zunächst in Geist und Seele eines einzigen oder einer begrenzten Zahl von Individuen.«[8]

Die erste Bedingung für ein Fortschreiten der Entwicklung besteht in einer Bereitschaft des kollektiven Gemütes – oder, um es mit den Worten des Manuskriptes auszudrücken – dem Erreichen einer kritischen Masse von Menschen, die sich von einer höheren Kraft leiten lassen und dies in ihrem Leben auch zum Ausdruck bringen. Aurobindo spricht vom Herzen der Menschheit als »... von Aspirationen gerührt«, genauso wie das Manuskript in der Ersten Erkenntnis die innere Unruhe und Rastlosigkeit der Menschen beschreibt. Das erste »essentielle Zeichen besteht in der subjektiven Idee von Leben – dem Verständnis der Seele, dem höheren Selbst, seinen Kräften, seinen

Möglichkeiten, seinem Wachstum, seinem Ausdruck und der Schaffung einer wahrhaftigen, schönen und unterstützenden Umwelt dafür ...«[9] Die wachsende Anwendung dieser subjektiven oder nach innen gerichteten Weltsicht wird nach Aurobindo, wie auch dem Manuskript zufolge, zu vermehrten wissenschaftlichen Entdeckungen führen, anhand derer die »Trennung zwischen Seele und Materie weiter aufgehoben wird«.[10] Bei seiner Vorstellung von einem Supergeist, handelt es sich nicht um ein trockenes, lineares Konzept, sondern um »bisher ungeahnte, über den Verstand oder sein Fassungsvermögen weit hinausgehende Verstandesleistungen und Lebenskräfte, die in der Lage sind, die Menschheit von den Limitationen durch Zeit, Entfernung und des physischen Körpers zu befreien.« Er hielt diese Entwicklung bereits in den fünfziger Jahren für in nicht allzu weite Ferne gerückt und erkannte in diesem Fortschreiten psychischer und spiritueller Herrschaft eine »tiefgreifende Revolution, die sich durch das ganze Spektrum menschlicher Existenz ziehen wird«.[11] Aurobindo war ebenfalls davon überzeugt, daß der Verstand weit hinter dem immerwährenden, originalen Bewußtsein zurückstehe.

Im gleichen Maße, in dem die Menschheit sich nicht mehr auf ihr Ego verläßt, beginnen wir mit der Heranbildung einer spirituellen Gesellschaft. Aurobindo zufolge »würde sich eine spiritualisierte Gesellschaft verhalten wie ihre spirituellen Mitglieder, nicht als eine Ansammlung von Egos, sondern als Bewußtsein, nicht als kollektives Ego, sondern als kollektive Seele«.[12] Der vordringliche Aspekt in Kunst, Wissenschaft, Ethik, Wirtschaft, Politik und Erziehung bestände dann in der Auffindung des göttlichen Selbst. Aurobindo lehrt uns, daß der wichtigste Schritt in unserer Evolution darin besteht, den »Ort unserer inneren Wahrheit« zu lokalisieren, uns auf die Tatsache ihrer Gegenwart zu konzentrieren und sie auf diese Weise zu einer Tatsache in unserem Leben zu machen. Um unsere wirkliche Mission auf diesem Planeten zu verstehen, müssen wir bereit sein, alles zu eliminieren, was im Widerspruch zu unserer inneren Wahrheit steht. Nichts davon wird von außen – durch Autoritäten oder Fremdbestimmung – an uns herangetragen, obwohl Selbstdisziplin für unser Fortschreiten in dieser Angelegenheit einen essentiellen Faktor darstellt.

Dieses Zeitalter der Spiritualität begriff Aurobindo als wachsende innere Freiheit des einzelnen und paradoxerweise auch als gleichzeitig zunehmende innere Einheit mit anderen Menschen. Aurobindos politische und spirituelle, aus einer positiven Vermischung westlicher und indischer Werte resultierende Philosophie, ist das Resultat seiner eigenen spirituellen Erfahrungen. Die in seinem Leben eine zentrale Rolle einnehmende Zusammenarbeit mit Mira Richard, einer französischen Künstlerin und spirituellen Sucherin, aus der später die »Mutter« wurde, erweiterte seine Philosophie noch um einiges. Die gemeinsame Arbeit der beiden kulminierte später in der Etablierung einer undogmatischen, spirituellen Gemeinschaft, die bewußtseinsverändernd an der menschlichen Evolution arbeitete. Obwohl derartige Abenteuer gewöhnlich mit einer Vielzahl von Fallen und Stolperstricken versehen sind, stellte die Zielsetzung einer bewußten Lebensführung doch auf jeden Fall eine mutige Pionierleistung dar.

Eine neue Form der Menschlichkeit

Ungefähr zur gleichen Zeit, zu der Aurobindo seine Evolutionsphilosophie entwickelte, formulierte der Jesuitenpater und Paläontologe Pierre Teilhard de Chardin seine eigene Evolutionsthese. In seiner ergiebigen Arbeit *The Phenomenon of Man* untersucht er die verschiedenen Strata herkömmlicher physikalischer Beweise, gelangt jedoch zu dem Schluß, daß es sich bei evolutionären Phänomenen um Prozesse handelt, die durch die alleinige Betrachtung ihrer Herkunft niemals völlig zu verstehen sein werden. Am ehesten noch sind sie zu begreifen, wenn wir ihre Richtung und ihre Potentiale in Betracht ziehen. Dem Philosophen Julian Huxley zufolge, der wesentlich an der Bekanntmachung des wissenschaftlichen Mystikers Pierre Teilhard beteiligt war, zeigte sich dieser »zutiefst darum bemüht, eine globale Vereinigung menschlichen Bewußtseins zu etablieren, um die Voraussetzungen für einen wirklichen Fortschritt der Menschheit zu schaffen ...«[13] Pierre Teilhard theoretisierte über die Entwicklung des menschlichen Bewußtseins, indem er sich die Oberfläche der irdischen Sphäre als organisiertes Netzwerk vorstellte, in dem Ideen einander begegnen und dadurch ein hohes Niveau psycho-sozialer Energie generierten. Er war der Ansicht, daß die Menschheit sich zu einer solitären psychosozialen Einheit mit kollektivem Gedankenpool, der wie ein gemeinsamer Kopf funktionierte, entwickelte und auf diese Weise einen neuen evolutionären Weg beschreiten würde. In Huxleys Einleitung zu *The Phenomenon of Man* unterstreicht er Pierre Teilhards Schlußfolgerung: »... wir sollten eine inter-denkende Menschheit als eine neue Form von Organismus begreifen, dessen Aufgabe darin besteht, neue Möglichkeiten fortschrittlichen Lebens auf diesem Planeten zu erkennen und zu verwirklichen.«[14] Die Bedingungen für diesen Fortschritt menschlicher Erfüllung bestehen in »globaler Einheit der menschlichen, noetischen Organisation oder ihres Bewußtseins mit einem hohen Grad von Variationen innerhalb dieser Einheit; Liebe, guter Willen und totale Kooperation; persönliche Integration und interne Harmonie; sowie zunehmendes Wissen«.[15] Leben »... kann sich seiner Beschaffenheit nach nicht fortsetzen, wenn es nicht immer im höheren Prinzip aufgeht.«[16]

Was wir über andere Dimensionen lernen

Das Manuskript sagt voraus, daß gegen Ende des zwanzigsten Jahrhunderts ein neues Verständnis eines traditionell als mystisch beschriebenen Bewußtseins einsetzen würde. Im fünften Kapitel erwähnten wir einige veränderte Bewußtseinszustände, deren Auftauchen sowohl von Athleten als auch von spirituellen Adepten beschrieben wurden. Aus diesen Zuständen erhöhten Bewußtseins heraus wurden außergewöhnliche Leistungen und Einsichten möglich. Murphy berichtet von metanormalen Begebenheiten, die »(1) durch Ausübung einer intensiven Disziplin ausgelöst werden; (2) eine neue Art zu funktionieren (eine neue Dimension) involvieren; und (3) fokussierte Hingabe erfordern.«[17]

Seit der Antike ist der Gedanke an ein Leben nach dem Tod fester Bestandteil der menschlichen Kultur. Expertenuntersuchungen im Bereich der Nahtoderfahrungen und im Umgang mit außerkörperlichen Erfahrungen haben ergeben, daß menschliches Bewußtsein den physischen Tod überdauert, was verstärkt darauf schließen läßt, daß wir in der Lage sind, auch ohne unseren Körper zu existieren.

Die Fünfte Erkenntnis deutet an, daß das Erreichen eines erweiterten Bewußtseins für jedermann erhältlich sein wird. Pioniere auf diesem Gebiet wie Robert Monroe, Gründer des Monroe Instituts in Virginia, haben die Fähigkeit der Erkundung nicht-körperlicher Dimensionen augenscheinlich bereits entwickelt. Über einen Zeitraum von mehreren Monaten verließ Monroe 1958, damals ein erfolgreicher Geschäftsmann, bei vollem Bewußtsein, jedoch unfreiwillig seinen Körper. Zunächst befürchtete er, geistig oder körperlich erkrankt zu sein. Die fortwährende Erfahrung unterschiedlicher außerkörperlicher Aktivitäten überzeugten ihn jedoch schließlich davon, daß Bewußtsein als ein Kontinuum existiert und die Essenz unseres Seins darstellt – der menschliche Körper ist nur ein Vehikel für unser Selbst, während es in der irdischen Dimension lebt und lernt. Monroe ging schließlich daran, seine detaillierten Erfahrungen und Methoden in empirisch nachprüfbare Data umzusetzen, und veröffentliche insgesamt drei Bücher zu diesem Thema.

In seinem letzten Werk *Ultimate Journey* berichtet er, daß »der zweite Körper« der Außerkörpererfahrung »Bestandteil eines anderen Energiesystems sei, welches sich mit dem irdischen Lebenssystem vermischt, jedoch phasenverschoben ist«.[18] Diese Form der Existenz befindet sich jenseits der Beschränkungen von Zeit und Raum. In diesem anderem System kreieren die Gedanken einer Person augenblicklich Aktionen, wohingegen unsere Gedanken länger brauchen, um sich in der dichten Atmosphäre physikalischer Materie manifestieren zu können. Nach Voraussage des Manuskriptes werden wir zu Beginn des 21. Jahrhunderts bereits damit begonnen haben, Methoden zu entwickeln, mit deren Hilfe andere Dimensionen greifbar und für uns zugänglich gemacht werden können. Diese neue Form wissenschaftlicher Entdeckung bietet praktisch grenzenlose Abenteuer und ein gänzlich neues Verständnis von der Natur und dem Zweck menschlichen Lebens – obwohl die meisten Menschen gegenwärtig lediglich dazu imstande sind, Ausschnitte dieser anderen Ebenen, die sich in direktem Bezug zu bereits existierenden, irdischen Konzepten befinden, zu verstehen. Vermehrt auftretende Berichte von aus diesen Dimensionen zurückkehrenden Menschen beschleunigen die evolutionäre Entwicklung. Wie das Manuskript in der Ersten Erkenntnis bereits darlegte, wird unser Leben eine bisher völlig ungeahnte Form annehmen, sobald die kritische Masse derer die wissen, daß wir mehr sind als unsere Körper, erreicht ist.

Monroe vertritt in seinem Buch die Ansicht, daß Bewußtsein ein Kontinuum darstelle, welches nicht nur allein aus dem menschlichen Körper stammt, sondern »... ein Spektrum umfaßt, das sich scheinbar endlos über Zeit und Raum hinaus in andere Energiesysteme erstreckt. Es setzt sich ebenfalls nach ›unten‹ in die Bereiche tierischen und menschlichen Lebens, bis hinab auf einen subatomaren Level fort. Das alltägliche, aktive, menschliche Bewußtsein stellt dabei lediglich ein kleines Segment dieses bewußten Kontinuums dar«.[19]

Nach diesen und ähnlichen Informationen, die Monroe und andere während ihrer Außerkörpererfahrungen gewonnen haben, handelt es sich beim menschlichen Leben um eine außerordentlich kostbare Zeitspanne, welche dem Bewußtsein dazu dient, Erfahrungen zu machen, die es ausschließlich in der Form eines menschlichen Körpers gewinnen kann. Monroe schreibt: »Alles was wir lernen, egal wie unbedeutend oder klein es auch erscheinen mag, ist Dort – jenseits von Zeit und Raum – von immenser Bedeutung. Dies ist nur dann vollkommen zu verstehen, wenn wir jemandem begegnen, der den Prozeß des irdischen Lebenssystem bereits absolviert hat und im Dort residiert. Dann verstehen wir endlich, daß die menschliche Erfahrung und Möglichkeit zu lernen jeden Preis wert ist.«[20] Im menschlichen Körper lernen wir Energie zu lenken, Entscheidungen zu fällen, Liebe zu erfahren und andere zu lieben – sogar zu lachen. Durch die Ausbildung unserer analytischen, linken Gehirnhälfte vermehren und vertiefen wir die Evolution des Wissens und sind so imstande, die aus der rechten Gehirnhälfte stammenden Inspirationen in die Welt zu bringen.

Denken wir nur an die außerordentlichen Veränderungen, die sich innerhalb eines Jahrhunderts auf dem Gebiet der Verkehrsmittel – von der Entwicklung des Pferdewagens zur interplanetaren Raumfahrt – ergeben haben. Was können wir erst von der Entwicklung unserer paranormalen Fähigkeiten erwarten? Wie weit können wir innerhalb unseres Bewußtseins reisen?

Forschungen in anderen Dimensionen scheinen zu bestätigen, daß wir auf der Suche nach der Erfüllung des Selbst einen Kreislauf verschiedener Leben absolvieren. Deshalb haben wir in den meisten Fällen einen Lebenszweck, ein Ziel oder eine Mission zu erfüllen. Es kann sein, daß wir dabei von einer ganzen Anzahl unterschiedlicher Einflüsse aus unseren vergangenen (und zukünftigen) Leben geleitet werden, die uns als Intuitionen, Fügungen oder kleine Wunder erscheinen. Gewöhnlicherweise verfügt der Mensch nur über ein sehr vages Bewußtsein, was seine Talente, Fähigkeiten und Vorlieben angeht, und kommt nur selten auf die Idee, daß sie etwas mit seinen Vorleben zu tun haben könnten.

So befremdlich diese Ideen manchen von Ihnen erscheinen mögen, so können sie sehr wohl Teil eines evolutionären Potentials sein, auf das die Menschheit bei Bedarf zurückgreifen kann. Wieviel mehr könnte von uns erreicht werden, wenn wir direkten Zugang zu den tieferen Erfahrungsschichten des menschlichen Bewußtseins hätten? Genau wie Menschen mit Nahtoderfahrungen berichteten Monroe, seine Kollegen und seine Schüler, daß ihre Forschungen in außergewöhnlichen Bewußtseinszuständen ihre Wahrnehmung und ihr Selbstverständnis veränderten sowie den Rahmen ihrer Glaubensvorstellung gesprengt hätten. Direkte Kommunikation mit anderen Ebenen menschlicher Existenz stellt einen neuen Grenzbereich menschlicher Entwicklung dar – ebenso wie die Kommunikation mit außerirdischen Welten – und wird sich in der Zukunft fortsetzen. Je stärker wir unsere Aufmerksamkeit den Prinzipien des höheren Bewußtseins zuwenden, desto reichhaltiger wird der Nährboden, auf dem wir alle wachsen.

In seinem Buch *Heading Towards Omega* zitiert der Autor Kenneth Ring aus einer Rede von John White, die dieser 1980 in Chikago hielt. White ist einer der Hauptfürsprecher für das Auftauchen einer neuen Lebensform auf diesem Planeten:

> »Macht euch nicht die Mühe,
> diese Lieder niederzuschreiben.
> Und wenn eines eurer Instrumente zerbricht,
> so bedeutet es nichts.
> Wir sind an einem Ort, wo
> alles Musik ist.«
>
> Rumi, Sufi-Poet aus dem 13. Jahrhundert

»Homo noeticus lautet die Bezeichnung, die ich dieser neuentstehenden menschlichen Form geben möchte. ›Noetik‹ bedeutet in diesem Fall die Lehre vom Bewußtsein, und die Beschäftigung mit diesem Bewußtsein ist eines der primären Merkmale dieser neuen Spezies. Durch ihr verstärktes Bewußtsein und Selbstverständnis gestattet sie den traditionell vorgeschriebenen Formen, Kontrollmechanismen und Institutionen der Gesellschaft nicht länger, als Grenzen ihrer Entwicklung zu fungieren. Ihre Psychologie basiert auf dem Ausdruck von Gefühlen, nicht auf deren Unterdrückung. Anstatt konkurrierend und aggressiv, sind ihre Mitglieder kooperativ und liebevoll. Ihre Logik ist mehrschichtig/integriert/simultan, nicht linear/in einer Reihe/entweder-oder. Ihr Verständnis von Identität ist umfassend-kollektiv, nicht isoliert-individuell ...«[21]

Seit der Antike hat die Menschheit Zugriff auf die tieferen Schichten unseres Bewußtseins gesucht, um mit ihrer Hilfe zu heilen, weiszusagen, verstorbene Angehörige zu kontaktieren und nach dem Sinn des Lebens zu forschen. Obwohl sich unsere Kultur mehr und mehr für Erforschung aller Bereiche des Universums einsetzt, hatten auch die Menschen der Antike ihre Techniken, um spirituelle Verbindungen herzustellen und zu untersuchen. Eine dieser Techniken mit dem Namen »Spiegelschau« wird von Raymond Moody, Arzt und Autor, der mehrere Bücher zum Thema Nahtoderfahrungen geschrieben hat, erklärt. Untersuchungen über die spirituellen Praktiken der alten Griechen, ihre Methoden der Weissagung sowie visionäre Begegnungen mit Verstorbenen führten zu seinem jüngsten Werk *Reunions*. Seine auf diesen antiken Techniken beruhenden kontemporären Methoden können sowohl Trauernden eine große Hilfe bei der Bewältigung ihres Schmerzes sein, wie auch beim Verstehen eines über das Bestehen des Körpers hinausgehenden Bewußtseins helfen. Die Popularität und zunehmende öffentliche Akzeptanz einschlägiger Untersuchungen und der Bücher von Murphy, Monroe und Moody sowie die zahlreicher anderer, scheinen uns ebenfalls das Herannahen einer neuen evolutionären Schwelle hinzudeuten.

Wann, wo, warum und wie erreichen wir den Himmel auf Erden?

Die Neunte Erkenntnis erinnert noch einmal daran, daß wir leben, um den Himmel auf Erden zu erreichen. Nehmen wir den Zustand unseres Planeten jedoch in näheren Augenschein, scheint diese Vorstellung eher ins Reich der Phantasie zu gehören, ein Reich, hinter dem Krankheit, Verbrechen, Armut, Krieg und Verzweiflung auf uns lauern – eine Verzweiflung, die die Tiefen-Ökologin Joanna Macy in ihrem Buch *World as Lover, World as Self*, wie folgt beschreibt: »Wir werden mit Signalen der Verzweiflung bombardiert – Umweltzerstörung, Zusammenbruch des sozialen Gefüges und unkontrolliertes nukleares Wachstum. Wie nicht anders zu erwarten, fühlen wir uns verzweifelt ... verwunderlich ist jedoch das Ausmaß, in dem wir versuchen, diese Verzweiflung vor uns und vor anderen zu verbergen.«[22] Nach Macys Auffassung führen unsere religiösen und sozialen Tabus in bezug auf den »Verlust unseres Urvertrauens« sowie die Furcht vor dem Aussterben der menschlichen Spezie zu einer psychischen Abstumpfung. In diesem Zustand psychischer Lähmung filtert unsere Wahrnehmung nur noch negative Informationen aus, wodurch wir unsere Fähigkeit verlieren, Probleme kreativ zu adressieren.

> Kommt zu mir,
> Magische Geister,
> Kommt ihr nicht,
> Komme ich zu euch.
> Erwacht, erwacht,
> Magische Geister,
> Zu euch bin ich gekommen,
> Erhebt euch nun
> aus eurem Schlaf.[23]
>
> Peri und Wharton,
> *Sucking Doctor – Second Night*

Da Verzweiflung, Furcht und Leugnung individuelle Probleme darstellen, besteht ein Teil der evolutionären Arbeit für jeden einzelnen darin, sich die eigenen Emotionen in bezug auf soziale Probleme zu verdeutlichen und mit ihnen zu arbeiten. Genauso wie wir schließlich in der Lage sind, mit der eingefrorenen Energie der Kontroll-Dramen zu operieren, können wir unsere Gefühle der Mutlosigkeit, Unterlegenheit oder Hoffnungslosigkeit wahrnehmen und akzeptieren und die so freigewordene Energie zur Lösung planetarer Probleme nützen.

Von den Systemen der Natur lernen

In einer im April 1994 gehaltenen Rede definierte Fritjof Capra, der Autor von *The Tao of Physics*, die Hauptherausforderung unseres Zeitalters: Die Schaffung und Erhaltung einander bedingender und unterstützender menschlicher Gemeinschaften – grundlegende Lebensmuster, die ihre Vorbilder in den Gesetzen der Natur und den acht Prinzipien einander unterstützender Systeme haben und anhand derer wir ein Bild unserer Zukunft entwerfen können.

Natürliche Ökosysteme existieren in Netzform, Netzwerke von mit einander verbundenen, in mehrere Richtungen strebenden, non-linearen Elementen. Diese Systeme sind zyklisch und regulieren sich von selbst durch Resonanzschleifen. Diese Resonanzschleifen sind verantwortlich für die Lernvorgänge innerhalb des Systems. (Berühren wir zum Beispiele mit der Hand eine Flamme, so führt dies zu Verbrennungen – ein kreativer und unserem Wachstum dienlicher Lernprozeß.) Demnach bedürfen wir keiner externen Autorität, die uns auf unsere Fehler aufmerksam macht, sondern können uns durch direkte Erfahrungen selbst organisieren. Capra übernimmt den Standpunkt des Systems: »Sobald wir verstanden haben, daß Leben Vernetzung bedeutet, begreifen wir auch, daß Selbst-Organisation das Hauptmerkmal jeglicher Lebensform ist.«[24] Dies stellt einen neuen Operationsmodus für unsere Kultur dar, die ihre Führung seit dem Mittelalter bekanntlich von einem Triumvirat aus Religion, Politik und Wissenschaft abhängig gemacht hat.

Das ungehinderte Funktionieren eines sich selbst stützenden Systems hängt von der Kooperation und Partnerschaft seiner Mitglieder ab. Ein zyklischer Fluß ist nach Capras Auffassung von weitaus größerer Wichtigkeit als Darwins Begriff von den konkurrierenden Arten. Im Ökosystem der Zukunft bevölkern verschiedene Wesen die gleiche ökologische Nische und sind zum Überleben aufeinander angewiesen. Der Energiefluß stellt sich ein, sobald der Mensch an seine eigene Energiequelle gelangt ist und seine Beziehung dazu stabilisiert hat – dadurch werden wir dann auch in der Lage sein, Energie ohne Einschränkung an andere weitergeben zu können.

Zwei weitere Voraussetzungen für das erfolgreiche Funktionieren einer derartigen Gemeinschaft sind Flexibilität und Diversität. Jedes Lebenssystem ist einer konstanten Veränderung unterworfen. Um sein Überleben zu gewährleisten, muß das System in der Lage sein, auf Veränderungen reagieren zu können. Je mannigfaltiger sich die Varianten eines Systems gestalten, desto größer sind auch seine Überlebenschancen. Die Erste Erkenntnis erinnert uns an die natürliche Rolle, die die Fügungen bei der Herstellung der Diversität spielen. Intuitive, innere Führung stellt ein Synonym für Flexibilität und Energiefluß dar.

Das letzte Prinzip ist das der Co-Evolution. Um eine der oben beschriebenen Gemeinschaften aufrechtzuerhalten, ist es notwendig, daß »sie durch ein Zusammenspiel von neuer Schöpfung und gegenseitiger Adaptation co-evolviert. Diese, Neuland erschließende, Kreativität ist eine der vordringlichen Eigenschaften alles Lebendigen ...«[25] Als kreative und intuitive (und nicht durch Furcht oder Verzweiflung paralysierte) Wesen sind wir bereits bestens damit vertraut, neue Lösungsvorschläge durch intuitives Vorgehen herbeizuführen.

Die acht Prinzipien der Ökologie, die beim Entwurf einer derartigen Gesellschaft verwandt werden, lauten: Wechselseitige Abhängigkeit, Selbsterhaltung, ökologische Zyklen, Energiefluß, Partnerschaft, Flexibilität, Diversität und Co-Evolution.

In seinem Buch *The Ecology of Commerce* erklärt der Ökologie-Experte Paul Hawken, daß die Existenz von Leben auf die-

> Auf dem Schnabel des Kolibris lebt ein winziges Insekt, nicht viel größer als der Punkt am Ende dieses Satzes. Nähert sich der Kolibri einer Blüte, die den richtigen Geruch absondert, so läuft dieses Insekt (mit außerordentlich hoher Geschwindigkeit) an das Ende des Schnabels und springt von dort in die Blüte, den Vogel dabei wie einen Privatjet benützend.

»Da die Evolution von Mensch und Tier gleichermaßen die Eigenschaft hat, sich auf Abwegen fortzusetzen, anstatt linear fortzuschreiten, ist mit großer Wahrscheinlichkeit anzunehmen, daß auch in der Domäne des Metanormalen Höhen und Tiefen der Entwicklung auftauchen werden. Die Entscheidung, unsere höheren Aspekte zu entwickeln, liegt allein in unseren und nicht etwa in Gottes Händen ... Es wird keine weitere Entwicklung des menschlichen Potentials geben, solange wir nicht an seiner Realisation arbeiten.«[27]

Michael Murphy,
Die Zukunft des Körpers

sem Planten weitgehend davon abhängig ist, inwieweit wir lernen werden, mit Konfusion, Ignoranz und Abscheu umzugehen, die häufig dann auftreten, wenn wir des tatsächlich an unserer Umwelt entstandenen Schadens gewahr werden. Wie schon Macy, so ist auch er der Ansicht, daß die Einführung ökologischer Prinzipien von ebenso großer Wichtigkeit ist wie eine damit verbundene Demokratisierung ökologischer Entscheidungsprozesse. »Die vordringliche Frage in unseren Kommunen und Betrieben besteht darin, ob die Menschheit bei der Restauration des Planeten mithilft oder durch pure Ignoranz zum Aussterben verdammt ist.«[26]

Restaurative Wirtschaft. Das Manuskript erinnert uns daran, daß spirituelles Bewußtsein gleichbedeutend damit ist, die Verbindung alles Lebendigen miteinander wahrzunehmen und die Schönheit seiner Existenz zu erkennen – was uns unmittelbar zu der für uns anstehenden Aufgabe führt: Harmonie mit unserer natürlichen Umgebung herbeizuführen, sich nach ihren Gesetzen zu richten und unser Leben nach ihnen einzurichten. Eine neue Form der Führung taucht auf. Um das in der Neunten Erkenntnis gegebene Versprechen einzulösen, müssen wir unseren ausbeuterischen Raubbau an den Ressourcen der Erde durch eine restorative Wirtschaft ersetzen. Hawkens:

»In wenigen Worten läßt sich die restaurative Wirtschaft wie folgt beschreiben: Stellen wir uns eine florierende Geschäftswelt vor, die so intelligent entworfen und konstruiert wurde, daß sie in jedem Aspekt die Natur imitiert, eine Symbiose von Geschäft, Kunde und Ökologie ... Wollen wir effektiv mit unseren Leben umgehen, so müssen wir in nächster Zukunft darangehen, Techniken und Programme zu entwickeln und auch zur Anwendung zu bringen – einfach zu verwendende und zu verstehende Werkzeuge, die sich nahtlos in die Landschaft der menschlichen Natur einfügen lassen.«[28]

Nach Hawken ist die ursprüngliche Natur des Geschäftlichen nicht unbedingt ausbeuterisch und destruktiv. Mit Annäherung an das neue Millennium kann und muß sich die Industrie den wandelnden Verhältnissen auf diesem Planeten anpassen. Er schreibt:

»Ironischerweise braucht die Industrie unseren Segen. Keine andere Instanz auf der Welt ist kraftvoll genug, um die notwendigen Veränderungen einzuleiten und durchzuführen ... die Industrie stellt das Problem dar und muß an der Lösung beteiligt werden. Sobald wir daran gehen, mit ihrer Hilfe die Bedürfnisse der Welt zu befriedigen, wird sie sogar noch wichtiger werden ... Obwohl Kommerz in seiner schlimmsten Ausprägung und im Vergleich mit der Schönheit und Komplexität der natürlichen Welt nichts weiter zu sein scheint, als ein schmutziger Scherbenhaufen, sind die Ideen und der größte Teil der zur Umgestaltung unserer Geschäftswelt benötigten Technologien bereits vorhanden. Was fehlt, ist der kollektive Wille, sie anzuwenden.«[29]

Ein zunehmender Trend besteht in der Anwendung spiritueller und ökologischer Prinzipien auf den Handel. Peter M. Senge, der Autor von *The Fifth Discipline*, ist der Ansicht, daß die herkömmliche Geschäftswelt unter Fragmentation (Mangel an Resonanz und holistischem Denken), Wettbewerb (der Eckstein kapitalistischer Trennung) und Reaktion (unflexibel und unkreativ) leidet. Dr. Senge, Direktor des Zentrums für Organisatorisches Lernen an der MIT Sloan Management Schule, konzentriert sich vor allem auf die Dezentralisierung von Führungspositionen, um allen Beteiligten eine Möglichkeit zu geben, produktiv an der Erreichung eines gemeinsamen Zieles mitzuwirken. In einem kürzlich erschienen Artikel behaupten Senge und sein Co-Autor Fred Kaufman, daß die Veränderungen im Geschäftsleben weit über die betroffenen Industrien hinausreichen und »daß sich Verständnis und Verhalten unserer gesamten Kultur grundlegend verändern werden.«[30] Die Autoren erklären weiterhin, daß sich ohne persönliche Transformation nichts wirklich verändern kann und sind der Auffassung, daß sich die Unternehmensstrukturen ändern müssen, um Kreativität und Lernerfahrungen in einem sicheren Environment zu fördern. »Sobald Menschen auf dieses Weise miteinander kommunizieren, kreieren sie ein einheitlich ausgerichtetes Energiefeld, das in der Lage ist, immense Kräfte zur Schaffung einer neuen Qualität im Bereich der Kommunikation und zur Umsetzung neuer Ideen in die Welt zu bringen.«[31]

Neue Geschäftswelt: Um diese neue Vision in die Tat umzusetzen, müssen die Menschen bereit sein, sich dieser Aufgabe voll und ganz zu widmen. Nach Senge stützt sich eine derartig lernbereite Organisation auf drei Hauptpfeiler: 1. transzendente menschliche Wertvorstellungen wie Liebe, Wunder, Bescheidenheit und Mitgefühl (Anklänge an die Fünfte Erkenntnis); 2. Regeln zur generativen Konversation und koordinierten Handlung (Anklänge an die Interpersonelle Ethik der Achten Erkenntnis); und 3. einer Kapazität mit und innerhalb des Lebensflusses als System zu agieren (offen für Fügungen, im Flow befindlich).

Indem wir unsere funktionsgestörten und kurzsichtigen Methoden durch obengenannte Prinzipien ersetzen, bewegen wir uns auf die in den Neunten Erkenntnis angesprochene Automation zu. Demnach können wir alle in unserer Zivilisation bestehenden Bedürfnisse befriedigen, indem wir natürliche und reine Energie verwenden und die Haltbarkeit unserer Gebrauchsartikel erhöhen. In einiger Zeit werden alle Menschen zu gleichen Teilen Anteile an den automatisierten Industrien besitzen und auf diese Weise ihr Einkommen erhalten, ohne daß eine repressive zentrale Autorität dazwischengeschaltet ist. Der Fokus des menschlichen Lebens wird darauf gerichtet sein, unsere spirituelle Evolution durch Einwirkung der Synchronizität herbeizuführen. Spirituelle, auf unserer inneren Führung beruhende Prinzipien werden dabei das Aufkommen von chaotischen Zuständen verhindern.

Möglicherweise wird im Laufe des nächsten Jahrtausends sogar diese grüne Technologie noch durch unsere eigenen Fähigkeiten ersetzt werden. Vielleicht werden wir keine technischen Apparaturen mehr benötigen, um Essen zu produzieren, zu heilen, zu reisen oder zu kommunizieren. Wir werden lernen, das von uns Benötigte zu manifestieren.

Der Zehnte – eine neue Betrachtungsweise des Gebens

> »Liebe ist es, die den Mörtel liefert,
> und Liebe war es, die diese Steine schuf.
> Und Liebe baute diese Bühne,
> Obwohl es scheint, als wären wir allein.«[32]
>
> David Wilcox, aus seinem Lied
> *Show The Way*

Schließlich und endlich wird es keinen Bedarf für eine Währung mehr geben. Bereits jetzt, zum Ende des zwanzigsten Jahrhunderts, sind unsere Möglichkeiten nicht weit davon entfernt, unsere Welt so weit zu automatisieren, daß wir für unseren Lebensunterhalt nicht mehr selbst arbeiten müssen.

Das Manuskript sagt voraus, daß wir für unsere Einsichten und unseren Wert als menschliche Wesen bezahlt werden. Klassen, Status, Macht oder Eigentum werden keine motivierenden Faktoren oder Anzeichen für Erfolg mehr darstellen. In einer entwickelten Kultur werden wir denen geben, die uns mit spiritueller Inspiration versorgen. Das Konzept des Zehnten bedeutet traditionell, daß wir ein Zehntel unseres Einkommens einer etablierten Institution wie einer Kirche oder einer wohltätigen Einrichtung geben. Mit zunehmender Wertschätzung der synchronistischen Entfaltung unserer Leben werden wir auch dazu übergehen, den Zehnten an jene zu geben, die uns Energie, Ideen und Möglichkeiten aufzeigen und zukommen lassen. Der Zehnte wird zu einer handfesten Form des Energieaustausches und zu einem Ausdruck unserer Wertschätzung für andere.

Lernen für die Zukunft

Damit die Zukunft sich nach den Voraussagen des Manuskriptes entfalten kann, müssen wir die folgende Generation in einem reichhaltigeren und dem Lernen zuträglicheren Environment aufziehen, damit es ihre Mitglieder leichterhaben, sich im Energiefluß aufzuhalten.

Die gleichen Prinzipien, die für Fragen der menschlichen Gemeinschaft Gültigkeit besitzen, haben ebenfalls einen Platz in Erziehungs- und Bildungsfragen. Gerade während der Übergangsjahre wird es eine Vielzahl von Theorien und Programmen geben, die die Notwendigkeit zur Heranbildung bewußter Kinder herausheben. Eines dieser Modelle wird zur Zeit am von Fritjof Capra gegründeten Elmwood Institut in Berkeley, Kalifornien entwickelt. Es nennt sich »eco-literacy« (Ökoalphabetismus) und verwendet die gleichen acht Prinzipien, die auch selbstorgansierende und selbsterhaltende Systeme verwenden.[33]

Wechselseitige Abhängigkeit: »In einer auf innerem Wachstum beruhenden Gemeinschaft sind Lehrer, Schüler, Administratoren, Eltern, Geschäftsleute und Gemeindemitglieder durch ein Netzwerk persönlicher und Arbeitsbeziehungen miteinander verbunden.«

Selbsterhaltung: »Lehrer verstehen die Langzeitwirkung, die sie auf ihre Schüler haben.«

Ökologische Zirkel: »Jeder ist gleichzeitig Lehrer und Schüler.«

Energiefluß: »Auf innerem Wachstum beruhende Gemeinden sind offene Kommunen mit fluktuierender Population. Jeder findet innerhalb des System seine eigenen Nischen.«

Partnerschaft: »Alle Mitglieder arbeiten gemeinschaftlich. Dies bedeutet Demokratie und erhöhte Macht des einzelnen, da jede Rolle von großer Wichtigkeit für den Fortbestand der Gemeinde ist.«

Flexibilität: »Es existieren dynamisch fließende Veränderungen. Der tägliche Terminkalender ist flexibel, jedesmal wenn eine Änderung im Programm erforderlich ist, wird ein neues, dem Lernen förderliches Umfeld dafür geschaffen.«

Diversität: »Schüler und Studenten werden ermutigt, unterschiedliche Lernmethoden auszuprobieren ... kulturelle Vielfalt ist außerordentlich wichtig für eine wahre Gemeinschaft.«

Co-Evolution: »Mit zunehmender Partnerschaft von Geschäfts- und kommunalen Gruppierungen sowie Eltern und Schulen werden alle Beteiligten sich gemeinsam und zeitgleich entwickeln (co-evolvieren).«

Kritische Masse und morphogenetische Felder

Die zentrale Hypothese in Kenneth Rings Buch *Heading Towards Omega*, das sich mit Nahtoderfahrungen befaßt, kann durch die Aussage zusammengefaßt werden, daß die aus Nahtoderfahrungen resultierenden spirituellen Transformationen eine generelle evolutionäre Strömung darstellen. Wie, so fragt er jedoch, kann diese Bewußtseinsveränderung rechtzeitig genug herbeigeführt werden, um unseren Planeten vor dem Untergang zu bewahren? Er bietet eine Theorie an, die viel mit der bereits in der Ersten Erkenntnis erwähnten Idee vom Erreichen einer kritischen Masse zu tun hat.

Seine Theorie basiert auf den Werken von Rupert Sheldrake, einem englischen Biologen, dessen Buch *A New Sciene of Life: The Hypothesis of Formative Creation* 1981 veröffentlicht wurde und immer noch heiß umstritten ist. Nach Sheldrakes Ansicht »sind die charakteristischen Formen und das Verhalten von physikalischen, chemischen und biologischen Systemen durch unsichtbare organisierte Felder bestimmt, die von ihm *morphogenetische Felder* genannt werden. Diese Felder transzendieren Raum und Zeit, verfügen aller Wahrscheinlichkeit nach über keine Masse ... und erfahren selbstverständlich von den Schulwissenschaftlern keinerlei Anerkennung«.[34]

Eine von vielen wissenschaftlichen Anomalien, die sich durch diese merkwürdige Behauptung erklären ließe, besteht in einem im Jahre 1920 vom Havard-Psychologen William McDougall durchgeführten Experiment. McDougall trainierte Ratten in einem Wasserlabyrinth und züchtete seinen Bestand über mehrer Generation hinweg selbst. Er stellte fest, daß die letzte Generation von Versuchstieren das Labyrinth etwa zehnmal so schnell durchschwamm, wie seine erste Gruppe. Noch viel unerklärlicher und erstaunlicher war die Tatsache, daß Forscher in anderen Ländern bei ihren Anfängergruppen das gleiche Entwicklungsniveau feststellten wie bei den höchstentwickelten Exemplaren von McDougall! Nach Sheldrakes Theorie haben die Ratten »ein morphogenetisches Feld für dieses Verhalten etabliert. Dieses Feld ›leitete‹ das Verhalten der nachfolgenden Ratten durch einen Vorgang ... morphischer Schwingung, der eine Beschleunigung des Lernvorgangs ermöglichte«.[35] Ring wendet diese Theorie auf die menschliche Evolution an und zitiert den Wissenschaftsautoren Peter Russell, dessen Kommentare die Implikationen des Manuskriptes von *Celestine* stark beeinflußt haben: »Wendet man Sheldrakes Theorie auf die Entwicklung höherer Bewußtseinsstufen an, so läßt sich voraussagen, daß das morphogenetische Feld für ein höheres Bewußtsein im gleichen Maße wächst, wie einzelne Individuen ihr eigenes Bewußtsein erhöhen oder erweitern und es für andere einfacher wird, sich in die gleiche Richtung zu bewegen. Die Gesellschaft gewinnt an Impulsen – in Richtung Erleuchtung. Da die Wachstumsrate nichts mit den Errungenschaften der vorangegangenen Generationen zu tun hat, könnten wir in eine Phase super-exponentiellen Wachstums eintreten. Dies wiederum könnte zu einer Kettenreaktion führen, innerhalb derer jeder mit einem Mal eine Wandlung zu einem höheren Bewußtsein erfährt.«[36]

Zusammenfassung der Neunten Erkenntnis

Durch die Neunte Erkenntnis erfahren wir, wie die Evolution sich entwickeln wird, wenn wir die anderen acht Erkenntnisse als Lebensgrundlagen verwenden. Mit zunehmender Synchronizität erreichen wir ein immer höheres Niveau feinstofflicher Schwingung. Während wir auf unsere wahre Mission zusteuern, werden sich Berufe und Neigungen verlagern, bis wir endlich bei der Tätigkeit angekommen sind, die uns am meisten zusagt. Für viele wird diese darin bestehen, die Herstellung von Grundnahrungsmitteln, Gebrauchsgütern und Dienstleistungen zu automatisieren: Nahrungsmittel (abgesehen von denen, die wir persönlich anbauen), Wohnung, Kleidung, Verkehrsmittel, Medien und Erholung. Diese Automation wird aller Wahrscheinlichkeit nach sanktioniert werden, da die meisten Menschen andere Lebensaufgaben gefunden haben. Der freie Zugang zu diesen Gütern wird nicht mißbraucht, da wir gleichzeitig den Ansprüchen unseres inneren Wachstums folgen und nur dann etwas konsumieren, wenn wir es auch wirklich benötigen.

Der Zehnte wird für den Lebensunterhalt derer sorgen, die uns mit spirituellen Erkenntnissen versorgen, und sie von rigiden Arbeitszusammenhängen befreien. Schließlich und endlich werden wir keine Währung mehr benötigen, da frei erhältliche Energie und dauerhafte Konsumgüter eine totale Automation gestatten. Mit dem Fortschreiten der Evolution werden unsere feinstofflichen Schwingungen durch die Synchronizität bis zu einem Punkt gesteigert, an dem es uns möglich ist, in die Dimension des Lebens nach dem Tod unserer Körper einzutreten und diese Dimension mit unserer eigenen zu verschmelzen und somit den Kreislauf von Leben und Tod zu beenden.

Zur weiteren Lektüre empfohlen:

Danieli Quinn: *Ishmael.* 1993
Matthew Fox: *Coming of the Cosmic Christ.* 1988
Fritjof Capra: *The Turning Point.* 1992
Paramahansa Yogananda: *Autobiography of a Yogi.* 1946
Eileen Freeman: *Touched by Angels.* 1993
Jose Arguelles: *The Mayan Factor: Path beyond Technology.* 1987
Bard T. Spalding: *Life and Teachings of the Masters of the Far East.* 1964
Bruce L. Cathie: *Energy Grid: Harmonic Six Hundred Ninety-five and the Pulse of the Universe.* 1990
Willis Harman und John Hormann: *Creative Work: The Constructive Role of Business in a Transforming Society.* 1990
Institute of Evolutionary Research: *The Mind of the Cells: Or Willed Mutation of Our Species.* 1992
Dannion Brinkley/Paul Perry: *Saved by the Light.* 1994

Einzelstudium der Neunten Erkenntnis

Leben Sie die acht Erkenntnisse. Sie selbst sind Teil einer Evolutionsbeschleunigung. Wie viele andere werden auch Sie möglicherweise durch diese Zukunftsvision angesteckt und wollen jetzt und hier mit dabei sein. Der Schlüssel dazu besteht darin, sich *jetzt im Augenblick aufzuhalten* (um Ram Dass, einen spirituellen Lehrer und Autoren zu zitieren), sowie darin, die acht Erkenntnisse im alltäglichen Leben zur Anwendung zu bringen.

An Ihrem Arbeitsplatz und in Ihrem Umfeld werden Sie für Ihre inneren Veränderungen sowohl auf Skepsis, Angst und Widerstand stoßen wie auf Unterstützung und Zustimmung. Wichtig ist, die Augen für die Fügungen offenzuhalten und von innen heraus zu agieren. Achten Sie außerdem darauf, in Konfliktsituationen unbedingt die Wahrheit zu sagen und Ihre Energie durch den Kontakt mit der Natur und schönen Dingen aufrechtzuerhalten.

Offen für neue Möglichkeiten

Hören Sie nicht auf zu wachsen. Ein besonderer Schwerpunkt des Manuskriptes liegt auf der Energie – sie zur Kenntnis zu nehmen, sie zu erhalten, auf sie zu hören und sie vor allem aufzubauen. Achten Sie darauf, zu welcher Energie Sie sich hingezogen fühlen. Viele werden ihren Beruf wechseln wollen oder zumindest ihr Wissen auf anderen Gebieten vertiefen. Zu keiner Zeit haben sich so viele neuartige Fenster der Weisheit für uns geöffnet. In fast jedem Berufsfeld ist es mittlerweile möglich, mit Energie zu arbeiten. So könnte die Heilung der Zukunft zum Beispiel auf Schwingungsveränderungen beruhen, die durch Klang, Licht und Bewegung sowie Visualisierungen und die Anwendung schamanistischer Methoden erreicht werden. Ernährung und Agrarkultur sind durch Arbeit mit Energieübertragung ebenso beeinflußt worden wie die biologischen und ökologischen Disziplinen. Die Psychologie ist dabei, ihre Parameter zu erweitern, und zieht Hypnose sowie die Möglichkeit vergangener Leben in Betracht, um tiefliegende Erfahrungen zutage zu bringen. In Erziehungsfragen gibt es mittlerweile zahlreiche Ansätze, die sich damit befassen, Kindern dabei zu helfen, an ihre Energie zu gelangen, ihr Schicksal zu erkennen und zum bewußten Teil des Evolutionsprozesses zu werden. Die Gestaltung von Arbeitsplätzen und privaten Häusern unterliegt einem starken Wandel, Erkenntnisse der Farbenpsychologie, Ergonomie und sogar Feng Shui, das uralte chinesische System vom Verständnis räumlicher Energiedynamiken, werden auf beide Bereiche angewandt. Spirituelle Gruppen und Gemeinschaften, Hilfegruppen für Süchtige und Kranke sowie die Wiederbelebung sinnvoller religiöser Zusammenkünfte bieten allesamt Gelegenheit, Teil dieses Evolutionsnetzes zu werden. Kampfsportarten, Tanz und Bewegungsklassen dienen dem Wohlbefinden und dem Zugang zu Ihrer eigenen Kraft. Lassen Sie Ihre Intuition Ihnen den Weg zeigen und folgen Sie ihr.

Benutzen Sie Ihre Imagination, um neue Möglichkeiten zu schaffen

Der persönliche Weg. Was würden Sie lieber tun? Oft fühlen wir uns ruhelos und wissen nicht, was wir wirklich möchten. Nach dem Lesen des letzten Kapitels können Sie vielleicht selbst ein paar Ideen über Ihre persönliche Zukunft formulieren. Beschreiben Sie in Ihrem Tagebuch ein für Sie ideales Leben. *Denken Sie dabei in großen Maßstäben!*

Benutzen Sie die folgenden Fragen, um sich ein neues Lebensmodell auszumalen:

- In Gesellschaft welcher Menschen sehen Sie sich? Künstler? Musiker? Geschäftsleute? Heilkundler? In welchem familiären Rahmen befinden Sie sich?
- Welcher Beschäftigung möchten Sie nachgehen? Möchten Sie etwas Abenteuerliches unternehmen? Einem Lehrberuf nachgehen? Einem Heilberuf? In der Werbung arbeiten?
- Wie weit sind Sie von diesem Leben entfernt? Wie könnte ein erster Schritt in diese Richtung aussehen?
- Wo möchten Sie leben? In einer großen Stadt? Europa? Vereinigte Staaten? In den Bergen oder der Wüste?

Zwei ausgezeichnete Bücher können Ihnen bei der Erkundung Ihrer neuen Optionen behilflich sein: Barbara Sher: *Wishcraft*. 1979, und Julia Cameron's *The Artist's Way*. 1992.

Verändern Sie Ihre Perspektive

Sollten Sie den starken Wunsch verspüren, Ihrem Leben mehr Bedeutung und Tiefe zu verleihen, so werfen Sie einen Blick auf die folgenden Punkte, die Robert Monroe nach seinen außerkörperlichen Erfahrungen niederschrieb.[37]

- Seien Sie sich darüber im klaren, daß Sie mehr sind als Ihr Körper.
- Erinnern Sie sich daran, daß Sie gekommen sind, um bestimmte Dinge zu erledigen, lassen Sie sich von der Notwendigkeit, überleben zu müssen, jedoch nicht in die Verzweiflung treiben. Ihr ultimatives Ziel liegt nicht im physischen Überleben.
- Begreifen Sie, daß Sie sich aus freien Stücken auf der Erde aufhalten. Sobald Sie genügend gelernt haben, dürfen Sie gehen.
- Begreifen Sie die Welt als das, was sie in Wirklichkeit ist – ein Ort zum Lernen.
- Bestimmen und genießen Sie Ihr Leben so ausgiebig wie möglich, werden Sie jedoch nicht abhängig von dieser Erfahrung.

Während Sie diese Vorstellungen in Ihr Denken integrieren, sollten Sie auf Veränderungen innerhalb Ihrer persönlichen Zielsetzungen und bei Ihren Interaktionen mit anderen achten.

Arbeitsgruppe zur Neunten Erkenntnis

Session 13

Dauer: 2 Stunden 30 Minuten

Zweck: Diskussion der Neunten Erkenntnis.

Einleitung: Freiwillige sollten laut das Kapitel über die Neunte Erkenntnis auf den Seiten 280–284 bis zum Abschnitt »Was für einen evolutionären Sprung spricht« vorlesen.

Anweisungen: Ergreifen Sie das Wort, sobald Sie sich dazu inspiriert fühlen, und lassen Sie jenen, die sprechen, Ihre volle Energie und Aufmerksamkeit zukommen. Die folgenden Fragen eignen sich bestens, um eine Diskussion in Gang zu bringen:

- Inwiefern hat sich Ihre Weltsicht geändert, seit Sie von den Erkenntnissen gehört haben?
- Inwieweit hat sich Ihr Verhalten verändert, seit Sie die *Prophezeiungen von Celestine* gelesen oder die Arbeit an diesem Handbuch begonnen haben?
- Welcher Aspekt der in der Neunten Erkenntnis geschilderten Zukunft scheint Ihnen am attraktivsten?
- Wie können Sie Ihrer Meinung nach am besten zu dieser beschleunigten Evolution beitragen?
- Welche Themen tauchen auf, wenn Sie mit Ihrer Familie und Ihren Freunden über die Erkenntnisse sprechen?
- Welche Intuitionen sind Ihnen im Zusammenhang mit den Erkenntnissen und der Neunten Erkenntnis im besonderen gekommen?
- Wie würden Sie sich mit Kindern über diese Konzepte unterhalten?
- Was ist für Sie die tiefste Wahrheit, die Sie in den *Prophezeiungen von Celestine* erfahren haben?

Übung 1: Im Bereich der Möglichkeiten

Dauer: 1 Stunde

Zweck: Ihre Imagination zu stärken und die Grenzen Ihres Wissen über sich selbst zu erweitern.

Anweisungen:

Schritt 1: Verbringen Sie fünfzehn Minuten damit, ein imaginäres Leben aufzuzeichnen – jede Alternative zu Ihrem jetzigen Leben sollte darin Ausdruck finden. Legen Sie sich bei dieser Übung auf keinen Fall Beschränkungen auf!

Schritt 2: Wählen Sie jetzt einen Partner und beschreiben Sie sich gegenseitig Ihre imaginären Biographien. (Jeder ungefähr fünfzehn Minuten.)

Schritt 3: Kehren Sie in die Gruppe zurück und teilen Sie Ihre Erlebnisse den anderen mit – wenn Ihnen danach zumute ist.

Schritt 4: Sollte sich Ihr imaginäres Leben mit dem eines anderen Teilnehmers decken, sollten Sie nach möglichen Botschaften innerhalb dieser Fügung suchen!

Übung 2: Ein Gespräch über Ökologie

Dauer: Verwenden Sie die restliche Zeit.

Zweck: Ein wenig der Furcht, Hoffnungslosigkeit oder Verzweiflung zu transzendieren, die wir wegen der Umweltprobleme in uns tragen.

Anweisungen: Die folgenden Fragen können eine gute Diskussionsgrundlage darstellen.

- Was bereitet Ihnen unter den Problemen auf diesem Planten am meisten Angst?
- Was bereitet Ihnen an der Zukunft am meisten Sorge?

- Welche Gefühle haben Sie bezüglich Ihrer Kinder und deren Zukunft?
- Die Gruppe sollte eine Prioritätenliste mit vordringlich in Angriff zu nehmenden Problemen erstellen.
- Wie werden Sie persönlich mit dem Stress durch die Nachrichten von Ölkatastrophen, Ozonlöchern, Giftmüll, Armut und Überbevölkerung fertig?
- Wie tragen Sie selbst zu einem oder mehreren dieser Probleme bei?
- Welche Bücher zu diesem Thema haben Sie inspiriert?
- Sind Sie willens, weitere Bücher und Artikel zu diesem Thema zu lesen und bei weiteren Treffen Informationen darüber mit den Gruppenmitgliedern auszutauschen?

Abschluß:

Anfragen nach Hilfe. Übermittlung liebevolle Energie.

Für weitere Sessions:
Für den Fall, daß Ihre Gruppe sich auch weiterhin treffen möchte, könnten die Teilnehmer damit beginnen, die in diesem Buch aufgeführten Zitate zu lesen und die darin enthaltenen Ideen zu diskutieren. Ihre Gruppe ist auf jeden Fall ein geeigneter Ort für Brainstorming und heilsame Begegnungen mit anderen Menschen.

»Nun ist die Bühne angerichtet. Fühlen Sie, wie das Herz in Ihrer Brust schlägt. Das Leben ist noch nicht vorüber.«
David Wilcox, aus seinem Lied *Show The Way*[38]

Quellen und Literaturangaben

Kapitel 1

1 C. G. Jung aus Collected Works, Vol. 14, S. 464.
2 Alan Vaughn aus Incredible Coincidence, The Baffling World of Synchronicity. 1979. New York. S. 162.

Kapitel 2

1 Michael Murphy. Die Zukunft des Körpers. 1992.
2 Philip Novak, Buddhist-Christian Studies; East-West Religions Project; 1984. S 64 f.
3 C. G. Jung. Dreams. 1974. Princeton, New Jersey. S. 36.
4 Deepak Chopra. Ageless Body, Timeless Mind. 1993. New York. S. 4.
5 Chopra. Ebenda. S. 22.
6 Chopra. Ebenda. S. 4 f.

Kapitel 3

1 Peter Tompkins und Christopher Bird. Das geheime Leben der Pflanzen. 1973.
2 Tompkins/Bird. Ebenda. S. 38.
3 Tompkins/Bird. Ebenda. S. 27.
4 Stanislav Grof. The Adventure of Self-Discovery. 1988. Albany, S. 111.
5 Georg Leonard. The Ultimate Athlete. 1990. Berkeley. S. 62–63.
6 Tompkins/Bird, Das geheime Leben der Pflanzen. S. 223.
7 Leonard Laskow, Healing With Love: A Breakthrough Mind/Body Medical Program for Healing Yourself and Others. 1992. New York. S. 35.
8 Laskow. Ebenda. S. 70.

Kapitel 4

1 Philip R. Kavanaugh. Magnificent Addictions: Discovering Addiction as Gateway to Healing. 1992. Lower Lake. S. 115.
2 Anne Frank. Das Tagebuch der Anne Frank. 1952
3 Eric Berne. Games People Play: The Basic Handbook Of Transactional Analysis. 1964. New York. S. 46.
4 Kavanaugh. Ebenda. S. 187.
5 Melody Beattie. Codependent No More: How to Stop Controlling Others and Start Caring for Yourself. 1987. San Francisco. S. 103.
6 Shakti Gawain. Living In The Light. 1993. New York.
7 Gawain. Ebenda. S. 29.

Zur weiteren Lektüre empfohlen:
Carolyn Foster. The Family Patterns Workbook. 1993. New York.
Terence T. Gorski. Getting Love Right: Learning the Choices of Healthy Intimacy. 1993 New York.

Kapitel 5

1 James Redfield. Die Prophezeiungen von Celestine. 1994. München. S. 153
2 Ebenda. S. 153.
3 Ebenda. S. 134.
4 Kenneth Ring. Heading Toward Omega: In Search of the Meaning of the Near-Death Experience. 1984. New York. S. 66.
5 Carol Lee Flinders. Enduring Grace: Living Portraits of Seven Women Mystics. 1993. S. F. S. 155.
6 Redfield. S. 142.
7 Redfield. S. 143.
8 Thich Nhat Hanh. Present Moment Wonderful Moment: Mindfulness Verses for Daily Living. 1990. Berkeley. S. 30.
9 Redfield. Ebenda. S. 144.
10 Sanaya Roman. Spiritual Growth. S. 113.
11 Redfield. S. 148.
12 Roman. 1989. S. 114.
13 Michael Murphy und Rhea A. White. The Psychic Side of Sports. 1978 Reading. S. 21.
14 Ebenda. S. 78.
15 Maurice Herzog. Annapurna. 1952. New York. S. 132.
16 Murphy und White. 1978. S. 20.
17 Micheal Novak. The Joy of Sports. 1976. New York. S. 164.
18 Patsy Neal. Sport and Identity. 1972. Philadelphia. S 166–167.
19 Stanislav Grof. The Adventure of Self Discovery. 1988. Albany. S 113.
20 Michael Harner. The Way of The Shaman. 1990. S. XV.
21 Grof. Ebenda. S. 67.
22 Grof. Ebenda. S. 326.
23 Paramahansa Yogananda. Autobiography of A Yogi. 1946. S. 166–167.
24 Robert A. Monroe. Ultimate Journey. 1994. New York. S. 88–89.
25 Ring. 1984. S. 54.
26 Ebenda. S. 61–62.
27 Ebenda. S. 62.
28 Ebenda. S. 69.
29 Ebenda. S. 71.
30 Ebenda. S. 75.
31 Ebenda. S. 151.
32 Godfre Ray King. Unveiled Mysteries. 1982. Schaumburg. S. 3–4.

Kapitel 6

1 James Redfield. Die Prophezeiungen von Celestine. 1994. München. S. 168.
2 Thich Nhat Hanh. Present Moment Wonderful Moment. 1990. Berkeley. S. 32.
3 Joanna Macy. World as Lover, World as Self. 1991. Berkeley. S. 96.
4 Redfield. 1994. S. 183.
5 Glenn Gould nach: Thirty-two Films About Glenn Gould. Regie Franç. Girard. 1994.
6 Redfield. Ebenda. S. 161.

7 The Twelve Steps: A Way Out: A Working Guide for Adult Children of Alcoholic & Other Dysfunctional Families. 1987. San Diego. S. 13.
8 Redfield. Ebenda. S. 251.
9 Thich Nhat Hanh. Ebenda. S. 6.

Kapitel 7

1 James Redfield. Die Prophezeiungen von Celestine. 1994. München. S. 194.
2 Redfield. 1994. S. 192.
3 Thich Nhat Hanh. Present Moment Wonderful Moment. 1990. Berkeley. S. 29.
4 Sanaya Roman. Spiritual Growth: Being Your Higher Self. 1987. Tiburon. S. 53.
5 Roman. Ebenda. S. 42.
6 Thomas Moore. The Care of the Soul. 1992. New York. S. 260.
7 Nancy Rosanoff. Intuition Workout. A Practical Guide to Discovering and Developing Your Inner Knowing. 1988. Boulder Creek. S. 121.
8 Ebenda. S. 122.
9 Kazuaki Tanahashi. Brush Mind. 1990. Berkeley. S. 138.
10 Redfield. 1994. S. 209.
11 Redfield. Ebenda. S. 209.
12 Arnold Patent. You Can Have It All. 1984. New York. S. 143.
13 Redfield. 1994. S. 205.
14 Michael Murphy. Die Zukunft des Körpers. 1992.
15 Eine Version dieses Spiels kann bei Rosanoff gefunden werden. 1988. S. 135.

Kapitel 8

1 Redfield. Die Prophezeiungen von Celestine. 1994. München. S. 217.
2 Robert A. Mcdermott. Hrsg. The Essential Aurobindo. 1987. Hudson. S. 205.
3 Harville Hendrix, Dr. Getting The Love You Want: A Guide for Couples. 1990. New York. S. 35.
4 Ebenda. S. 82.
5 Ebenda. S. 36.
6 Terence T. Gorski. Getting Love Right: Learning the Choices of Healthy Intimacy. 1993. New York. S. 141.
7 May Sarton. Journal of a Solitude. 1973. New York. S. 11.
8 Anne Morrow Lindbergh. Gift From the Sea. 1955. New York. S. 108.
9 Melody Beattie. Codependent No More. 1987. New York. S. 103.
10 Lindbergh. Ebenda. S. 104.
11 Stephen H. Glenn und Jane Nelsen. Raising Self-Reliant Children in a Self-Indulgent World. 1989. Rocklin. S. 29.
12 Ebenda. S. 50.
13 Redfield. 1994. S. 254.
14 Rick DelVecchio. »Generation of Rage«. San Francisco Chronicle, 11. Mai, 1994.

Kapitel 9

1 Michael Murphy. Die Zukunft des Körpers. 1992.
2 Ebenda.

3 Michael Harner. The Way of the Shaman. 1990. New York. S. XII
4 Petru Popescu. Amazon Beaming. 1991. New York.
5 Marlo Morgan. Mutant Message from Downunder. 1994. New York.
6 Murphy. Ebenda.
7 Robert McDermott. The Essential Aurobindo. 1987. Hudson. S. 64.
8 McDermott. Ebenda. S. 192.
9 McDermott. Ebenda. S. 194.
10 Ebenda. S. 195.
11 Ebenda. S. 198.
12 Ebenda. S. 200.
13 Pierre Teilhard de Chardin. The Phenomenon of Man. 1959. New York. S. 15.
14 Ebenda. S. 20.
15 Ebenda. S. 27.
16 Ebenda. S. 232.
17 Murphy. Ebenda.
18 Robert A. Monroe. Ultimate Journey. 1994. New York. S. 13.
19 Ebenda. S. 100.
20 Ebenda. S. 84.
21 Kenneth Ring. Heading Toward Omega. 1985. New York. S. 256.
22 Joanna Macy. World as Lover, World as Self. 1991. Berkeley. S. 15.
23 David Peri und Robert Wharton, Sucking Doctor – Second Night: Comments by Doctor, Patient and Singers. Unpubliziertes Manuskript. Zitiert aus: The Shaman's Way von Michael Harner. 1990. S. 117.
24 Fritjof Capra. Rede, April 23–24, 1994, Walker Creek School District in Marin County, Kalifornien.
25 Capra. Ebenda.
26 Paul Hawken. The Ecology of Commerce: A Declaration of Sustainability. 1994. New York. S. 203.
27 Michael Murphy. 199. Ebenda.
28 Hawken. Ebenda. S. 15.
29 Hawken. Ebenda. S. 17.
30 Peter Senge und Fred Kaufman. »Communities of Commitment: The Heart of Learning Organizations«.
31 Ebenda. S. 16.
32 David Wilcox. Big Horizon. »Love Will Show The Way.« A&M Records, Los Angeles.
33 The Elmwood Institute. »Principles of Ecology – Principles of Education.« 1994. Berkeley.
34 Ring. Ebenda. S. 261.
35 Ebenda. S. 262.
36 Ebenda. S. 263.
37 Monroe. Ebenda. S. 88–89.
38 David Wilcox. Ebenda.

Über die Autoren

James Redfield lebt mit seiner Frau Salle in Florida. Er ist der Autor der *Prophezeiungen von Celestine* und arbeitet gegenwärtig an einer Fortsetzung mit dem Arbeitstitel *Die Zehnte Erkenntnis*.

Carol Adrienne, M. A., arbeitet als Intuitiv-Beraterin, Autorin und Lehrerin auf dem Gebiet der Persönlichkeitsentwicklung. Sie ist die Autorin von zwei weiteren Büchern, *The Numerology Kit* und *Your Child's Destiny*. Ihre Praxis befindet sich in Richmond, Kalifornien. Sie veranstaltet ebenfalls Workshops für jene, die bereit sind, Veränderungen in Beruf und Beziehungen vorzunehmen.

Kontaktadresse: Carol Adrienne
San Pablo Ave.
Suite 110,
Richmond, CA 94805
Fax: 001-510-235-6727

An unsere Leser

Wenn Sie selbst Erfahrungen und/oder Erlebnisse mit Celestine hatten, schreiben Sie uns diese bitte an das

Ullstein Buchverlage GmbH
Lektorat Taschenbuch
Friedrichstraße 126
10177 Berlin